Editorial

Der Nationalstaat zwischen globaler Ökonomie, regionaler Blockbildung und regionalistischem Separatismus

Als während und nach dem Zweiten Weltkrieg die neue Welt(wirtschafts)ordnung (als »grand design«) konzipiert wurde, war Freihandel das deklarierte Ziel. Das 1947 zustandegekommene Allgemeine Zoll- und Handelsabkommen (GATT) verpflichtete die Mitgliedsländer auf den Abbau von Zöllen und auf die Einhaltung der Meistbegünstigung. Auch das wenige Jahre zuvor 1944 gegründete Internationale Währungssystem mit dem Regelwerk fixer Wechselkurse sollte den Handel erleichtern und so ein Positivsummenspiel eröffnen, an dessen Ende Wachstum und Wohlstand aller Welthandelspartner zugenommen haben. Die Gefahr eines desaströsen Abwertungswettlaufs wie noch zu Beginn der 30er Jahre sollte ein für alle Mal gebannt sein.

Die Begründung der Freihandelsordnung lieferten nicht nur die schockierenden Erfahrungen nach der Krise von 1929, als der Weltmarkt in kurzer Zeit zusammenbrach, sondern auch das ehrwürdige Theorem der komparativen Kostenvorteile von David Ricardo. Die Besten der Ökonomenzunft haben es differenziert, relativiert und modernisiert und die Fahne des Freihandels geschwungen. Trotzdem blieb das Theorem von heftiger Kritik nicht verschont. Wenn man von den Sarkasmen absieht, mit denen beispielsweise Marx sich über die britischen Freihändler mokierte, markiert insbesondere Friedrich List die Gegenposition: Die Freihandelsdoktrin sei die Lehre der industriell fortgeschrittensten, überlegensten Nation und für all jene unbrauchbar, die gezwungen sind, im Medium des Weltmarkts industrielle Entwicklung nachzuholen und konkurrenzfähig zu werden. Nachholende Industrialisierung sei nur hinter den Mauern von Schutz- und Erziehungszöllen möglich, also indem bewußt und selbstbewußt die Regeln des Freihandels außer Kraft gesetzt werden.

Nach dem Zweiten Weltkrieg wird die Kontroverse fortgesetzt. In den diversen Zollrunden des GATT wird der Versuch gemacht, tarifäre und nichttarifäre Handelshemmnisse abzubauen, also dem Prizip des Freihandels auf Erden näherzukommen, auch wenn die größten Ideologen des Freihandels in der Praxis heftige Protektionisten sind (in der EG, aber auch in den USA). Wenn es hingegen um entwicklungspolitische Strategien in den Entwicklungsländern geht, wird weniger auf Ricardo denn auf Friedrich List und seine nationalökonomische Lehre von den »produktiven Kräften« rekurriert, bis hin zu den Konzepten einer partiellen und temporären Dissoziation nationaler Wirtschaftsräume vom Weltmarkt der 70er Jahre. Wenn Ricardo und List gegeneinander ausgespielt werden, geht es daher auch um das Verhältnis von Ökonomie und Politik. Die Freihandelsdoktrin ist die Theorie der globalen Ökonomie, während die Listsche Lehre von der autozentrierten Entwicklung das Konzept einer nationalstaatlichen Politik zur Förderung der produktiven Kräfte darstellt. List wendet sich daher gegen den »Kosmopolitismus« der Freihändler und plädiert für eine »Nationalökonomie« - in der impliziten Annahme von der an den Nationalstaat gekoppelten Souveränität. Daß dies aus der Sicht der letzten Jahrzehnte des 20. Jahrhunderts fragwürdig ist, wird von *Rolf Knieper* (vgl. seinen Aufsatz in diesem PROKLA-Heft) zum Thema gemacht.

Die Kontroverse zwischen Freihändlern und Schutzzöllnern ist schal geworden. Denn in den 80er Jahren sind auf dem Weltmarkt neben der globalen, kosmopolitischen Ökonomie und der nationalen Politik intermediäre Einheiten entstanden: regionale Handels- und Wirtschaftsblöcke. Nationale Ökonomien haben sich zu Freihandelszonen oder Zollunionen zusammengeschlossen, also den Versuch unternommen, wenn schon nicht im globalen Raum unter der Ägide des GATT insgesamt, so doch in einem regional überschaubaren Block den Prinzipien des Freihandels näherzukommen und dessen wohlfahrtssteigernde Effekte einzuheimsen. Unter den Freihandelszonen im westlichen Afrika, in Zentralamerika, im andinen Raum, im Pazifik und Südostasien ist die Europäische Gemeinschaft sozusagen der Doyen nicht nur wegen des inzwischen hohen Alters - die EG ist immerhin im Jahre 1957 entstanden - sondern auch wegen der politischen und ökonomischen Bedeutung, die sie inzwischen in die Waagschale bringen kann. Die Wirtschaftsblöcke Asiens, Afrikas und Lateinamerikas bringen es gerade auf knapp 11% des Welthandels, während allein die EG im Jahre 1990 41,4% des Welthandels auf sich vereinigt. Die Blockbildung der Kleinen ist nicht besonders überzeugend. Der schon geringe Anteil am Welthandel ist im vergangenen Jahrzehnt noch geringer geworden. Dieses Resultat läßt darauf schließen, daß die Bildung von Handelsblöcken für sich genommen ebenso wenig ein Schlüssel zum ökonomischen Erfolg ist wie ein globaler Freihandel oder nationalstaatlich forcierte, autozentrierte Entwicklungsstrategien. Erst wenn Synergieeffekte ausgelöst werden, lohnt sich offenbar die Blockbildung. Nicht gerade in Übereinstimmung mit dem Theorem von

PROKLA 90

Regionalisierung der Weltgesellschaft

Inhaltsverzeichnis

Kontroversen

Mit dem Dampfboot volle Kraft voraus !

Beginnend mit dieser Nummer 90 erscheint die PROKLA im Verlag Westfälisches Dampfboot. Vom Rotbuch-Verlag haben wir uns nach 17jähriger Zusammenarbeit nicht leicht getrennt. Die gleiche politische Sozialisation, zumindest mit der ersten Generation der Rotbuch-Macher, die Einfachheit der Kommunikation zwischen Redakti- on und Verlag in Westberlin, das Renommée der Rotbücher - all das waren Aktivposten auch für die PROKLA. Doch im Laufe der Entwicklung haben sich Programm und Perspektive von PROKLA und Rotbuch doch auseinanderentwickelt. Zeitschrift und Verlagsprogramm müssen natürlich nicht kompatibel sein; welch eine Langeweile! Doch um Synnergieeffekte der wechselseitigen politischen und theoretischen Befruchtung und zur Vergrößerung des beiderseitigen ökonomischen Nutzeffekts zu erzielen, müssen mehr Gemeinsamkeiten da sein als in den letzten Jahren der Zusammenarbeit zwischen PROKLA-Redaktion und Rotbuch-Kollektiv. Wir haben uns also getrennt, im Guten, ohne Krach und mit ein wenig Wehmut. Die PROKLA-Redaktion wünscht Rotbuch auch in Zukunft viel Erfolg und uns Lesern noch viele spannende, interessante, innovative, bunte, grüne und rote (nicht vergessen!) Rotbücher.

Mit dem Dampfboot aus dem küstenlosen Westfalen auf das stürmische Meer der Konkurrenz von Zeitschriften in der veränderten, größeren Bundesrepublik? Aus der Hauptstadt Berlin in die Provinz, in die Nähe von Bonn gar? Ja, die Bundesrepublik ist größer, aber die Zahl der Zeitschriftenleser ist nicht mitgewachsen, im Gegenteil. Und Berlin ist, seitdem es Westberlin nicht mehr gibt, zwar deklarierte Hauptstadt, aber nicht unbedingt metropolitaner geworden. Wir haben uns also mit dem Westfälischen Dampfboot zusammengetan, weil wir glauben, daß sich die Intentionen von PROKLA-Redaktion und Verlagskollektiv überschneiden, weil es einer Zeitschrift wie der PROKLA nur gut tun kann, wenn im ostdeutschen Berlin die Redaktion arbeitet und im westdeutschen Münster der Verlag beheimatet ist. Dies ist mehr als eine pfiffige quasi-geopolitische Überlegung. Der Verlag Westfälisches Dampfboot ist inzwischen mit einem wissenschaftlich und politisch anspruchsvollen Programm bekannt geworden, das die fast altertümlich erscheinende Idee verfolgt, linke Theorie- und Strategiediskussion auch nach dem Kollaps des realen Sozialismus vorwärtszubringen. Kein Ende der Geschichte in der "besten aller möglichen Welten", sondern eine große Aufgabe des Nachdenkens über die mögliche und wünschbare Zukunft. PROKLA und die Crew des Dampfboots wollen die kollektive Anstrengung, die die Verfolgung dieses Zwecks verlangt, in Zukunft gemeinsam unternehmen.

Die Leser sind eingeladen, dabei mitzumachen. Zum Beispiel indem sie schreiben und Tips und kritische Anregungen geben, vielleicht auch Themen und Autoren vorschlagen oder selbst Artikel anbieten. Die PROKLA-Redaktion bemüht sich jedenfalls, auch in Zukunft eine interessante Zeitschrift zu machen und einen, natürlich bescheidenen Beitrag zur Entwicklung linker Theorie, zur Analyse und zum Verständnis der Gegenwart mit ihren Umbrüchen, zur Orientierung in unübersichtlichen Zeiten zu leisten.

Mit dem Dampfboot auf altem Kurs, auf neuen Passagen. Jedenfalls volle Kraft voraus!

Die PROKLA-Redaktion

den komparativen Kostenvorteilen ergeben sich offensichtlich Synergieeffekte am ehesten, wenn die beteiligten Ökonomien ähnlich hohe Entwicklungsniveaus und ähnliche Produktpaletten aufweisen. Der intraindustrielle Handel innerhalb der EG oder auch innerhalb der OECD-Welt ist offensichtlich dynamischer als der Austausch zwischen komplementären Produktgruppen, beispielsweise zwischen Industriegütern und Rohstoffen innerhalb eines Handelsraums.

Die kleinen Handelsblöcke könnte man, von Europa aus betrachtet, durchaus vernachlässigen. Lateinamerika ist am Ende der 80er bzw. am Anfang der 90er Jahre ohnehin nur mit 4,2% an den Importen der OECD beteiligt, Afrika nur mit 1,9%, Osteuropa lediglich mit 2,1% und selbst Asien/ Ozenanien bringt es nur auf 5,4%. Infolgedessen richtet sich das Augenmerk, wenn von Regionalisierung der Weltwirtschaft oder Blockbildung die Rede ist, ausschließlich auf die Blöcke, die um die höchstentwickelten Industrieländer herum existieren oder im Entstehen sind: Die EG hat mit dem Maastrichter Vertrag einen mächtigen Schritt zur Vertiefung der Integration projektiert, die USA versuchen ihre mit Kanada 1989 geschaffene Freihandelszone auf Mexiko auszudehnen; der Vertrag ist Ende 1992 beschlossen, das Ratifizierungsverfahren ist eingeleitet worden (zur NAFTA vgl. den Aufsatz von *Enrique Dussel*). Und Japan reiht die asiatischen Staaten wie einen eher informellen Kranz um sich, da es eine formalisierte Freihandelszone oder Zollunion über bilaterale Beziehungen hinaus höchstens in Ansätzen gibt. Am Ende der Blockkonfrontation zwischen dem »freien Westen« insgesamt und dem »sozialistischen Lager« löst sich die westliche Einheit, sofern sie je existierte, in eine »Triade« auf. Nicht globaler Freihandel ist deren regulierendes Prinzip sondern eine staatlich und suprastaatlich regulierte Konkurrenz in geopolitisch definierten Regionen, in denen es um industrielles Überleben geht.

Die Blockbildung in der OECD-Welt ist eine wirksame Tendenz, die freilich durchaus Handelskonflikte auslösen kann. Die jüngste Kontroverse zwischen EG und USA über Ölsaaten, Weizen und Weißweine oder zwischen Japan und den USA um Reisexporte hat gezeigt, daß regionale Handelsblöcke nicht geschlossen sind sondern interferierende Außenbeziehungen aufweisen, die schwierig zu handhaben sind. Das globale Prinzip des Freihandels oder die von Marx so bezeichnete »propagandistische Tendenz« des Weltmarkts, wirken weiter. Also gibt es jenseits der Blockbildung gemeinsame Interessen an der Existenz eines internationalen und interregionalen Rahmens. Handels- und Wirtschaftsblöcke ersetzen das globale System und dessen Prinzipien der politischen Regulation nicht. Alle Blöcke, so konkurrierend oder »selbstgenügsam« (Keynes) sie sich auch gebärden mögen, benötigen gemeinsame »öffentliche Güter«: ohne Versorgung mit Sicherheit, mit Rohstoffen und Energie auf hohem Niveau zu stabilen Konditionen und ohne wertbeständiges Geld auf dem Weltmarkt sind Marktprozesse nicht effizient. Sie sind also auf das angewiesen, was im »alten« US-amerikanischen Hegemonialsystem der Nachkriegszeit die hegemoniale Macht bereitzustellen vermochte (natürlich nicht ohne ihren "Seignoragevorteil" geltend zu machen). Nach der sich schon Ende der 60er Jahre ankündigenden Erosion der hegemonialen Vormachtstellung der USA hat das »burden sharing« des Trilateralismus der 70er Jahre ebensowenig funktionieren können wie die letztlich gefährlich naive Idee, daß mit der Freisetzung der Marktkräfte die "öffentlichen Güter" quasi nebenbei produziert würden. Aber auch die nach dem Ende der bipolaren Ordnung siegestrunkene Annahme, daß die öffentlichen Güter »unipolar« von den USA bereitgestellt werden könnten, hat sich schon kurz nach dem während des Golfkonflikts angekündigten »unipolar moment« als eine trügerische Illusion herausgestellt.

Das »burden sharing« muß also auf den neuesten Stand gebracht werden. Bei der Herstellung von Sicherheit geht es nicht mehr um Sicherheit vor einer »kommunistischen Aggression« oder vor dem gefürchteten »Dominoeffekt« des Kollapses von Partnerländern im Bündnissystem, sondern um die Eindämmung der Negativfolgen der innerhalb der Triade so beeindruckenden ökonomischen und sozialen Entwicklung. Waffen zu produzieren und zu exportieren, ist ein gutes Geschäft, das den Wohlstand hebt. Wenn freilich die Käufer der Waffen zu mächtig werden und eine Bedrohung darstellen, gebietet es das gemeinsame Sicherheitsinteresse, die Waffenstaaten »zwangsabzurüsten«. Die Externalisierung ökonomischer Folgekosten industrieller Produktion ist eine ebenso naheliegende wie verbreitete Methode, um das Wohlstandsniveau zu halten. Wenn aber die externalisierten Umweltlasten in der einen oder anderen Form wieder zurückkehren, dann gebietet es das Sicherheitsinteresse, gemeinsame Vorkehrungen zu treffen. Wenn die Attraktivität der reichen Industriezonen wächst, weil sie reicher werden, während die nichtindustrialisierte Welt verarmt und daher Migrationsströme auslöst, dann gebietet es das Sicherheitsinteresse, Mauern und Zäune zu errichten - mit entsprechenden Rückwirkungen auf die Legitimation der »freiheitlichen Rechtsstaaten« nach innen (vgl. hierzu den Beitrag von *Uli Jähner*). Auch die gesicherte Rohstoff- und Energieversorgung liegt im gemeinsamen Interesse, da ja alle Industrieländer wegen ihrer »fossilistischen« Grundlage von strategischen Rohstoff- und Energieimporten abhängig sind oder in absehbarer Frist abhängig werden. Entscheidend ist dabei, daß die Versorgung zu akzeptablen Preisen sichergestellt wird, hängen davon doch der »Wohlstand der Nationen« und die Konkurrenzfähigkeit der Unternehmen ab.

Schließlich ist die Regulation des Geldes als Weltgeld von gemeinsamem Interesse, jedenfalls solange trotz Regionalisierung das Welthandels- und Finanzsystem globalisiert bleiben. Hier liegt übrigens der neuralgische Punkt der Regionalisierung der Weltwirtschaft. Denn spätestens seit den 60er Jahren hat sich ein internationales Bankensystem mit globaler Reichweite herausgebildet, das, solange die Konvertibilität der Währungen Prinzip bleibt, nicht in Grenzen regionaler Wirtschaftsblöcke eingehegt werden kann. Dafür ist die Mobilität des zinstragenden Kapitals viel zu hoch. Es kennt kein Vaterland und keine Muttersprache und ist in New York ebenso zuhaus wie in Buenos Aires, Singapur oder Frankfurt, sofern die Rendite stimmt. Ein Weltgeld ist also ein funktionales Erfordernis der Weltwirtschaft. Doch gleichzeitig sind weder ein Weltstaat noch eine Weltzentralbank vorhanden, die es emittieren und regulieren könnten. Also werden nationale Währungen zum Weltgeld. Im Bretton Woods-System hatte der US-Dollar unangefochten die Funktion der Handels-, Reserve- und Leitwährung, war also das (einzige) Weltgeld. Seit dem Ende des Bretton Woods-Systems jedoch konkurrieren nationale Währungen mit anderen nationalen Währungen um die »Vorliebe« der Geldvermögensbesitzer, ihre Vermögen in der jeweiligen Währung zu halten. Die Konkurrenz nationaler Währungen leistet daher auch der Regionalisierung und Blockbildung in der Weltwirtschaft Vorschub, insofern nämlich keine prominente, nationale Währung mehr unangefochten die Funktionen des Weltgeldes ausüben kann.

Solange der Dollar der Fixstern war, um den die anderen Währungen wie Planeten in starrer Umlaufbahn kreisten, konnten sich Währungsblöcke überhaupt nicht herausbilden; sie machten schlicht keinen Sinn. Als der Dollar freilich zu Beginn der 70er Jahre seine hegemoniale Stellung verlor und gegenüber konkurrierenden Währungen wie der DM und dem Yen abgewertet werden mußte, nachdem das Vertrauen in die Stabilität des Dollar enttäuscht worden war, wandten sich die privaten Geldvermögensbesitzer weltweit alternativen Währungen zu, um darin ihre Geldvermögen »sicher« zu parken. Neben dem Dollarraum entstanden so ein DM-Raum und ein Yen-Raum. Die Währungskonkurrenz ist monetärer Schrittmacher der Regionalisierung der Weltwirtschaft. Die monetäre Triade von Dollar, Yen und DM (bzw. ECU, wenn man das europäische Währungssystem als ein weit fortgeschrittenes monetäres Einigungswerk in die Diskussion einbezieht) reflektiert also die Triade zwischen Westeuropa, Nordamerika und dem pazifischen Raum.

Da die großen Währungen aber wechselseitig frei konvertibel sind, hat die Blockbildung (bislang jedenfalls) keineswegs zur wechselseitigen Abschottung geführt, sondern mit der Währungskonkurrenz eher die realökonomische Konkurrenz belebt. Dieser Sachverhalt ist denn auch zum Gegenstand der unzähligen Untersuchungen über die »japanisch-amerikanische Herausforderung« (Seitz), die »lean-production« in Japan, den »Toyotismus« usw. promoviert. Nur weil die Währungen frei konvertibel sind, und Handelsschranken zwar nicht belanglos, aber auch nicht prohibitiv sind, spielt der Vergleich zwischen der Population von Industrierobotern (in Japan Ende 1990 274.210; in den USA 41.304 und in der BRD 28.240), den Forschungs- und Entwicklungsausgaben am Sozialprodukt (in Japan 3,51%; in den USA 3,26%, in der BRD 3,70%), den externen Forderungen und Verbindlichkeiten (die USA haben Ende 1990 397 Mrd US$ Schulden, Japan hat Auslandsaktiva in Höhe von 327 Mrd US$, die BRD 355 Mrd US$), dem Bestand von Direktinvestitionen (Ende 1990 USA: 421,5 Mrd US$, Japan: 201,4 Mrd US$, BRD: 114,5 Mrd US$) etc. eine wesentliche Rolle. Japan ist unter den OECD-Ländern das einzige Land, das seinen Anteil von High-Tech-Produkten am Export zwischen 1980 und 1990 hat steigern können, und zwar von 15,3% auf 19,1%. Die Bundesrepublik, aber auch die USA, sind auf diesem Sektor zurückgefallen (von 15,9% auf 14,6%, bzw. von 25,1% auf 23,7%). Japan ist Japan, die Staaten des pazifischen Beckens nehmen im Wettrennen mit den anderen Wirtschaftsblöcken nicht in der Staffel gemeinsam und gleichberechtigt mit Japan teil, sondern in der Etappe, wo sie für Japan komplementäre Funktionen übernehmen (vgl. dazu den Artikel von *Heribert Dieter* in diesem Heft).

Ganz anders ist dies im Falle Westeuropas. Hier existiert ein vergleichsweise homogener Wirtschaftsraum, der über eine hochentwickelte Infrastruktur, exzellente Qualifikationen der Arbeitskraft und kompetente Institutionen verfügt, die für eine europaweite »diversified quality production« höchst funktional sind. Westeuropa hat also gegenüber Japan Vorteile ebenso wie gegenüber den USA, die innerhalb der NAFTA extrem unterschiedliche Wirtschaften (Kanada, Mexiko und die USA) zu einem kohäsiven System vereinigen müssen. In den USA beträgt das Pro-Kopf-Einkommen 22.000 US$, in Mexiko 2.680 US$; der Stundenlohn in der gewerblichen Wirtschaft beträgt im US-Durchschnitt 14,77 US$, in Mexiko gerade 1,80 US$. Bei diesen Unterschieden ist die Art der Arbeitsteilung entlang der Lohnkosten im nordamerikanischen Wirtschaftsraum vorgezeichnet. Für Japan ist der pazifische Raum im wesentlichen eine Aneinanderreihung von »Syntropieinseln«, aus denen Rohstoffe, Energie und Arbeitskräfte entnommen werden, um sie unter japanischer Disposition höchst effizient in den modernsten Stoff- und Energietransformationssystemen zu Produkten zu verarbeiten, die den gesamten Weltmarkt überschwemmen.

Die regionalen Blöcke bilden nur eine Seite der Entwicklungstendenzen der modernen Weltwirtschaft ab. Denn sowohl die nationalen Räume als auch das globale System insgesamt existieren weiter. Die Bildung der strategischen Allianzen zwischen Unternehmen aus den USA und Japan, aus der Bundesrepublik und den USA oder Japan, die Bildung von europaweiten Konsortien mit der Beteiligung US-amerikanischer Firmen etc. deuten darauf hin, daß für High-Tech-Produkte nationale und selbst integrierte Blockmärkte zu klein sind, als daß sie rentabel beliefert werden könnten. Die Expansionskraft des ökonomischen Prinzips im Kapitalismus hat die nationalen Grenzen gesprengt und auf diese Weise ihren Beitrag zur Blockbildung geleistet. Sie weist aber auch über die Blöcke hinaus und unterstreicht die Relevanz und Virulenz des Kapitalismus als eines globalen Systems.

Das Ausspielen der globalen Karte ist jedoch am Ende des 20. Jahrhunderts keineswegs gleichbedeutend mit der verstaubten Option des Freihandels gemäß dem Theorem der komparativen Kostenvorteile des David Ricardo. Denn wenn der Wein und das Tuch, also die beiden Produkte, an denen Ricardo sein Theorem exemplifizierte, innerhalb des gleichen transnational operierenden Konzerns produziert werden sollten, macht der Ansatz keinen Sinn. Da heute immerhin 50 bis 60 Prozent des Welthandels Intrakonzernhandel sind, da »administered prices« und nicht frei gebildete Marktpreise fakturiert werden, kann durch den Marktmechanismus das (unterstellte) Wohlfahrtsoptimum des freien Handels nicht mehr garantiert werden. Also haben die ökonomischen Tendenzen von Akkumulation und Expansion über die Grenzen hinaus, haben die Konzentration und Zentralisation selbst ihren Beitrag dazu geleistet, daß die Wirkung der Preismechanismen auf den Weltmärkten nur unvollkommen ist. Politische Interventionen erlangen größere Bedeutung. Wenn schon die ökonomischen Einheiten, die transnationalen oder multinationalen Konzerne, über die Grenzen hinaus operieren, die der Nationalstaat setzt, muß auch der Staat seine Funktionen trans- und internationalisieren (vgl. dazu *Rolf Knieper*, *John Holloway* und *Sol Picciotto* in diesem Heft). Wenn wir die imperialistische Expansion des späten 19. Jahrhunderts am Ende des 20. Jahrhunderts ausschließen, dann müssen Formen der Kooperation mit anderen Nationalstaaten gesucht werden. Dies ist immer gleichbedeutend mit der Übertragung von Souveränitätsrechten des Nationalstaats an supranationale Einrichtungen - ein Erfordernis, das in diesem Heft *Uli Jähner* unterstreicht.

»Staatlichkeit« fällt also nicht mehr mit »Nationalstaatlichkeit« zusammen.

Daß den Wirtschaftsblöcken informelle und - zumindest im Falle der EG - formelle Souveränitätsrechte zufallen, ist offensichtlich. Doch auch »unterhalb« der Ebene des traditionellen Nationalstaats ergeben sich tiefgreifende Veränderungen. Mit dem Bedeutungszuwachs der supranationalen Institutionen und dem Bedeutungsverlust nationalstaatlicher Souveränität steigt natürlich auf der anderen Seite auch das Gewicht der Regionen innerhalb von traditionellen Nationalstaaten. Dies kann so weit gehen, daß neue regionale Gruppierungen über nationalstaatliche Grenzen hinweg entstehen, die in der Tendenz zur Auflösung der tradierten nationalstaatlichen Gebilde führen können. Der Regionalismus in der EG von Norditalien bis Wallonien, von Katalanien bis Schottland ist bislang nur die Schwalbe, die aber einen (unfreundlichen) Sommer machen kann. Auch anderswo gibt es Tendenzen dieser Art: In Kanada die »cleavages« zwischen dem pazifischen Westen und dem atlantischen Osten, zwischen dem francophonen und dem anglophonen Teil des Landes. In Kalifornien gibt es regionalistische Tendenzen, und selbst in Brasilien gedeiht der Separatismus, weil die ökonomischen Verbindungen des Südens mit den Staaten des »Merco Sur« dichter sind als die Beziehungen innerhalb der Nation mit dem armen Norden oder Nordosten. Ökonomische Tendenzen transformieren sich in politische Interessen und Konflikte. Mit anderen Worten: Die Blockbildung in der Weltwirtschaft restrukturiert nicht nur das kapitalistische Weltsystem sondern tendenziell auch dessen »Regionen«.

Wenn von der Triade Westeuropas, Nordamerikas und des pazifischen Raums die Rede ist, wird die ehemals so genannte »Dritte Welt« ebenso vergessen wie Zentraleuropa, Osteuropa und die Nachfolgestaaten der Sowjetunion. Die Dritte Welt ist marginalisiert, ihre ökonomische Bedeutung auf fast Null reduziert, es sei denn, daß einzelne Staaten oder Regionen über wichtige energetische und materiale Rohstoffe verfügen, so wie die Länder im Nahen Osten. Die große Mehrheit der Weltbevölkerung ist an den Rand gedrängt und aus dem Weltgeschehen ausgeblendet. Ob die »Exklusion« von nahezu 80% der Weltbevölkerung aus dem Weltmarkt der Industrieländer und -blöcke auf die Dauer durchgehalten werden kann, darf bezweifelt werden. Der Verabschiedung ganzer Kontinente aus der Weltpolitik folgt mit Sicherheit die Rückmeldung - und sei es nur mit Katastrophen, deren Vorboten derzeit in Somalia, Zaire, Angola oder im Sudan eine neue Kategorie von Hilfe zu provozieren scheinen: »humanitär-militärisches Engagement«. Ganze Völker werden zum Spielmaterial der vorherrschenden ökonomischen und politischen Mächte degradiert. Den sich stabilisierenden Blöcken korrespondiert eine gefährliche Destabilisierung an den »Rändern« der Triade.

Und der Osten? Zunächst scheint es, als ob sich ein neuer Markt von 290 Millionen ehemaligen Sowjetbürgern plus 125 Millionen Osteuropäern auftun könnte. »Perhaps we could consider the commonwealth as a kind of new frontier«, frohlockt Jude Wanninski in *Foreign Affairs* (Spring 1992, 25) über 'Die Zukunft Rußlands'. Über 400 Millionen potentielle Konsumenten sind kein Pappenstiel. Sie könnten der weltwirtschaftlichen Entwicklung einen kräftigen Impuls geben, vorausgesetzt den osteuropäischen Transformationen (dazu vgl. Heft 89 der PROKLA) gelänge in überschaubaren Fristen ein Anschluß an die westliche Modernisierung. Wenn jedoch Osteuropa und die GUS in absehbarer Zeit keine Chance haben, sich als ein selbständiges Zentrum, als ein regionaler Block in der einen oder anderen Weise innerhalb der Weltwirtschaft zu formieren, dann bleibt noch der Rohstoffreichtum des asiatischen Teils der ehemaligen Sowjetunion. Er wird zu einem neuen Objekt der Begierde, das die industriellen Stoff- und Energiewandlungssysteme in den Zentren der Triade mit Nachschub versorgen könnte. Wenn dem so ist, stellt sich die entscheidende Frage, ob Osteuropa und die GUS zu einer Art »Almende« der drei Blöcke der Triade werden, oder ob zwischen ihnen ein Konkurrenzkampf um Einfluß in Osteuropa und der GUS ausbrechen wird. - Lenin hat zwar mit seiner Revolutionstheorie in exorbitanter Weise historisch Unrecht bekommen; aber mit seiner Analyse der imperialistischen Konkurrenz könnte er ebenso grandios und noch dazu auf dem Territorium der ehemaligen Sowjetunion Recht behalten...

PROKLA-Redaktion

John Holloway

Reform des Staats: Globales Kapital und nationaler Staat

1. Welcher Staat?

Dieser Artikel ist aus einem Kurs zur »Krise des Wohlfahrtstaates« erwachsen, den ich an der Maestría de Ciencas Sociales der FLACSO (Faculatad Latinoamericana de Ciencias Sociales, Mexiko City) gehalten habe.[1] Über die Krise »des Wohlfahrtstaats« oder die Reform »des Staates« in einem internationalen Zusammenhang zu sprechen, führt sofort zur Frage »Welcher Staat? Wo?«. Für jemanden, der den größten Teil seines Lebens in Europa verbracht hat, gibt es ein weiteres Problem: Wie relevant sind Gedanken, die in Europa über »den Staat« entwickelt wurden, für Leute, deren wesentlicher Bezugspunkt der paraguayische, bolivianische oder argentinische Staat ist? Die Antwort kann nur in Richtung eines Begriffs der Fragmentierung einer vereinten Welt liegen. Dieser Artikel ist ein Versuch, diesen Begriff zu entwickeln.

2. Der Staat

Schon die Begriffe einer »Reform des Staates« oder der »Krise des Wohlfahrtstaates« verweisen auf den Umstand, daß wir etwas Gemeinsames in der Entwicklung verschiedener Staaten ausmachen und daher behaupten, eine Analyse, die sich an einem bestimmten Staat orientiert, sei unzureichend. Die Staaten scheinen recht unterschiedliche, separate Einheiten zu sein, und dennoch sprechen wir von der Reform »des Staates« als ob es nur einen Staat gebe, womit wir unterstellen, daß es eine Art Einheit dessen gibt, was als getrennt erscheint. Wie können wir den Zusammenhang verstehen zwischen der Entwicklung verschiedener Staaten als Einheit des Disparaten, als Einheit-in-Diparität/Disparität in Einheit »des Staates« - und der Vielzahl verschiedener Staaten?

1 Ursprünglich auf Spanisch erschienen in *Perfiles Latin Americanos*, No.1, FLACSO, Mexico City, Juli 1992. Das Thema der Nummer ist die Reform des Staates in Lateinamerika. (Übersetzung der englischen Version, a.d.Ü.)

PROKLA. Zeitschrift für kritische Sozialwissenschaft, Heft 90, 23. Jg. 1993, Nr. 1, 12-33

In der Tradition politischer Wissenschaft wird der Staat als grundlegende und weitgehend selbstverständliche Kategorie betrachtet. Die überwältigende Mehrzahl der Arbeiten in dieser Disziplin nimmt sich einen bestimmten Staat als fast ausschließlichen Bezugsrahmen und analysiert politische Entwicklungen, als ob sie in rein nationalen Begriffen verstanden werden könnten. Dies gilt besonders für Arbeiten aus den Vereinigten Staaten und Europa, wo die Theoretiker es sich immer noch im Mythos nationaler Selbstgenügsamkeit bequem machen: Es ist z.B. auf der Linken wie auf der Rechten üblich, »Thatcherismus« oder »Reaganismus« als rein nationale Phänomene zu analysieren und nicht als Teil einer globalen Verschiebung im Verhältnis von Staat und Kapital. In Lateinamerika ist den Leuten der globale Zusammenhang, in dem die aktuellen Veränderungen stattfinden, viel klarer, aber in gewissem Sinne beschränkt und bestimmt die selbstverständliche Kategorie »des Staates« immer noch die Debatte.

Wenn der Staat als Ausgangspunkt genommen wird, erscheint die Welt (sofern sie überhaupt erscheint) als die Summe der Nationalstaaten. Trends oder Entwicklungen, die über die Grenzen eines Staates hinausgehen, werden entweder in Begriffen zwischenstaatlicher Beziehungen (wie in der Tradition der »Fachdisziplin« »Internationale Beziehungen«) oder durch Analogiebildungen (wie in der »Fachdisziplin« »Vergleichende Politik«) diskutiert. Beide gehen nicht von einem Begriff der Einheit der Nationalstaaten aus, sondern von deren Trennung: Gemeinsame Entwicklungstendenzen können nur verstanden werden als Teil des zwischenstaatlichen Netzwerks an Machtbeziehungen, die entweder direkt zwischen den Staaten ausgeübt werden oder mittels Institutionen wie dem Internationalen Währungsfonds; oder sie werden verstanden unter Rekurs auf Ähnlichkeiten zwischen Staaten, was Ideen, politische Institutionen oder gesellschaftliche Strukturen anbelangt - wie in der gegenwärtig einflußreichen Regulationstheorie mit ihren nationalspezifisch definierten Begriffen des Fordismus und Postfordismus.

Sicher spielen zwischenstaatliche Pressionen oder der Druck internationaler Organisationen, sowie institutionelle und theoretische Moden eine prägende Rolle bei der Entwicklung des Staates, doch reichen sie nicht aus, um die Tiefe und die globale Dimension der gegenwärtig stattfindenden Veränderungen zu erklären. Die Veränderungen etwa mit dem Druck des IWF zu erklären, verschiebt das Problem bloß auf eine andere Ebene: Was steckt hinter der politischen Orientierung und dem Einfluß des IWF? Ebenso wirft eine Erklärung der Veränderungen des Einflusses neoliberaler Vorstellungen einfach die Frage auf, warum neoliberales Denken einen derartigen Einfluß in verschiedenen Ländern gerade zu dieser Zeit gewonnen hat. Vergleichende Analysen, die sich auf das Vorkommen ähnlicher sozio-ökonomischer Veränderungen in den verschiedenen Ländern konzentrieren, wie in der regulationistischen Analyse des Fordismus, bringen uns etwas weiter, aber die Analogien, obwohl verlockend, sind im allgemeinen skizzenhaft und oberflächlich (Clarke 1988/1991). Um zu einem zufriedenstellenden Verständnis der gegenwärtig stattfindenden Entwicklungen in den verschiedenen Ländern zu kommen, scheint es uns daher nötig, über die Kategorie »des Staates« oder vielmehr über die Trennung der verschiedenen Staaten hinauszugehen, um eine Möglichkeit zu finden, ihre Einheit zu erörtern.

Hier bietet sich die Dependenztheorie als verlockende Alternative an, sofern sie den einheitlichen Charakter der Welt betont und auf einem Verständnis des Handelns einzelner Staaten im Kontext der bipolaren Beziehung von Zentrum und Peripherie beharrt, wobei die Peripherie der Ausbeutung durch das Zentrum ausgesetzt ist. Hier findet sich ein Begriff der Einheit separater Staaten, sofern sie alle Elemente einer bipolaren Welt sind. Allerdings bleibt die Analyse sehr staatsorientiert, sofern das »Zentrum« und die »Peripherie« als »zentrale Staaten« und »periphere Staaten« begriffen werden. In diesem Sinne ist die Dependenztheorie eng verwandt mit der Tradition des Faches »Internationale Beziehungen«: Obwohl die Betonung auf dem Primat des Weltsystems gegenüber den einzelnen Staaten liegt, wird das Weltsystem im Grunde als ein internationales Staatensystem verstanden, mit den Staaten des Zentrums als den herrschenden Akteuren, wobei der einzig mögliche Weg aus der Abhängigkeit im Handeln der peripheren Staaten besteht (vgl. Dabat 1992 für eine ähnliche Kritik). Wie in der Mainstream-Tradition definiert der Staat eine Unterscheidung zwischen Innen und Außen, wobei der Unterschied in der Dependenztheorie darin liegt, daß die Betonung (bezüglich der abhängigen Staaten) stark auf den äußeren und nicht auf den inneren Determinanten des staatlichen Handelns liegt. Entwicklungen wie etwa die staatlichen Reformen in den peripheren Staaten können in dieser Perspektive nur in Begriffen externer Zwänge verstanden werden, die aus dem Verhältnis von Zentrum und Peripherie erwachsen, aber es gibt keinen Begriff, der es uns ermöglicht, die Dynamik dieser Beziehung zu verstehen.

3. Der Staat als eine Form gesellschaftlicher Verhältnisse

Jeder Staat verkündet seine Eigenständigkeit gegenüber anderen Staaten, seine nationale Souveränität. Um zu verstehen, was es uns ermöglicht, von der Krise oder der Reform »des Staates« zu sprechen, als ob es nur einen Staat gebe, müssen wir diese Eigenständigkeit aufweichen, den Staat als Kategorie auflösen.

Den Staat als Kategorie auflösen heißt, den Staat nicht als etwas Eigenständiges zu verstehen, sondern als eine gesellschaftliche Form, eine Form gesellschaftlicher Verhältnisse. In der Physik haben wir inzwischen akzeptiert, daß es nichts absolut Eigenständiges gibt, daß Energie in Masse verwandelt werden kann und Masse in Energie; ebenso gibt es in der Gesellschaft keine absoluten Trennungen, keine harten Kategorien. Wissenschaftlich zu denken heißt, die Denkkategorien aufzulösen, alle gesellschaftlichen Phänomene als ebensolche zu verstehen, als Formen gesellschaftlicher Verhältnisse. Gesellschaftliche Verhältnisse, Verhältnisse zwischen Menschen, sind flüssig, unvorhersehbar, instabil, oft leidenschaftlich, aber sie verfestigen sich zu bestimmten Formen, Formen die eine eigene Autonomie zu gewinnen scheinen. Die verschiedenen akademischen Disziplinen nehmen diese Formen (Staat, Geld, Familie) als gegeben hin und tragen damit zu ihrer scheinbaren Solidität und daher zur Stabilität der kapitalistischen Gesellschaft bei. Wissenschaftlich zu denken bedeutet, diese Disziplinen zu kritisieren, diese Formen aufzulösen, sie als Formen zu verstehen; frei zu handeln heißt, diese Formen zu zerstören.

Der Staat ist also eine verfestigte (oder, um den von Marx gebrauchten Begriff zu borgen, »fetischisierte«) Form gesellschaftlicher Verhältnisse. Er ist ein Verhältnis zwischen Menschen, das nicht als ein solches erscheint, ein gesellschaftliches Verhältnis, das in der Form eines den gesellschaftlichen Verhältnissen Äußerlichen existiert. Dies ist der Ausgangspunkt für ein Verständnis der Einheit aller Staaten: alle sind verfestigte, scheinbar autonome Formen gesellschaftlicher Verhältnisse.

Aber warum verfestigen sich gesellschaftliche Verhältnisse auf diese Weise und inwiefern hilft uns diese Einsicht, die Entwicklung des Staates zu verstehen? Dies war die Frage, die von der sogenannten »Staatsableitungsdebatte« gestellt wurde, eine etwas eigentümliche, aber sehr wichtige Diskussion, die sich in den 70er Jahren von Westdeutschland aus auf andere Ländern ausdehnte.[2] Die Debatte war insofern eigentümlich, als sie in einer äußerst abstrakten Sprache geführt wurde, oft ohne daß die politischen und theoretischen Implikationen der Argumentation offengelegt wurden. Die Dunkelheit der Sprache und die Tatsache, daß die Teilnehmer Folgerungen aus der Debatte häufig nicht entwickelten (oder sich ihrer nicht bewußt waren), setzte die Debatte Mißverständnissen aus, und der Ansatz wurde oft als »ökonomische« Theorie des Staates oder als »kapital-

---

2 Zur Staatsableitungsdebatte und ihrer Verbreitung vgl. etwa Holloway und Picciotto 1978; Clarke 1991 (Großbritannien); Vincent 1975 (Frankreich); Perez Sainz 1981 (Spanien); Criticas de la Economia Politica 1979, 1980; Sánchez Susarrey 1986 (Mexiko); Archila 1980; Royas und Moncayn 1980 (Kolumbien); Fausto 1987 (Brasilien).

logisch« abgetan, der versuche, die politische Entwicklung als einen funktionalen Ausdruck der Logik des Kapitals zu verstehen. Während diese Kritik an manchen Beiträgen zu Recht geübt werden kann, bestand die Bedeutung der Debatte insgesamt darin, daß sie eine Grundlage lieferte, um vom ökonomischen Determinismus und Funktionalismus loszukommen, der so viele Diskussionen zum Verhältnis von Staat und kapitalistischer Gesellschaft beeinträchtigt hat, und den Staat nun als Element, oder besser, Moment der Totalität der gesellschaftlichen Verhältnisse der kapitalistischen Gesellschaft zu diskutieren.

Der Brennpunkt der Debatte über den Staat als besonderer *Form* gesellschaftlicher Verhältnisse ist der entscheidende Bruch mit dem ökonomischen Determinismus, der z.B. im Basis-Überbau-Modell (und dessen strukturalistischen Varianten) beschlossen liegt. Das Augenmerk auf die Funktionen des Staates nimmt die Existenz des Staates als gegeben hin. Es gibt im Basis-Überbau-Modell keinen Platz, um nach der Form des Staates zu fragen, zu fragen warum gesellschaftliche Verhältnisse sich zur scheinbar autonomen Form des Staates verfestigen. Nach der Form des Staates zu fragen heißt, die Frage nach seiner historischen Besonderheit aufzuwerfen: Die Existenz des Staates als eines Etwas, das von der Gesellschaft getrennt ist, ist der kapitalistischen Gesellschaft eigen, wie es die Existenz des »Ökonomischen« als eines von offen zwangsförmigen Klassenverhältnissen Unterschiedenen ist (Gerstenberger 1990). Die Frage lautet daher nicht: Wie determiniert das Ökonomische den politischen Überbau? Sie lautet vielmehr: Was ist das Besondere an den gesellschaftlichen Verhältnissen des Kapitalismus, das die Verfestigung (oder Besonderung) gesellschaftlicher Verhältnisse in Form des Staates bedingt?[3] Ihr Gegenstück ist die Frage: Was bedingt die Konstitution des Ökonomischen und des Politischen als unterschiedlicher Momente derselben gesellschaftlichen Verhältnisse? Die Antwort ist sicher, daß es etwas Besonderes mit dem gesellschaftlichen Antagonismus auf sich hat, auf dem der Kapitalismus (wie jede Klassengesellschaft) beruht. Unterm Kapitalismus beruht der gesellschaftliche Antagonismus (das Verhältnis zwischen Klassen) auf einer

3 Die Staatsableitungsdebatte hat die Frage wiederbelebt, die Pashukanis 1923 gestellt hat: »Warum bleibt die Herrschaft einer Klasse nicht das, was sie ist, d.h. die faktische Unterwerfung eines Teils der Bevölkerung unter den anderen? Warum nimmt sie die Form einer offiziellen staatlicher Herrschaft an oder - was dasselbe ist - wird der Apparat des staatlichen Zwangs nicht als der privater Apparat der herrschenden Klasse geschaffen, warum spaltet er sich von der letzteren ab und nimmt die Form eines unpersönlichen, von der Gesellschaft losgelösten Apparats der öffentlichen Macht an?« (Pashukanis 1970, S.119f.). Diese Frage kostete Pashukanis schließlich das Leben, da die Schlußfolgerung aus ihr, nämlich daß der Staat eine spezifisch kapitalistische Form der gesellschaftlichen Beziehungen ist, unvereinbar war mit Stalins Versuch, einen staatlichen »Sozialimus in einem Land« aufzubauen.

Form der Ausbeutung, die nicht offen vonstattengeht, sondern vermittelt ist durch den »freien« Kauf und Verkauf der Arbeitskraft als einer Ware auf dem Markt. Diese Form der Klassenverhältnisse setzt eine Trennung von unmittelbarem Ausbeutungsprozeß, der auf der »Freiheit« der Arbeiter beruht, und dem Prozeß der Aufrechterhaltung der Ordnung in einer Ausbeutungsgesellschaft voraus, der die Möglichkeit von Zwang in sich birgt (vgl. Hirsch 1974/1978).

Den Staat als Form gesellschaftlicher Verhältnisse zu betrachten, heißt offensichtlich, daß die Entwicklung des Staates nur verstanden werden kann als Moment der Entwicklung der Totalität gesellschaftlicher Verhältnisse: sie ist ein Teil der antagonistischen und krisengeschüttelten Entwicklung der kapitalistischen Gesellschaft. Als eine Form kapitalistischer gesellschaftlicher Verhältnisse hängt seine Existenz ab von der Reproduktion dieser Verhältnisse. Er ist daher nicht nur ein Staat in einer kapitalistischen Gesellschaft, sondern ein kapitalistischer Staat, da seine eigene Fortdauer an die Förderung der Reproduktion kapitalistischer Gesellschaftsverhältnisse insgesamt geknüpft ist. Die Tatsache, daß er als besondere oder verfestigte Form gesellschaftlicher Verhältnisse existiert, heißt allerdings, daß die Beziehung zwischen Staat und Reproduktion des Kapitalismus komplex ist: Es kann nicht, in funktionalistischer Manier, angenommen werden, daß alles, was der Staat tut notwendig im besten Interesse des Kapitals ist, noch daß der Staat das Erforderliche für die Reproduktionssicherung der kapitalistischen Gesellschaft leisten kann. Das Verhältnis von Staat und Reproduktion der kapitalistischen Verhältnisse ist eines von Versuch und Irrtum.

Vom Staat als einer verfestigten Form gesellschaftlicher Verhältnisse zu sprechen, heißt, sowohl von seiner Trennung von wie von seiner Einheit mit der Gesellschaft zu sprechen. Die Trennung oder Verfestigung (oder Fetischisierung) ist ein Prozeß, der ständig wiederholt wird.[4] Die Existenz des Staates impliziert einen beständigen Prozeß der Abtrennung bestimmter Aspekte gesellschaftlicher Verhältnisse, deren Definition als »politischer« und daher vom »Ökonomischen« getrennter. Der Antagonismus, auf dem die Gesellschaft beruht, wird damit fragmentiert: Kämpfe werden in politische und ökonomische Formen kanalisiert, von denen keine Raum läßt für Fragen zur Struktur der Gesellschaft als Ganzer. Ein deutliches Beispiel dafür ist gegenwärtig Venezuela, wo die Stabilität der vorhandenen Gesellschaft sehr stark von der Fähigkeit abhängt, die soziale Unzu-

4 Es kann nicht angenommen werden, wie Jessop (1991) dies tut und Hirsch zumindest in seinen späteren Arbeiten zu tun scheint, daß die Besonderung des Staates ein Prozeß ist, der in der Ursprungszeit des Kapitalismus vollendet wurde. Zur Kritik an Jessop vgl. Holloway (1991).

friedenheit in die etablierten Prozeduren des politischen Systems zu kanalisieren, von der Fähigkeit, einer schlecht artikulierten Ablehnung der bestehenden Ordnung bestimmte Definitionen aufzuprägen. Dieser Prozeß der Durchsetzung von Definitionen für gesellschaftliche Kämpfe ist zugleich ein Prozeß der Verfestigung gesellschaftlicher Verhältnisse, und durch diesen Prozeß wird der Staat andauernd neu konstituiert als eine Instanz, die von der Gesellschaft getrennt ist (Holloway 1980/1991; 1991).

4. Nationalstaaten als Formen der globalen Totalität gesellschaftlicher Verhältnisse

»Der Staat« wird damit doppelt aufgelöst: er ist keine Struktur, sondern eine Form gesellschaftlicher Verhältnisse; er ist keine völlig fetischisierte Form, sondern ein Prozeß der Formung (Fetischisierung) gesellschaftlicher Verhältnisse (und daher ein anhaltender Prozeß der Selbstkonstitution). Aber die Diskussion bewegt sich immer noch auf der Ebene »des Staates«: Bisher ist nichts zu der Tatsache gesagt worden, daß »der Staat« nicht ein Staat ist, sondern eine Vielheit von Staaten. Wie ansonsten sympathisierende Kritiker des Staatsableitungsansatzes ausgeführt haben (Barker 1978/1991), von Braunmühl 1974; 1978) »behandelt die Debatte den Staat, als ob er nur im Singular existiere. Der Kapitalismus ist jedoch ein Weltsystem von Staaten, und die Form, die der kapitalistische Staat annimmt, ist die des Nationalstaates« (Barker 1978/1991, 204).

Auf einer Ebene ging diese Kritik fehl, weil die Staatsableitungsdebatte sich nicht um das Verständnis eines bestimmten Staates drehte, sondern um das Verständnis des »Staatlichen« oder besser »des Politischen«. Die Ableitung »des Politischen« aus der Natur der kapitalistischen gesellschaftlichen Verhältnisse abstrahierte von der Existenz »des Staates« nur in dessen Form einer Vielheit von Staaten. Im Zusammenhang der Analyse der allgemeinen Beziehung von Staat und Gesellschaft war es, wie Picciotto bemerkt, »gängig, eine Korrelation zwischen der Gesellschaft und ihren Klassen und dem Staat innerhalb dieser Gesellschaft anzunehmen.«[5] Gängig oder nicht, dieser Punkt wurde in der Debatte nie klar gemacht, und das Ergebnis war eine schwerwiegende Vermischung von »Staat« im Sinne des »Politischen« (im folgenden einfach als »das Politische« bezeichnet) und

5 »Es gibt eine Tendenz in der marxistischen Analyse des Staates, das Augenmerk auf den Staat zu legen, den einzelnen Staat. Diese Tendenz herrscht vermutlich stärker in der marxistischen als in der nichtmarxistischen Literatur, da die marxistische Betonung der Klassennatur des Staates es notwendig macht, den Staat im Verhältnis zur Struktur der Gesellschaft zu diskutieren, und es wird gängig, eine Korrelation zwischen der Gesellschaft und ihren Klassen und dem Staat innerhalb dieser Gesellschaft anzunehmen.«

»Staat« im Sinne des mexikanischen, argentinischen oder deutschen Staates (im folgenden als »Nationalstaat« bezeichnet).[6] Dies führte zu einer Verarmung des Begriffs »des Politischen« und trug auch zu einigen Schwierigkeiten bei, die Debatte weiterzuführen, nachdem die allgemeinen theoretischen Argumente einmal vorgebracht waren.

Welches sind die Konsequenzen dieser Unterscheidung zwischen dem Politischen und dem Nationalstaat? Das Politische, so wurde erkannt, ist ein Moment der Totalität kapitalistischer Gesellschaftsverhältnisse. Sind die Grenzen des staatsorientierten Denkens einmal verlassen, ist es klar, daß die Totalität gesellschaftlicher Verhältnisse nur verstanden werden kann als globale (weltweite) Totalität. Die globale Natur der Gesellschaft ist nicht das Ergebnis der jüngsten »Internationalisierung« des Kapitals (ein Begriff, der das Verlassen einer historisch und logisch primären nationalen Gesellschaft impliziert), sondern ist der Natur des Kapitalismus von Anfang an inhärent (vgl. von Braunmühl 1978; Clarke 1991; Picciotto 1985/1991). Die Beziehungen zwischen Arbeitgebern und Arbeitnehmern, zwischen Produzenten und Konsumenten, zwischen Finanzleuten und Industriellen überschreiten allesamt nationale Grenzen. Kapital ist seiner Natur nach ein globales Verhältnis.

Das Politische ist daher ein Moment eines globalen Verhältnisses, aber es kommt zum Ausdruck nicht durch die Existenz eines globalen Staates, sondern in der Existenz einer Vielheit von scheinbar autonomen Nationalstaaten. Das Politische ist fragmentiert: Diese Fragmentierung ist grundlegend für ein Verständnis des Politischen, ein entscheidendes Element, das verlorengeht, wenn angenommen wird, daß Gesellschaft und Staat dekkungsgleiche Begriffe sind. Die Welt ist keine Summierung von Nationalstaaten, nationalen Kapitalismen oder nationalen Gesellschaften; vielmehr löst die fragmentierte Existenz des Politischen als Vielheit von Nationalstaaten die Welt in viele scheinbar autonome Einheiten auf.

Die Unterscheidung von Politischem und Nationalstaat gibt dem Begriff des Staates damit eine neue Dimension als Prozeß der Fetischisierung oder Verfestigung gesellschaftlicher Verhältnisse. Die Dekomposition der Weltgesellschaft in Nationalstaaten ist nicht etwas, das vollendet ist, sobald nationale Grenzen festgelegt sind. Im Gegenteil, alle Nationalstaaten befinden sich in einem ständig wiederholten Prozeß der Auflösung globaler gesellschaftlicher Beziehungen: mittels Bekundungen nationaler Souveränität, Bekenntnissen zur »Nation«, Fahnenzeremonien, dem Abspielen der

6 In diesem Sinne hat Colin Barker (1978/1991, S. 208) ganz recht, wenn er einen Artikel von Sol Picciotto und mir kritisiert (Holloway und Picciotto 1977/1991) und meint, »ihr ganzer Artikel handelt von einer Abstraktion namens »der Staat«, der Zusammenhang mit den tatsächlichen Staaten des kapitalistischen Systems nicht adäquat entwickelt ist«.

Nationalhymne, administrativer Diskriminierung von »Ausländern«, mittels Krieg. Je schwächer die gesellschaftliche Basis dieser nationalen Dekomposition der Gesellschaft - wie etwa in Lateinamerika - desto offener ihre Ausdrucksformen. Diese Dekomposition der Weltgesellschaft ist ein entscheidendes Element bei der Fragmentierung der Opposition gegen die kapitalistische Herrschaft, durch die Dekomposition der Arbeiterschaft als einer Klasse.

Der Nationalstaat ist also wesentlich eine Form der Fragmentierung der Weltgesellschaft. In diesem Licht gesehen gibt es eine grundlegende territoriale Nichtübereinstimmung zwischen dem Staat und der Gesellschaft, auf die er bezogen ist. Die von Picciotto erwähnte »gängige« Annahme einer Korrelation von Staat und Gesellschaft ist ganz einfach falsch. Jeder Nationalstaat ist ein Moment der Weltgesellschaft, eine territoriale Fragmentierung einer Gesellschaft, die sich über die gesamte Welt ausdehnt. Kein Nationalstaat, ob »reich« oder »arm«, kann unter Absehung von seiner Existenz als Moment des globalen Kapitalverhältnisses verstanden werden. Die so oft getroffene Unterscheidung von »abhängigen« und »nicht abhängigen« Staaten fällt in sich zusammen. Alle Nationalstaaten sind - historisch und immer von neuem - definiert durch ihre Beziehung zur Totalität kapitalistischer Gesellschaftsverhältnisse. Die Unterscheidung, die z.B. Evers in seiner Weiterentwicklung des Staatsableitungsansatzes für die kapitalistische »Peripherie« trifft, zwischen »zentralen« Staaten, in denen es eine »gesellschaftliche Identität der ökonomischen und politischen Sphäre gibt« und den »peripheren« Staaten, wo es diese Identität nicht gibt (Evers 1979, S. 77-79), ist völlig wertlos. Trotz der nationalen Orientierung der meisten Theoretiker in den »reicheren« Ländern ist die Existenz des Nationalstaates als eines Moments des globalen Kapitalverhältnisses nicht weniger entscheidend für das Verständnis etwa des Thatcherismus in Großbritannien als für das Verständnis des neoliberalen Vormarschs in irgendeinem sogenannten »peripheren« Land (wie Bonefeld 1990 überzeugend zeigt).

Dies heißt nicht, daß das Verhältnis von globalem Kapital und Nationalstaaten überall dasselbe ist. Im Gegenteil, obwohl alle Nationalstaaten als Momente des globalen Verhältnisses konstituiert sind, sind sie besondere und nichtidentische Momente dieser Beziehung. Die Fragmentierung der Welt in nationale Gesellschaften bedeutet, daß jeder Staat eine spezifische territoriale Definition hat und daher eine spezifische Beziehung zu den Leuten auf seinem Territorium, von denen er einige (normalerweise, aber nicht immer die Mehrheit: Südafrika, Kuweit) als seine »Staatsbürger« definiert, den Rest als »Ausländer«. Diese territoriale Definition bedeutet, daß jeder Staat eine anderes Verhältnis zu den globalen Kapitalverhältnissen hat.

Die territoriale Definition bedeutet auch, daß jeder Staat auf eine Weise unbeweglich ist, die scharf mit der Mobilität des Kapitals kontrastiert. Der Nationalstaat kann seine Grenzen nur unter Schwierigkeiten ändern, während Kapital sich in Sekunden von einer Seite der Erde zur andern bewegen kann. Während Nationalstaaten fest sind, ist Kapital wesentlich flüssig, und es fließt überall hin, wo die größten Profite zu machen sind. Natürlich gibt es Hindernisse für diesen Strom, Grenzen der Mobilität. Die Reproduktion von Kapital hängt entscheidend von seiner (vorübergehenden) Immobilisierung in Form von produktivem Kapital ab, wozu seine Verkörperung in Maschinen, Arbeitskraft, Land, Gebäuden und Waren gehört. Andere Hindernisse bremsen ebenfalls den freien Kapitalfluß, etwa staatliche Regelungen oder Monopolsituationen, aber in seiner allgemeinsten und abstraktesten Form ist Kapital als Geld global, flüssig und schnell. Geld kennt keine persönlichen oder nationalen Gefühle.

Das Verhältnis von Nationalstaat und Kapital ist das Verhältnis eines national fixierten Staates zu einem weltweit mobilen Kapital. In diesen Begriffen müssen sowohl die Beziehung zwischen dem Nationalstaat und der Welt als auch die Beziehungen zwischen Nationalstaaten formuliert werden. Dies ist wichtig, weil es besonders auf der Linken gängig war, das Verhältnis von Staat und Kapital zu diskutieren, als ob das Kapital unbeweglich, als ob es an bestimmte Aktivitäten, Orte oder Personen gebunden sei. Dies führt dann zu Analysen der politischen Entwicklung in Begriffen des Konflikts zwischen Kapitalfraktionen (Textilkapital vs. Chemiekapital z.B., oder Finanzkapital vs. Industriekapital), als ob das Kapital irgendwie an eine bestimmte Aktivität gefesselt sei (vgl. Clarke 1978), oder führt zur Diskussion des Staates als einer Art Fusion, Einheit oder Verknüpfung von Staat und »nationalem Kapital«, als ob das Kapital irgendwie an einen bestimmten Teil der Welt gebunden sei. Die Verbindungen von Staat und Kapital werden aufgezeigt anhand von Familienbanden, persönlichen Beziehungen, der Existenz militärisch-industrieller Komplexe, und diese Verbindungen werden theoretisiert, als ob sie die kapitalistische Natur des Staates aufzeigten (wie in Miliband 1969). Oder die Verknüpfung wird begriffen als eine Fusion des Staates und der Monopole (wie in staatsmonopolistischen Kapitaltheorien), oder als die Formierung konkurrierender Staatskapitale (wie in Staatskapitaltheorien, z.B. Barker 1978/1991[7]), oder klassisch imperialismustheoretisch. All diese Ansätze behan-

7 Obwohl Barkers Kritik an den Beschränkungen der Staatsableitungsdebatte im Grunde richtig ist, sind seine Schlußfolgerungen zur Notwendigkeit der Analyse des Nationalstaates in Begriffen konkurrierender Staatskapitale somit ganz falsch.

deln das Kapital, als ob es hinsichtlich seiner personellen, institutionellen oder lokalen Ankerpunkte verstanden werden könnte, anstatt diese Ankerpunkte als Übergangsmomente zu behandeln, als Haltepunkte im unaufhörlichen Fluß von Kapital. Sicher existieren persönliche, institutionelle und politische Verbindungen zwischen Gruppen von Kapitalisten und Nationalstaaten, aber »Gruppen von Kapitalisten« sind nicht das Kapital, und häufig sehen sich Nationalstaaten gezwungen, die Verbindungen mit ihren kapitalistischen Freunden abzubrechen, um die Reproduktion des Kapitals insgesamt zu sichern (Hirsch 1974/1978). Die relative Immobilität des Nationalstaates und die extrem hohe Mobilität des Kapitals machen es unmöglich, eine derart einfache Beziehung zwischen Nationalstaat und irgendeinem besonderen Teil des Weltkapitals zu behaupten (Murray 1971; Picciotto 1985/1991).

Die Konkurrenz zwischen Staaten und die wechselnden Positionen der Nationalstaaten im Verhältnis zum globalen Kapital können daher nicht angemessen in Begriffen der Konkurrenz zwischen »nationalen Kapitalen« diskutiert werden. Die Diskussion darf nicht von der Immobilität des Kapitals, sie muß von seiner Mobilität ausgehen. Insofern die Existenz jedes Nationalstaates nicht nur von der Reproduktion des Weltkapitalismus, sondern auch von der Reproduktion des Kapitalismus innerhalb seiner Grenzen abhängt, muß er sich bemühen, Kapital anzuziehen, und wenn dies gelungen ist, das Kapital auf seinem Gebiet festzuhalten.[8] Der Konkurrenzkampf zwischen Nationalstaaten ist kein Kampf zwischen nationalen Kapitalen, sondern ein Kampf zwischen Staaten um die Anziehung und/oder den Erhalt eine Teils des Weltkapitals (und daher eines Teils des globalen Mehrwerts). Um dieses Ziel zu erreichen, muß der Nationalstaat versuchen, günstige Bedingungen für die Reproduktion des Kapitals innerhalb seiner Grenzen zu sichern (durch die Bereitstellung von Infrastruktur, die Aufrechterhaltung von Recht und Ordnung, die Erziehung und Regulation von Arbeitskräften, usw.), sowie dem Kapital, das innerhalb seiner Grenzen operiert, internationale Unterstützung zu gewähren, weitgehend unabhängig von der Staatsangehörigkeit der legalen Eigner dieses Kapitals.

In diesem Konkurrenzkampf werden hegemoniale und untergeordnete Positionen errichtet, aber eine hegemoniale Position befreit Staaten nicht von der globalen Konkurrenz um die Attraktion und den Erhalt von Kapital. Relativ hegemoniale oder unterworfene Positionen beruhen letztlich auf der Existenz mehr oder weniger günstiger Bedingungen für die Kapitalakkumulation auf den verschiedenen staatlichen Territorien: von daher der

8 Das Ausmaß, in dem bestimmte Staaten diese Grenzen in revolutionären Situationen durchbrechen können, würde eine besondere Diskussion erfordern, die hier nicht unternommen wird.

langfristige Niedergang Großbritanniens als einer Hegemonialmacht und die gegenwärtige Instabilität der internationalen Position der Vereinigten Staaten. Die Bedingungen für die Kapitalakkumulation hängen wiederum von den Bedingungen für die Ausbeutung der Arbeitskräfte durch das Kapital ab, aber es gibt hier keine direkte Bindung an das Staatsgebiet. Kapital kann auf dem Territorium eines Nationalstaates akkumulieren aufgrund der Ausbeutung der Arbeit auf dem Territorium eines anderes Staates - wie im Falle kolonialer oder neokolonialer Situationen, aber auch in Fällen, wo sich Staaten durch Steuervergünstigungen oder andere Anreize zu attraktiven Orten der Kapitalakkumulation machen (gute Beispiele sind die Kayman-Inseln und Liechtenstein).

Nationalstaaten konkurrieren also darum, einen Teil des weltweit produzierten Mehrwerts auf ihr Territorium zu ziehen. Der Antagonismus zwischen ihnen ist nicht Ausdruck der Ausbeutung der »peripheren« durch die »zentralen« Staaten (wie die Dependenztheoretiker behaupten), sondern drückt die (äußerst ungleiche) Konkurrenz zwischen ihnen um die Anziehung (oder die Bewahrung) eines Teils des globalen Mehrwerts auf ihr Territorium aus. Aus diesem Grunde haben alle Staaten ein Interesse an der globalen Ausbeutung der Arbeitskraft. Es stimmt, wie Dependenztheoretiker behaupten, daß Nationalstaaten nur im Hinblick auf ihre Existenz in einer bipolaren Welt verstanden werden können, die durch Ausbeutung bestimmt ist, aber die Ausbeutung ist keine Ausbeutung von armen Ländern durch reiche Länder, sondern von globaler Arbeit durch globales Kapital, und die Bipolarität ist keine von Zentrum und Peripherie, sondern von Klassen, eine Bipolarität, in der *alle* Staaten, qua ihrer von der Reproduktion des Kapitals abhängigen Existenz selbst, am kapitalistischen Pol verortet sind.

Die Beziehung zwischen Nationalstaaten ist als externe Beziehung nicht angemessen verstanden, obwohl sie sich als solche darstellt. Wenn der Nationalstaat ein Moment des globalen Kapitalverhältnisses ist, dann können weder das globale Kapitalverhältnis (»internationales Kapital«) noch andere Staaten adäquat als ihm äußerlich begriffen werden. Beim Versuch, die Entwicklung eines Nationalstaates zu verstehen, stellt sich daher nicht das Problem, zwischen den »externen« Determinanten der staatlichen Entwicklung (beliebt bei den Dependenztheoretikern im Falle der »peripheren« Staaten) und den »internen« Determinanten (wie von der Regulationstheorie bevorzugt (Hirsch 1992)) zu wählen. Auch kann die staatliche Entwicklung nicht verstanden werden als Ergebnis einer Kombination von endogenen und exogenen Triebkräften, die Lösung, um die sich Dabat (1992) bemüht. Die Unterscheidungen von innen/außen, intern /extern, endogen/ exogen reproduzieren die scheinbare Autonomie von Nationalstaaten und verstärken damit die mörderische Verhärtung gesellschaftlicher Verhältnisse, die nationale Grenzen darstellen, aber sie sind als Erklärung der staatlichen Entwicklung nicht angebracht. Alle Nationalstaaten manipulieren die intern/extern-Unterscheidung als wichtiges Element praktischer Politik. Alle Staaten z.B., die Abmachungen mit dem IWF getroffen haben, präsentieren die Ergebnisse solcher Vereinbarungen als extern auferlegte, während sie in Wirklichkeit Teil der »nationalen« politischen Konflikte sind, oder vielmehr der nahtlosen Integration des nationalen und globalen politischen Konflikts. Dies gilt gleichermaßen für die Vereinbarungen, die dem britischen Staat im Jahr 1976 »auferlegt« wurden (ein bedeutender Sieg der Rechten in Großbritannien), wie für jene, die Venezuela »auferlegt« wurden und ein wichtiger Teil der Strategie des venezolanischen Staates sind, die Gesellschaft zu restrukturieren, um günstigere Bedingungen für die Kapitalakkumulation zu schaffen. Das globale Kapital ist Cochabamba oder Zacatlan oder selbst Santana do Agreste nicht »äußerlicher« als es New York, Tokio oder London ist, obwohl die Formen und Folgen seiner Präsenz sich enorm unterscheiden.

Das Verständnis der Entwicklung des Nationalstaates kann keine Frage der Untersuchung interner und externer Determinanten sein, sondern des Versuchs einzusehen, was es heißt, daß der Nationalstaat ein Moment des globalen Kapitalverhältnisses ist. Vorderhand bedeutet dies, daß die Entwicklung eines bestimmten Staates nur im Kontext der globalen Entwicklung kapitalistischer Gesellschaftsverhältnisse, deren Bestandteil er ist, verstanden werden kann. Die »globale Entwicklung kapitalistischer Gesellschaftsverhältnisse« ist kein logischer Prozeß oder etwas »da draußen«, sondern das historische Ergebnis eines Konflikts, der, obwohl fragmentiert, global ist. Die Struktur dieses Konflikts (letztlich die Form der Abhängigkeit des Kapitals von Arbeit) erzeugt gewisse Entwicklungsrhythmen, die am klarsten in der Krisentendenz des Kapitals zum Ausdruck kommen (vgl. Holloway 1992). Allerdings ist das Verhältnis jedes bestimmten Nationalstaats zur globalen Entwicklung komplex. Obwohl die Tatsache, daß alle Nationalstaaten Momente desselben globalen Verhältnisses sind, in gemeinsamen Entwicklungsmustern zum Ausdruck kommt, wie es im Thema »Reform des Staates« zum Ausdruck kommt, bedeutet die Unterschiedlichkeit der Beziehungen von Nationalstaaten zum globalen Kapital, daß die Formen, die die Kämpfe um die Entwicklung des globalen Kapitals annehmen, und daher die Entwicklung der Nationalstaaten, sich immens unterscheiden können. Was zunächst als gemeinsame Entwicklung erscheint (die Reform des Staates z.B.) verdeckt häufig eine große Zahl verschiedener (und konkurrierender) Strategien, eine neu definierte Beziehung zum globalen Kapital im Restrukturierungsprozeß zu erlangen.

Es gibt bei alldem keinen Platz für Funktionalismus. Eines der Probleme im Zusammenhang mit der Analyse des »kapitalistischen Staates« in der Einzahl war, daß sie sehr leicht zu der funktionalistischen Annahme führte, daß der Staat, da kapitalistisch, die vom Kapital erforderten Funktionen ausübe. Wie in den Ausführungen zur »Staatsableitungsdebatte« erläutert, ist dies schon auf der Ebene »des Staates« eine nicht zu rechtfertigende Schlußfolgerung, aber die Schwäche des funktionalistischen Arguments wird viel deutlicher, wenn man sich klarmacht, daß das Kapital global ist und »der Staat« eine Vielheit von Nationalstaaten ist: Aus der Tatsache, daß die Reproduktion des globalen Kapitals durch bestimmte politische Manöver befördert werden könnte, kann nicht gefolgert werden, daß einem oder mehreren Staaten das Erforderliche gelingen wird (Picciotto 1985 / 1991). Es kann nicht vorausgesetzt werden, daß das Kapital seine Krisen immer lösen wird.

5. Die Reform des Staates: Nationale Politik der globalen Überakkumulation

Der Nationalstaat ist gebunden, das Kapital bewegt sich global. Kapital fließt weltweit, aber in jedem bestimmten Moment hat es eine territoriale Verankerung, sei es auf dem Konto eine Finanzinstitution oder in den Steinen, aus denen eine Fabrik gebaut ist. Die verschiedenen Staaten konkurrieren, um den Fluß des Kapitals anzuziehen und stillzustellen. Das Verhältnis bestimmter Nationalstaaten zum globalen Kapital ist durch diese Konkurrenz um Attraktion und Einbindung vermittelt. Dieses Verhältnis könnte man sich als eine Reihe von Staubecken vorstellen, die darum konkurrieren, ein Maximum an Wasser aus einem mächtigen und weitgehend unkontrollierbaren Strom anzuziehen und zu halten.

Wie die Flußmetapher nahelegt, kontrollieren die Nationalstaaten nicht den Gesamtdruck, die Geschwindigkeit und das Fließvolumen des Wassers. Diese Faktoren können nur verstanden werden, wenn man weiß, was den Fluß des Wassers überhaupt in Gang setzt. Die Nationalstaaten, die Staubecken unserer Metapher, können nur auf Veränderungen der Höhe und Strömung des Flusses reagieren.

Die großen Veränderungen der Organisation des Staates und seines Begriffes in den letzten etwa fünfzehn Jahren, nicht nur in Lateinamerika, sondern weltweit, sind die Antwort auf eine radikale Veränderung des Kapitalstroms.

Um den Wandel des Kapitalstroms zu verstehen, müssen wir zu seiner Quelle gehen, den kapitalistischen Produktionsverhältnissen. Die Form, die der Kapitalstrom annimmt, hängt ab von den Bedingungen kapitalistischer

Produktion. Der Kapitalstrom ist unaufhörlich, aber nicht undifferenziert. Kapital fließt durch verschiedene funktionale Formen, existiert mal als Geld, mal als produktives Kapital, das sich in den Produktionsmitteln und der eingesetzten Arbeitskraft verkörpert, mal als Ware. Jede Form hat verschiedene Auswirkungen auf die Geschwindigkeit der geographischen Mobilität. Kapital in Form von Geld kann in Sekunden von London nach Tokio fließen. Kapital in Form von Produktivkapital, das sich in Maschinen, Gebäuden, Arbeitskräften usw. verkörpert, ist geographisch viel weniger mobil. Kapital in Form von Waren findet sich unter diesem Gesichtspunkt offensichtlich irgendwo zwischen den anderen beiden Formen. Bei alldem spielt das Produktivkapital eine entscheidende Rolle, da die Produktion die einzige Quelle des Mehrwerts und daher der Reproduktion und Expansion des Kapitals ist. Allerdings ist das Kapital blind für solche theoretischen Betrachtungen: Es fließt in die Form, die die größten Profite zu bieten scheint, die besten Expansionsmöglichkeiten. Daher wird, wenn die Produktion keine guten Profite bietet und die Warenmärkte gesättigt sind, das Kapital in die Geldform fließen. Das Ergebnis ist ein radikaler Wandel der Mobilität des Kapitals. Im Kern hat dies während der letzten zwanzig Jahre stattgefunden, und hier liegt der Schlüssel zu den Veränderungen der Organisation der Nationalstaaten.

Die Zerstörungen durch den Zweiten Weltkrieg und die Vorkriegsdepression, zusammen mit der Erfahrung des Faschismus in einer Reihe von Staaten, haben global günstige Bedingungen für die kapitalistische Produktion geschaffen. Die etwa fünfundzwanzig Jahre nach dem Krieg waren allgemein eine Periode hohen und stetigen Wachstums auf der Basis der Profitabilität kapitalistischer Produktion. Natürlich war der Geldstrom wichtig, aber er spielte gegenüber der Produktionsentwicklung eine untergeordnete Rolle. Die sich daraus ergebende relative Stabilität des Kapitals schuf die Basis für die Entwicklung eines bestimmten Typs von Beziehungen zwischen Nationalstaaten und globalem Kapital und verlieh dem Bild einer aus »nationalen Ökonomien« bestehenden Welt Glaubwürdigkeit. Die relative Stabilität erzeugte auch ein Umfeld, in dem möglich war, daß die nach dem Krieg erzielten internationalen Abkommen die ökonomischen Beziehungen der Nationalstaaten regulierten. Besonders wichtig ist in diesem Zusammenhang das Abkommen von Bretton Woods, das, indem es ein System fester Wechselkurse einführte, in gewissem Maße die Geldströme zwischen den Nationalstaaten regulierte und daher Nationalstaaten zu einem bestimmten Grad von der globalen Bewegung des Kapitals abschirmte (vgl. Bonefeld 1990; Holloway 1992a). Diese relative Abschottung, die auf der relativen Stabilität des Produktivkapitals beruhte und durch internationale Regelungen und nationale politische Kontrolle der

Kapitalbewegung verstärkt wurde, lieferte die Grundlage für die staatsorientierte Politik dieser Periode, sei es die Politik des keynesianischen Wohlfahrtsstaates oder die Politik der Importsubstitution. Dieselbe relative Stabilität ermöglichte auch den Aufbau einigermaßen stabiler Allianzen zwischen Nationalstaaten und Gruppen von Kapitalisten - jene Sorte von Allianzen, die begrifflich in den oben diskutierten Theorien festgehalten sind (militärisch-industrieller Komplex, staatsmonopolistischer Kapitalismus usw.) - und gleichermaßen zwischen dem Staat und bürokratisierten Arbeiterbewegungen, wie sie sich in den vielen Spielarten der korporatistischen politischen Entwicklung finden.[9] Viele der theoretischen Konzeptionen des Staates, die immer noch gängig sind - besonders, wie oben diskutiert, die Abstraktion »des Staates« von der Welt - entsprangen der Erfahrung dieser Zeit, die auch eine Periode der raschen Expansion für die »Politikwissenschaft« und die Sozialwissenschaften allgemein war.

Das Ende des langen Nachkriegsbooms war auch das Ende der relativen Abschottung des Nationalstaates. Ab Mitte der sechziger Jahre gab es deutliche Signale wachsender Instabilität. Die Bedingungen, die die Produktion während der ganzen Nachkriegsperiode profitabel gemacht hatten, verschlechterten sich: Die Kosten, die mit der Ausbeutung der Arbeitskräfte einhergehen (oft als organische Zusammensetzung des Kapitals bezeichnet), stiegen, die Disziplin, die durch die Kriegszeit aufgebaut worden war, schwächte sich ab, die Staatsbürokratien, die mit dem bisherigen Entwicklungsmuster einhergingen, erwiesen sich für das Kapital als kostenträchtig. Investition in die Produktion wurde zu einem nicht mehr so sicheren Mittel, das Kapital zu expandieren. Es gab, mit anderen Worten, einen Überschuß an Kapital, eine Überakkumulation von Kapital. In den Jahren des Booms hatte eine schnelle Akkumulation von Kapital stattgefunden. Mehr Kapital war akkumuliert worden, als einen sicheren und profitablen Abfluß in produktive Investitionen finden konnte. Wenn dies geschieht, dann schwärmt das Kapital aus - wie bei den Bienen, wenn es nicht mehr genug Honig im Bienenstock gibt, um eine expandierende Population zu nähren, sich ein Teil erhebt und wegfliegt auf der Suche nach einer neuen Behausung.[10] Genauer, Kapital nimmt die flüssige Form von Geld an und

---

9 Viele dieser Verknüpfungen sind in der regulationistischen Diskussion zum Fordismus analysiert worden, aber da die Regulationstheorie den Nationalstaat und nicht das globale Kapital als Bezugrahmen nimmt (vgl. Clarke 1987/1991; Hirsch 1992), ist es ihr nicht gelungen, diese Problematik zur Mobilität des Kapitals in Beziehung zu setzen. Die Orientierung der Regulationstheorie am Nationalstaat ist ein Reflex der Tatsache, daß der Nationalstaat in der Nachkriegsperiode eine wichtigere Rolle bei der Eindämmung der Arbeiterbewegung gespielt hat als jemals zuvor. Aber weil der Nationalstaat in der Regulationstheorie als gegeben betrachtet wird, bleibt dies theoretisch gänzlich unverarbeitet.

10 Hier werden schamlos Metaphern gemischt. Aber Flüsse und Bienen sind genug.

durchströmt die ganze Welt auf der Suche nach einem Weg, Profit zu machen. Anstatt sich in den Backsteinen, den Maschinen und Arbeitskräften der produktiven Investition zu verkörpern, fließt es in die Suche nach spekulativen, oft sehr kurzfristigen Mitteln der Expansion. Viele der Fabriken, die nun unprofitabel geworden sind, werden geschlossen und die Gebäude und Maschinen verkauft. Das freigesetzte Kapital bleibt als Geld übrig, das in produktive Investitionen anderswo verwandelt werden kann, aber wahrscheinlicher in der Geldform bleibt, solange die Bedingungen für produktive Investition relativ ungünstig bleiben. Die Schwierigkeiten in der Produktion drücken sich sowohl in einem Anstieg des Geldangebots aus, da ehemals produktives Kapital sich in Geld transformiert und sich als Kredit anbietet, als auch in der Nachfrage nach Geld, da das Kapital, das in der Produktion verbleibt, versucht, Schwierigkeiten durch Kreditaufnahme zu lösen, und die Staaten versuchen, die wachsenden sozialen Spannungen durch zunehmende Verschuldung zu dämpfen.

Die Krise der Produktionsverhältnisse drückt sich in der Verflüssigung von Kapital aus. Es gibt einen scharfen Wandel der Beziehung von produktivem Kapital und Geldkapital:[11] Geld, anstatt der Produktion scheinbar untergeordnet zu sein, erscheint nun als Selbstzweck. Der Kapitalfluß, vordem relativ stabil, wird zu einem schnellen Strom und dieser Strom schwemmt die Institutionen und die Selbstverständlichkeiten der Nachkriegszeit hinweg. Eine der ersten Säulen der Nachkriegswelt, die zerbrach, war das Bretton-Woods-System fester Wechselkurse, das auf einem festen Verhältnis von Dollar und Gold beruhte. Der rasche Anstieg der Dollarmengen außerhalb der Vereinigten Staaten (und außerhalb der Regulationsmacht irgendeines Nationalstaats), der sogenannten Eurodollars in den 60er Jahren, führte zur Unterminierung der Position des Dollars und zur Aufgabe des Bretton-Woods-Systems im Jahr 1971, das schließlich durch ein System floatender Wechselkurse ersetzt wurde. Der Zusammenbruch fester Wechselkurse bedeutet, daß Nationalstaaten jetzt viel direkter dem Strom des Weltgeldes ausgesetzt sind: Der Einsatz einer für die Interessen des Kapitals offensichtlich schädlichen Politik führt jetzt viel schneller zu Reaktionen auf den Geldmärkten und zur Schwächung der Landeswährung (Clarke 1988; Bonefeld 1990).

Der Zusammenbruch des Systems von Bretton Woods ist nur der erste Schritt. Das rasche Wachstum der globalen Geldmärkte während der 70er und 80er Jahre und die schnellere Geldbewegung, die durch den Einsatz neuer Techniken erleichtert wird, hat drastische Konsequenzen für die Or-

---

11 Für eine viel detailliertere Erklärung des hier geschilderten Prozesses vgl. Bonefeld (1990), dem dieser Artikel einiges verdankt.

ganisation der Nationalstaaten. Nationalstaaten versuchen, Kapital anzuziehen und in ihren Grenzen zu halten. Was das heißt, ändert sich radikal mit der neuen Liquidität von Kapital. Die Konkurrenz zwischen den Staaten um die Attraktion ihres Kapitalanteils verschärft sich deutlich und verpflichtet alle Staaten, neue Wege zu suchen, um sich für Kapital attraktiv zu machen. Die Tatsache, daß ein viel größerer Teil des Kapitals auf kurzfristiger Basis investiert wird, heißt, daß die Staaten unter dem ständigen Druck stehen, Bedingungen aufrechtzuerhalten, die das Kapital auf ihrem Territorium halten. Die alten Ideologien verschwinden: Die neue Herrschaft des Geldes findet Ausdruck in den neuen Ideologien des Neoliberalismus, der Angebotstheorie, des Monetarismus, die alle auf die eine oder andere Weise sagen, daß sich der Staat zurückziehen muß, daß Markt und Geld die Herrschaft übernehmen müssen. Die alten Allianzen verschwinden. Die etablierten Bande zwischen Gruppen von Kapitalisten und dem Staat werden zunehmend als Hindernis betrachtet, wenn einmal die Einsicht gewonnen ist, daß Kapital in seiner Geldform sich an keine Gruppe von Leuten und keine bestimmte Tätigkeit bindet. Die Formen korporatistischer Herrschaft durch die Gewerkschaften geraten ebenfalls unter Druck: Was nötig ist, um Weltgeld anzuziehen, ist eine neue Organisation der Arbeit, eine neue Flexibilität und Disziplin, die unvereinbar ist mit den alten Gewerkschaftsstrukturen, eine neue Art »die Verbeugung zu lernen« (vgl. Pelaez und Holloway 1990/1991). Geld, in seinem verzweifelten Bemühen, sich auszudehnen, erzwingt die Öffnung von Bereichen, die für privatkapitalistische Investitionen einst verschlossen waren: Überall werden Tätigkeitsbereiche, die einmal von den Nationalstaaten kontrolliert wurden, privatisiert, dem Geldstrom auf der Suche nach einer profitablen Behausung geöffnet. Selbst die solideste der Bastionen, die Sowjetunion, wird vom Geld geöffnet und auseinandergerissen.

Und dann gibt es noch die Schulden. Die Transformation von Kapital in seine Geldform bedeutet, daß ein Großteil des Geldes zum Verleih angeboten wird, daß es in Kredit und Schulden verwandelt wird. Die letzten Jahre des Nachkriegsbooms wurden durch eine rasche Ausdehnung der Schulden getragen. In den späten 70er Jahren, nachdem die Krise der Profitabilität in den reichen Ländern offenkundig geworden und monetäre Austerität verkündet worden war, strömte die Geldflut nach Süden, besonders nach Lateinamerika, bot sich Regierungen an, die nach einem Mittel zur Eindämmung der sozialen Spannungen suchten, und verwandelte sich in Schulden. Als nach der Erklärung der mexikanischen Regierung 1982, daß es Schwierigkeiten bei der Rückzahlung gebe, klar wurde, daß Lateinamerika kein sicherer Ort für Kreditgelder ist, floß das Geld wieder nach Norden, zerbrach die kurzlebigen Versuche einer strengen monetären Kontrolle in den Vereinigten Staaten und veranlaßte eine massive Erhöhung der Konsumentenverschuldung und, besonders in den Vereinigten Staaten, der von den Militärausgaben angeführten Haushaltsschulden. Mit den Schulden einher geht eine neue Schuldenpolitik, auf internationaler wie innenpolitischer Ebene (vgl. Holloway 1990; Cleaver 1989). Schuldenwachstum heißt verschärfte Diskriminierung zwischen jenen, die kreditwürdig und jenen, die es nicht sind, eine neue Spaltung, die sich weltweit auf erschrekkende Weise sowohl zwischen Nationalstaaten als auch innergesellschaftlich kundtut. Für Schuldner, ob privat oder staatlich, bedeuten Schulden eine härtere Unterwerfung unters Geld.

Der Nationalstaat ist nicht mehr, was er einmal war. Als Moment des globalen Kapitalverhältnisses hat er nicht mehr dieselbe Bedeutung: Es hat eine interne Verschiebung der Formen kapitalistischer Herrschaft stattgefunden. Es gibt, wie Maratti es ausdrückt, »eine Verschiebung staatlicher Macht hin zur globalen Ebene - der Ebene, auf der der monetäre Terrorismus operiert« (Maratti 1976, S. 107). Politische Entscheidungen, die auf der Ebene des Nationalstaats getroffen werden, sind nun direkter in die globale Kapitalbewegung eingebunden. In diesem Sinne kann gesagt werden, daß der Nationalstaat ausgehöhlt ist. Auch die Demokratie, wo sie existiert, ist ausgehöhlt: Da politische Entscheidungen auf jeden Fall direkter dem globalen Kapital unterworfen sind, wird es leichter, die demokratischen politischen Formen mit den Interessen des Kapitals zu versöhnen. Diese Aushöhlung der Demokratie ist, wie Cavarrozi u.a. (1992) zeigen, der Schlüssel, um zu verstehen, warum die Verbreitung der Demokratie in Lateinamerika in den letzten Jahren einhergegangen ist mit zunehmender Armut und sozialer Ungleichheit (natürlich sind diese nicht auf Lateinamerika beschränkt). Die Aushöhlung der Demokratie bringt jedoch auch Probleme mit sich. Die Unterwerfung des Nationalstaats unter das globale Kapital macht die Aufteilung der Gesellschaft in Nationalstaaten schwieriger und gibt Anlaß zu Spannungen, wie sie auf sehr unterschiedliche Weise deutlich werden in den gegenwärtigen Schwierigkeiten der venezolanischen Regierung, dem Sturz von Thatcher in Großbritannien, oder der jüngsten Rede des mexikanischen Präsidenten Salinas, der seinen patriotischen »sozialen Liberalismus« vom Neoliberalismus abgrenzte, der kein nationales Gefühl kenne.

Bei all dem erscheint das Kapitals allmächtig. Geld ist die frechste, arroganteste Form des Kapitals. Seine mannigfachen weltweiten Erfolge sind bekannt. Und doch ist die Herrschaft des Geldes die Manifestation der Schwäche des Kapitals. Auch Bienen im Schwarm sind die frechsten, arrogantesten Formen von Bienen, doch sie sind im Schwarm, eben weil es nicht genug Honig gab. Geld herrscht, weil die Produktion aufgehört hat, so attraktiv für das Kapital zu sein, aber letztlich ist es die Produktion und nur die Produktion, die den Honig liefert: Produktion ist die einzige Quelle der Ausdehnung des Kapitals. Nicht die Auflösung alter Formen durch Geld oder die »Reform des Staates« sind der Schlüssel zur Wiedergenesung des Kapitals, sondern die Neuorganisation der Produktion, die restrukturierte Unterwerfung der Macht der Arbeit unter das Kapital; und trotz aller Veränderungen in der Organisation der Produktion, und trotz der aggressiven Politik des Kapitals während der letzten zehn oder fünfzehn Jahre ist nicht klar, ob es dieses Ziel schon erreicht hat. Bienen, die zu lange ausschwärmen, verhungern. Die schwache Basis der Herrschaft des Geldes ist in den Jahren seit dem Börsen-Crash von 1987 zunehmend deutlich geworden: Der Zusammenbruch so vieler Banken und Finanzinstitutionen in einer unaufhörlichen Folge von Skandalen in allen Finanzzentren hat es erwiesen. Viele der ausgeschwärmten Bienen sind tatsächlich gestorben und sterben weiter in der »Kreditklemme«, die im Zentrum der gegenwärtigen Rezession liegt. Ob diese Zerstörung überakkumulierten Kapitals ausreicht, um die globale Basis für die Wiederherstellung einer gesunden kapitalistischen Produktion zu schaffen, bleibt allerdings zweifelhaft, und es scheint zunehmend unwahrscheinlich, daß der Zusammenbruch der Sowjetunion die erhoffte Lösung bringt. Die tiefe Rezession, die von allen scheinbar mächtigsten »Ökonomien« in den letzten Jahren durchgemacht wurde, läßt alle Behauptungen, daß der Kapitalismus sich in eine neue Phase profitabler Produktion hineinentwickelt (manchmal als Post-Fordismus bezeichnet), wenig überzeugend erscheinen. Der vieldiskutierte Kapitalfluß nach Südamerika in den letzten ein oder zwei Jahren ist wahrscheinlich eher eine Umlenkung des Kapitalstroms (weg von den gegenwärtig nicht attraktiven Bedingungen in anderen Ländern) als die regionale Lösung der Schwierigkeiten des Kapitals. Es sieht so aus, als ob die Welt weiterhin unter der Gewalt und Launenhaftigkeit der nationalen (und internationalen) Politik der globalen Überakkumulation leiden wird.

Literatur:

Archila M. (Koord.) 1980: *Des Estado Instrumento a la Forma-Estado*, Bogota.

Barker, C. 1978/1991: A Note on the Theory of Capitalist States, *Capital & Class*, No.4 (repr. in Clarke 1991).

Bonefeld, W. 1990: *The State Form and the Development of the State under Monetarism*, PhD Thesis, University of Edinburgh.

Bonefeld, W., Gunn R., Psychopedis, K. (eds.) 1992: *Open Marxism*, London.

Bonefeld, W., Holloway, J. (eds.) 1991: *Post-Fordism and Social Form. A Marxist Debate on the Post-Fordist State*, London.

Braunmühl, C. v. 1974: Kapitalakkumulation und Weltmarktzusammenhang, in *Gesellschaft 1*, Ffm.

Braunmühl, C. v. 1978: On the Analysis of the Bourgeois Nation-State within the World Market Context, in Holloway, J., Piccioto, S. (eds.) 1978.

Cavarozzi M. et. al. 1992: Rethinking Development Theories in Latin America (unpubl.paper, FLACSO, Mexico City).

Clarke, S. 1988/1991: Overaccumulation, Class Struggle, and the Regulation Approach, *Capital & Class*, No. 36 (repr. in Bonefled, Holloway 1991).

Clarke, S. 1988: *Keynesianism, Monetarism and the Crisis of the State*, London.

Clarke, S. 1991: *The State Debate*, London.

Cleaver, H. 1989: Close the IMF, abolish debt and end development: a class analysis of the international debt crisis, *Capital & Class*, No. 39.

Criticas de la Economia Politica 1979, No. 12/13: Estado y Capital, Mexico City

Criticas de la Economia Politica 1980, No. 16/17 Historia y teoria des Estado, Mexico City

Dabat, A. 1992 Capitalismos Mundai y Capitalismos Nacionales, Mexico City.

Evers, T. 1979: *Es Estado en la Periferia Capitalista*, Mexico City.

Fausto, R. 1987: *Marx: Logica e Politica,* Rio de Janeiro.

Gerstenberger, H. 1990: *Die subjektlose Gewalt: Theorie der Entstehung bürgerlicher Staatsgewalt*, Münster.

Hirsch, J. 1974/1978: The State Apparatus and Social Reproduction, in Holloway, Picciotto.

Hirsch, J. 1992: Regulationstheoretische Interpretationen des Verhältnisses von Kapital, Staat und Weltmarkt, (Ms.).

Holloway, J. 1980/1991: The State and Everyday Struggle, in Clarke 1991.

Holloway, J. 1990: The Politics of Debt, *Common Sense*, No. 9, Edingburgh.

Holloway, J. 1991: Capital *is* Class Struggle (And Bears are not Cuddly), in Bonefeld, Holloway 1991.

Holloway, J. 1992: Crisis, Fetishism, Class Decomposition, in Bonefeld, Gunn, Psychopedis 1992.

Holloway, J. 1992a: Es auge y las Caida del Keynesianismo, *Relaciones*, No. 6, Mexico City.

Holloway, J., Piccioto, S. 1977/1991: Capital, Crisis and the State, *Capital & Class*, No. 2 (repr. in Clarke 1991).

Holloway, J., Piccioto, S. 1978: *State and Capital: A Marxist Debate*, London.

Jessop, B. 1991: Polar Bears and Class Struggle: Much Less than a Self-Criticism, in Bonefeld, Holloway 1991.

Marazzi, C. 1977: Money and the World Crisis, *Zerowork*, No. 2.

Murray, R. 1971: The Internationalization of Capital and the Nation State, *New Left Review*, No. 67.

Paschukanis, E. 1923/1970: *Allgemeine Rechtslehre und Marxismus*, Ffm.

Pelaez, E., Holloway, J. 1990/1991: Learning to Bow: Postfordism and Technological Determinism, *Science as Culture*, No. 8 (repr. in Bonefeld, Holloway 1991.
Picciotto. S. 1985/1991: The Internationalisation of Capital and the International State System, CSE Conference Papers (repr. in Clarke 1991).
Rojay, E., Monoyo, V. (Coord.) 1980: *Crisis Permanente des Estade Capitalista*, Bogota.
Sanchez Susarrey, J. 1986: *La Forma Estado, la Forma Mercancia*, Universidad Duadaljara.
Vincent, J.M. 1975: *L'Etat Contemporain et la Marxisme*, Paris.

Übersetzt aus dem Englischen von Klaus Fritz

Sol Picciotto

Die Krise des internationalen Staates[1]

1. Einleitung

Wir sind gegenwärtig Zeugen akuter Spannungen im internationalen Staatensystem und der Konflikte um dessen Neubestimmung. Normalerweise werden diese Konflikte unter dem Aspekt zunehmender wirtschaftlicher Globalisierung betrachtet, die dem politischen Nationalismus oder ethnischen und kulturellen Partikularismen zuwiderlaufe. So wird behauptet, die verstärkte Internationalisierung ökonomischer Beziehungen hätte jene politischen Strukturen untergraben, auf denen Nationalstaatrn beruhen, und internationale staatliche Strukturen gefestigt, die vom internationalen Kapital beherrscht seien.

Solche Annahmen werden auch in den Diskussionen der Linken über internationales Kapital und Staat vertreten. So ist in einer auf Poulantzas zurückgehenden und in der europäischen Linken sehr einflußreichen Sicht die nationalstaatlich verfaßte Gesellschaft der Schauplatz von sozialen und Klassenkämpfen, während das internationalisierte Kapital den unfairen Vorteil eines direkten Zugangs zu internationalen Staatsapparaten hat, die zur Ausübung externen Drucks auf nationale Staaten eingesetzt werden können (Poulantzas 1974; vgl. die Kritik in Holloway und Picciotto 1980). Zu den politischen Implikationen dieses Ansatzes gehört, daß sich die gesellschaftliche Transformation innerhalb des nationalstaatlichen Rahmens abspielen muß, normalerweise durch eine Allianz der unterdrückten Klassen mit irgendwelchen wohlgesonnenen Elementen des nationalen Kapitals gegenüber dem internationalen Kapital und vermittels eines Bruchs mit dem internationalen System. Allerdings weisen andere Autoren, wie Radice für Großbritannien, darauf hin, daß die Internationalisierung so weit fortgeschritten ist, daß nicht nur kein signifikantes nationales Kapital übrigbleibt, sondern daß die materielle Basis der Ökonomie derart internatio-

1 Dieser Artikel beruht auf einem Gespräch an der Universität Bremen im April 1991 und ist die gekürzte und umgearbeitete Version eines Artikels zur Internationalisierung des Staates, der in *Capital & Class*, Nr. 43, 1991, erschienen ist.

PROKLA. Zeitschrift für kritische Sozialwissenschaft, Heft 90, 23. Jg. 1993, Nr. 1, 34-49

nalisiert ist, daß eine Strategie der nationalen Autonomie mit beträchtlichen Kosten verbunden wäre (Radice 1984).
Tatsächlich könnte man sagen, und dies gilt sicherlich für Großbritannien, daß die Arbeiterbewegung bzw. die Sozialdemokratie im Verlauf der 80er Jahre hauptsächlich deshalb ihre Stoßkraft verloren haben, weil sie der Grenzen nationaler Souveränität und damit der Grenzen einer wesentlich parlamentarischen Politik, die auf den Nationalstaat konzentriert ist, plötzlich gewahr wurden. Dies hat inzwischen viele in Großbritannien, darunter die Labour Party und die Gewerkschaften, zur oft unkritischen Übernahme der Vision eines potentiell sozialen Europas geführt, einer Vision, die in der Rede von Jacques Delors auf dem TUC-Kongreß im September 1988 geschickt beschworen wurde. Paradoxerweise war es Frau Thatcher, die insbesondere in ihrer Rede in Brügge, ebenfalls im September 1988, darauf beharrte, nicht den Korporatismus zu Hause geschlagen zu haben, um ihn in Europa wieder untergeschoben zu bekommen, und die den Eintritt in das Europäische Währungssystem (EWS) verweigerte, weil dies zum Verlust der nationalen Kontrolle über die Geldpolitik führe. Allerdings wurde Thatcher wegen wachsender politischer Unbeliebtheit zu Hause ohne großes Aufheben von ihrer eigenen Partei kaltgestellt (was jene Linken verwirrte, die einen gewaltigen Mythos um die angeblich hegemoniale Natur des Thatcheristischen »Projekts« errichtet hatten). Das Scheitern ihrer Nachfolger beim Versuch, die Position des Pfundes im EWS zu halten, war ihrer ungeschickten Handhabung der britischen Ökonomie und der Europapolitik geschuldet.[2]
Aus meiner Sicht ist die Vorstellung einer Korrelation von nationalem Kapital und Nationalstaat im Gegensatz zu der zwischen internationalem Kapital und internationalem Staat vielfach unangemessen und nicht hilfreich. Die treibende Kraft der weltweiten ökonomischen Internationalisierung während des 20. Jahrhunderst war der transnationale Konzern (TNC). Während die transnationalen Konzerne eine angemessene Koordination der nationalstaatlichen Regulationspolitiken verlangten, haben sie sich im allgemeinen gegen jede Stärkung internationaler staatlicher Strukturen gewandt. Tatsächlich war die Entwicklung des internationalisierten Kapitaleigentums durch solche internationalen Unternehmensgruppen Ergebnis der Existenz nationalstaatlicher protektionistischer Regulation: nicht nur durch Zölle, sondern auch durch nationale Förderung und Absicherung

2 Obwohl sie die Präsidentschaft des Europäischen Rats innehatte, war die britische Regierung nicht in der Lage, die Notwendigkeit einer Neuanpassung der Währungen einzusehen, die durch eine Senkung der deutschen Zinssätze hätte begleitet werden können. Stattdessen bestand sie darauf, den Kurs des Pfundes zu halten und griff die Bundesbank an. Vgl. *Financial Times*, 11. und 12. Dez. 1992.

wissenschaftlicher Innovationen. Nachdem sie minimale Prinzipien der nationalstaatlichen Behandlung von Auslandskapital durchgesetzt hatten, waren die transnationalen Konzerne die aufrechtesten Verteidiger des Nationalstaates. In der Tat macht ihre Fähigkeit, politische wie ökonomische Unterschiede zwischen Staaten auszubeuten, ihren Konkurrenzvorteil aus. Andererseits haben soziale und emanzipatorische Bewegungen in unseren Zeiten eine beträchtliche Stärke aus ihrer globalen Perspektive und internationalistischen Orientierung bezogen. Im abschließenden Jahrzehnt des 20. Jahrhunderts sollte die Wiederbelebung dieses Internationalismus absolute Priorität haben. Eine notwendige Grundlage dafür ist die Analyse der historischen Internationalisierungsprozesse von Staat und Kapital als miteinander verknüpfter Prozesse. Dies wird uns eine komplexere Reihe von Beziehungen vor Augen führen und uns vielleicht in die Lage versetzen, den Wandel der Formen des globalen Staats und des Kapitals in ihrem Verhältnis zu internationalen sozialen und Klassenverhältnissen theoretisch in Angriff zu nehmen.[3]

2. Der internationale Unternehmensstaat

Die Internationalisierung des Kapitals war kein rein ökonomischer Vorgang: Eine wichtige Rolle in diesem Prozeß spielte die Entwicklung eines internationalen Rahmens staatlicher Strukturen, die im allgemeinen das internationalisierte Kapitaleigentum und seine Reproduktion primär durch das Unternehmen sichergestellt haben. Der moderne kapitalistische Staat wurde in einem internationalen Rahmen geboren. Obwohl vor allem nationale sozial-ökonomische Kräfte seine gesellschaftlich-geographischen Grenzen definierten, haben sich seine Formen und Funktionen international entwickelt.

Erst am Ende der zweiten Hälfte des 19. Jahrhunderts konsolidierten sich viele der heute führenden Staaten - Deutschland, Italien, die USA - in ihrer modernen, einheitlichen Form. In derselben Periode wurden die wichtigsten Institutionen des Eigentums in den großen kapitalistischen Staaten

3 Ein wichtiger Beitrag zur Entwicklung einer Klassentheorie internationaler Beziehungen stammt von Kees van der Pijl (1979; 1984). Allerdings ist dieser Ansatz insofern zu kritisieren, als er zu formalistisch auf der Identifizierung von »Klassenfraktionen« im Rahmen einer abstrakten Analyse der Akkumulation beruht. Er führt zu einem ziemlich mechanistischen Postulat einer Allianz der liberal-internationalistischen und staatsmonopolistischen Fraktionen der herrschenden Klasse während der Periode kapitalistischer Expansion, die mit der Krise und dem amerikanischen Isolationismus zusammenbricht. Obwohl reich an fruchtbaren Einsichten und Details, erschwert es der »fraktionalistische« Ansatz, die Widersprüche in den Formen der Herrschaft, besonders des internationalen Staates, zu erfassen.

modernisiert. Dieser Prozeß war konfliktgeladen und international. Er spielte sich in einer während mehrerer Jahrhunderte des merkantilen Kapitalismus zugleich vereinten und gespaltenen Welt ab, in der jedoch die alten rigorosen merkantilistischen Regulationsstrukturen zerbrochen waren oder aufgelöst wurden.

Obwohl sein Hauptelement der territorial definierte Staat war, bestand das internationale System nicht aus einer Ansammlung für sich bestehender Teile, sondern aus einem Netzwerk lose geknüpfter und sich überlappender juristischer Regelungen. Die Staaten verfügten über sehr ausgedehnte gesetzliche Regelungen für Rechtspersonen, da der Nexus von kapitalistischem Staat und den Subjekten seiner Gesetze sehr locker sein kann. Obwohl die Exekutivmacht zur Durchsetzung solcher Gesetze wesentlich territorial ist, verleiht ihr die Mobilität von Menschen und Kapital und die Verknüpfung von Eigentum und globalen Märkten eine sehr große Reichweite. Die Gesetze eines Staates können gegen jede Person durchgesetzt werden, die sich auf seinem Territorium befindet oder sogar dorthin gebracht werden kann (selbst durch Entführung, wie im Falle Eichmann, oder durch eine Militärexpedition, wie bei Noriega), oder gegenüber Guthaben oder Waren, auch wenn sie das Gebiet passieren. Auch der Zugang zu Märkten kann verweigert werden. Weiterhin wurden wechselseitige Arrangements, wie Auslieferung und juristischer Beistand, vom Ende des 19. Jahrhunderts an entwickelt.

Sicher, die imperialistische Konkurrenz und Herrschaft führte zur Hierarchisierung der Staaten und in manchen Fällen zur Annexion und Kolonialisierung. Nichtsdestotrotz bevorzugte Großbritannien, bis 1914 die herrschende Handelsmacht, ein offeneres System; und die USA, die während des 20. Jahrhunderts diese Rolle innehatten, drängten ebenfalls auf »offene Türen«. Allerdings beruhte dieser kapitalistische Internationalismus auf der Ausdehnung der Staatlichkeit, wie sie am prägnantesten in Woodrow Wilsons berühmtem Prinzip der nationalen Selbstbestimmung formuliert wurde, sowie in den berühmten »Garantien territorialer Integrität und politischer Unabhängigkeit« - eine Formulierung, die später in die UN-Charta einging, und noch heute von zentraler Bedeutung ist.

Die Entwicklung des institutionellen Rahmens des korporierten Kapitalismus vom Ende des amerikanischen Bürgerkriegs bis zum Beginn des Ersten Weltkrieges fand vermittels eines internationalen Wettbewerbs- und Diskussionsprozesses statt. Rechte, wie die Freiheit der Unternehmensgründung, wurden in Formulierungen gefaßt, die auf die internationale Konkurrenz antworteten. Die wichtigen kapitalistischen Länder beeinflußten sich wechselseitig bei der Formulierung von Gesetzen, wie etwa dem

English Companies Act von 1862, dem französischen *loi sur les sociétés* von 1967 und der deutschen *Aktienrechtsnovelle* von 1870.

Wichtiger noch ist, daß es sich um eine unterstützende Gesetzgebung handelte, deren Entwicklung in großem Umfang auf Rechtsmitteln beruhte, die von Unternehmern und ihren Beratern ersonnen worden waren. So brachte etwa James Dill, der Rockefellers Unternehmen *Standard Oil* angehörte, den Gesetzgeber von New Jersey dazu, das »Tochterunternehmen« und die »Holding« als Rechtsformen einzuführen. Es fiel lokalen oder nationalen Staaten schwer, dem internationalen Konkurrenzdruck zu widerstehen und die Legitimierung solcher Einrichtungen zu verweigern. Weiterhin wurden kapitalistische Rechtssysteme nicht nur qua Übertragung in die Kolonien und direkt abhängigen Länder exportiert, sondern auch freiwillig als Mittel der »Modernisierung« angenommen, wie im Japan der Meji-Zeit.

Während dieser Zeit spielten auch neu gegründete, internationale private und öffentliche Organisationen eine bedeutende Rolle bei der Koordination der Entwicklung und Durchsetzung eines regulativen Rahmens für das unternehmerische Kapital. Ein bemerkenswertes Beispiel ist die internationale Bewegung für die Modernisierung und Harmonisierung der geistigen Eigentumsrechte. Diese war früh durch Prinz Albert bei der großen Ausstellung von 1851 angeregt worden, wurde durch die Welle des internationalen Interesses an wissenschaftlicher Innovation und sogar noch stärker durch die heftigen Bemühungen vorangetrieben, die Wissenschaft den Interessen des Unternehmerkapitals gefügig zu machen - manche würden sagen: zu versklaven (Noble 1977). Diese Bewegung kulminierte im Jahrzehnt der Verhandlungen und Dispute, das schließlich die *Pariser Konvention* von 1883 und den *Staatenbund zum Schutz industriellen Eigentums* hervorbrachte. Die in dieser Konvention festgelegten Prinzipien beherrschen auch heute noch die Debatten und Konflikte um die internationale Kontrolle der Technologie.

Obwohl der rechtliche Rahmen für die Unternehmensgründung in der frühen Periode der kapitalistischen Modernisierung kaum eine Rolle spielte, lieferte er die Grundlage für die Institutionalisierung des Kapitaleigentums in der Form riesiger Unternehmen, die sich in den wichtigen kapitalistischen Staaten in der Zeit von 1885 bis 1914 entwickelten. Dieser Prozeß der Konzentration und Zentralisation von Kapital verlief keineswegs glatt und störungsfrei. Er war ein Versuch, die Macht der Arbeit in großem Umfang zu kontrollieren, und wurde seinerseits durch neue Formen der Arbeiterorganisation bekämpft, besonders durch neue Massenorganisationen sowie sozialistische, anarchistische und marxistische politische Parteien. Die internationalistische Orientierung dieser Bewegungen brach zusammen, als der Erste Weltkrieg die Widersprüche der Sozialdemokratie offenbarte: im Kern die Bürokratisierung ihrer Institutionen und ihre Spaltung am Dilemma »Sozialreform oder Revolution«. Doch war die Integration der Arbeiterbewegung in den Staat kein rein nationaler Prozeß, sondern ging auch einher mit einem Wechselspiel nationaler und internationaler Prozesse.

Die Konzentration von Kapital führte zu einer internationalen Debatte über die Zunahme von Großunternehmen und Kartellen. Die Konzernform war in den USA am stärksten ausgeprägt, wo der Prozeß der Kapitalkonzentration nach 1880 zuerst und am stärksten einsetzte, was zur populistischen Agitation gegen die »Trusts« und 1890 zur Verabschiedung des *Sherman Act* durch den Kongreß führte. Die neuerliche Fusionswelle nach 1897 veranlaßte den Kongreß, eine Industriekommission einzurichten, die drei Jahre lang Beweise aufnahm und Berichte veröffentlichte. 1904 publizierte John Moody *The Truth about Trusts*, und die deutsche Reichsregierung veröffentlichte ebenfalls einen Kartellbericht (vgl. Fennema 1982; S.11-20). Allerdings hatten sowohl die rechtlichen Einschränkungen von »Verbindungen« als auch der Druck seitens der Bevölkerung die Wirkung, die Konzentration durch komplette Fusionen anstatt durch instabile Allianzen und Kartelle voranzutreiben.

Daher entstand in dieser Periode eine Form des »regulierten Kapitalismus«, der in den großen kapitalistischen Staaten je nach historischen Bedingungen unterschiedliche Formen annahm. Deutschland, mit seinem starken Staat und Bankensystem, entschied sich für staatlich sanktionierte oder unterstützte Konzerne; das liberale Erbe Großbritanniens gründete sich auf informelle Kontrollen durch den Staat wie durch die »öffentliche Meinung«; in den USA entstand eine neue Form des Unternehmensliberalismus, der sich ursprünglich im Umkreis privater Körperschaften, insbesondere der *National Civic Federation*, entfaltet hatte und zur Einrichtung der großen Regulationskommissionen führte (vgl. Kolko 1963; Weinstein 1968; Sklar 1988). Allerdings waren die Verbindungen und Kartelle nicht nur häufig von internationaler Bedeutung, sie wurden oft durch zusammenarbeitende Staaten oder durch eine private oder öffentliche internationale Organisation unterstützt. Ein Beispiel ist die *Permanent Sugar Commission* von 1902, die die subventionierte Zuckerrübenproduktion zugunsten der Zuckerrohrproduzenten einschränkte.

3. Unternehmensmacht, Staat und soziale Bewegungen

Die Herausbildung eines national fundierten aber international koordinierten Unternehmenskapitalismus warf wichtige Fragen für die vielen sozialen Bewegungen dieser Zeit auf. Sozialisten sahen in der Konzentration meist die Basis für den Übergang in eine bessere Gesellschaftsform durch die Vergesellschaftung der Produktion. So behauptete etwa Hilferding, daß die Entwicklung großer Unternehmen, Trusts und Allianzen, vermittelt durch die Banken, zur Herausbildung »der enormen konzentrierten Macht des Finanzkapitals [führen wird], in dem alle Teilformen des Kapitals zu einer Totalität zusammengeführt werden«, in der »Kapital nun als einheitliche Macht erscheint, die souverän über die Lebensprozesse der Gesellschaft herrscht« (Hilferding 1910/1981, S.234-5). Aus seiner Sicht erleichterte dies den Übergang zum Sozialismus, da die Notwendigkeit der politischen Kontrolle über solche ökonomischen Kräfte deutlicher werden würde und die Aufgabe insofern vereinfache, als die Nationalisierung einiger großer Banken ausreichen würde, den Prozeß in Gang zu setzen.

Während Hilferding einen sich verschärfenden Widerspruch zwischen ökonomischen Kräften, die sich stark vergesellschafteten, und politischen Verhältnissen ausmachte, die sich polarisierten und konflikthafter wurden, zog Karl Kautsky einen anderen Schluß. In einem berühmten Artikel, den er kurz vor dem Ersten Weltkrieg schrieb, vertrat Kautsky die Auffassung, daß die Koordination ökonomischer Kräfte zur politischen Koordination führen könne, zur »Übersetzung der Kartellbildung in die Außenpolitik: in eine Phase des Ultraimperialismus«. Obwohl diese Ansicht fast sofort durch den Ausbruch des Krieges widerlegt wurde, behielt das damit aufgeworfene Problem seine Bedeutung, besonders durch Kautskys ergänzende Voraussage, daß »das Ergebnis des Weltkriegs zwischen den großen imperialistischen Mächten eine Föderation der Stärksten sein könnte, die auf ihren Rüstungswettlauf verzichten« (Kautsky 1911/1970).

Kautskys Artikel ist durch die scharfe Kritik in Lenins Streitschrift *Der Imperialismus als höchstes Stadium des Kapitalismus* bestens bekannt geworden. Diese Kritik folgte und beruhte zum Teil auf dem Werk von Bucharin, der Hilferdings Position weiterentwickelt und behauptet hatte, daß das Wachstum von Firmen und deren Verbindungen innerhalb der entwickelten kapitalistischen Länder sehr viel intensiver sei als zwischen ihnen; er ging so weit, eine Art »Staatskapitalismus« in den großen kapitalistischen Staaten anzuvisieren. Lenin führte allerdings zwei entscheidende Veränderungen in die Argumentation ein: Er betonte, daß das Wachstum der Monopole das Wesen der Konkurrenz nicht auslöschte, sondern verwandelte; soweit die Konkurrenz kontrolliert sei, werde keine ökonomische Rationalität erzeugt, sondern Parasitentum und Verfall. Damit zusammen hing sein zweites Argument, daß kapitalistische Allianzen instabil seien, weil »die gleichmäßige Entwicklung verschiedener Unternehmen, Trusts, Industriebranchen oder Länder im Kapitalismus nicht möglich ist«. Diese ungleiche Entwicklung bedeutete nicht nur eine unsichere ökonomische Grundlage für Allianzen. Lenin hob ferner hervor, daß sie zwischenstaatlichen Streit erzeuge. Aus diesem Grunde unterstrich er die Wichtigkeit nationaler politischer Kämpfe, einschließlich der progressiven Kämpfe abhängiger Völker um nationale Selbstbestimmung. Diese Position Lenins führte zu Auseinandersetzungen mit anderen Revolutionären jener Zeit, die auf den revolutionären Wandel durch ein internationales Bündnis der Arbeiterklassen mit dem Ziel der Zerstörung aller kapitalistischen Staaten setzten und den Gedanken von Klassenbündnissen auf nationaler Ebene zur Erlangung der Staatsmacht ablehnten.

Die nichtrevolutionäre Linke, die sich die Eroberung der politischen Macht vor allem durch parlamentarische Mittel versprach, konzentrierte sich unvermeidlich auf den nationalen Staat. Der Lackmustest eines genuin sozialistischen Programms war, ob es den allmählichen Übergang der großen Firmen in Staatseigentum vorsah. Von daher wurde die extensive Einbindung des Staates in die Industrie mittels direkter Festlegung oder Kontrolle von Preisen, die sich während des Krieges in allen Staaten entwickelte, als ein Schritt hin zur vollständigen Nationalisierung betrachtet, und die Sozialisten hielten Gesetze zur Durchsetzung von Konkurrenz für überflüssig. Auch Wirtschaftskreise oder nichtsozialistische Parteien hielten dies für unnötig. Im Gegenteil: die herrschende Ideologie der Periode zwischen den Kriegen begünstigte einen kontrollierten Kapitalismus. Dieser sollte nicht nur nationalistisch und protektionistisch sein, sondern sich im internationalen Rahmen korporatistischer Planung bewegen, auf der Basis weniger eines nationalen Protektionismus als vielmehr der staatlichen Unterstützung oder Mitarbeit in den ausgedehnten Netzwerken weitgehend privater Kartelle. Tatsächlich war es die Existenz ausgedehnter Netzwerke weitgehend privater Kartelle und nicht der nationale Protektionismus, der das Wachstum von transnationalen Konzerne in den 30er Jahren aufhielt.

Erst als die Depression in den Vereinigten Staaten die Besorgnis über die Macht des Großkapitals wieder aufleben ließ, wurde die Kontrolle der Unternehmungen und Kartelle erneut zu einem aktuellen Thema. Obwohl einige der *New-Deal*-Studien zum *Big Business* von Sozialisten wie Victor Perlo und Paul Sweezy durchgeführt wurden und von den linkskeynesianischen Theorien Sraffas oder Joan Robinsons beeinflußt waren, wurde die zweite Phase der Roosevelt-Administration durch den Brandeis-Liberalismus beherrscht. Nach der Durchsetzung neuer regulativer Strukturen für das Bank- und Anlagegeschäft in den 30er Jahren setzte die liberal-populistische Bewegung ihren Marsch in Richtung Justizministerium fort. In den Jahren 1937-38 aktivierte sie, zunächst unter Robert Jackson, dann unter Thurman Arnold, die Anti-Trust-Gesetze, und setzte eine Prozeßflut in Bewegung, die in einem Wolkenbruch von außergerichtlichen Vergleichen

und einem Strom von Gerichtsurteilen in den Jahren 1938 bis 1952 endete. Einige Anti-Trust-Maßnahmen gegen internationale Kartelle wurden während des Krieges aufgehoben und nach dem Krieg durch den Druck der britischen Regierung auf die USA eingeschränkt.
Allerdings trugen die Anwälte des New Deal die Anti-Trust-Lehre unter dem Arm: Sie entwarfen nach dem Krieg Wettbewerbs- oder Kartellgesetze für Japan und Deutschland und beeinflußten die der Europäischen Kohle- und Stahlunion (und daher später die der EG). Auch ermutigten sie das antimonopolistische Denken unter den britischen Keynesianern wie Beveridge und Gaitskell, was zur britischen Monopol- und Fusionsgesetzgebung nach dem Krieg führte. Allerdings wurden Versuche, die Internationalisierung der Wettbewerbsgesetze durch die vorgeschlagene *Internationale Handelsorganisation* (ITO) zu institutionalisieren, durch die Weigerung des amerikanischen Kongresses blockiert, diese Charta zu ratifizieren. Die Diskussion des Wettbewerbsgesetzes im Wirtschafts- und Sozialrat der Vereinten Nationen kam kaum voran, und erst später wurde das Thema unter dem neuen Titel der »restriktiven Geschäftspraktiken« vor einem anderen Forum, der UNCTAD, wiederbelebt.
Sowohl revolutionäre wie nichtrevolutionäre Sozialisten haben also während dieses Jahrhunderts die politische Aufgabe betont, die Macht im Nationalstaat zu erobern. Die Frage der Stärkung der gesellschaftlichen Macht sozialer Bewegungen wurde demgegenüber zweitrangig. Das Wesen des Übergangs zum Sozialismus wurde nun als der Übergang des Eigentums der großen kapitalistischen Unternehmens an den Staat nach der Eroberung der politischen Macht betrachtet. Dies wurde vom reformistischen Flügel des Sozialismus, unter dem Banner der Kontrolle und nicht des Sturzes des Kapitalismus, zur Verteidigung korporatistischer Regulation verwässert. Während dieser Zeit gelang es dem Unternehmenskapitalismus, jeder wirksamen gesellschaftlichen Verantwortlichkeit, Demokratisierung oder Kontrolle zu entrinnen, und zwar auf dem Wege einer Internationalisierung der kapitalistischen Regulation und des Unternehmenseigentums - mittels einer internationalen Struktur, die die Zielsetzungen und die Funktion der Regulation koordiniert, während sie einer wachsenden Zahl von Nationalstaaten die wichtige Rolle der Legitimation und Durchsetzung reserviert.

4. Widersprüche und Krise des internationalen Staates

Das 20. Jahrhundert war ebenso Schauplatz der Konsolidierung und Ausdehnung des Nationalstaates, wie der Entwicklung und des Wildwuchses internationaler Organisationen. Das Wesen und die Bedeutung letzterer wurde weitgehend durch das Gewicht, das dem Nationalstaat zugeschrieben wurden, verdunkelt. Am Ideal eines Weltstaates oder einer Weltregierung gemessen, kann der Schaffung einer Fülle von größtenteils machtlosen internationalen Organisationen, deren Hauptattraktion die exotischen Konferenzorte zu sein scheinen, nur eine geringe Bedeutung zugesprochen werden. Doch gerade die Vielzahl und Heterogenität der entstandenen internationalen Gremien und deren primär ideologische Funktion ist der Schlüssel zu ihrer Rolle. Es wird geschätzt, daß es 1914 50 formelle interstaatliche Organisationen gab, 1939 etwa 80, und 1980 über 600. Die Zahl nichtstaatlicher Organe (wiederum nur jener mit formellem Charakter) ist natürlich viel größer: Eine wohl konservative Schätzung ergibt 330 für 1914, 730 für 1939 und etwa 6000 für 1980 (Jacobson 1984). Diese Institutionenzählung läßt allerdings nur die formale Struktur eines Netzwerks erahnen, das unzählige Treffen und Kontakte von Regierungsvertretern, Managern und Repräsentanten aller Art umfaßt. Tatsächlich spielen solche international organisierten Netzwerke eine wichtige Rolle bei der Sicherung eines Mindestmaßes an notwendiger Koordination, das notwendig ist, um die staatliche Regulation der internationalen Reproduktion des Kapitals zu gewährleisten.

Ein wichtiger Akteur war z.B. die *Internationale Handelskammer*, die 1905 auf einem internationalen Kongreß in Lüttich gegründet und 1919 auf der internationalen Handelskonferenz in den USA mit dem Ziel reformiert wurde, die amerikanische Hilfe beim Wiederaufbau in Europa zu stimulieren (vgl. Ridgway 1938). Die IHK erlangte Beraterstatus beim Völkerbund (und später im UNO-System) und trug dazu bei, die internationale Harmonisierung der Regulation von Unternehmen auf eine im wesentlichen liberale Linie festzulegen. Dies geschah sowohl durch direkte Beteiligung an der Formulierung der Vorschläge als auch auf den Druck, den die nationalen Komitees auf die relevanten Regierungsorgane ausübten.

Tatsächlich sind viele Formen staatlicher Regulation, die manchmal als im Kern nationalspezifisch betrachtet werden, durch den Prozeß politischer Internationalisierung entstanden oder angeregt worden. Besonders die klassische »trilaterale« Regulationsstruktur industrieller Angelegenheiten durch die gemeinsame Beratung von Vertretern der Unternehmen, der Gewerkschaften und des Staates wird manchmal als die Verkörperung eines wesentlich nationalen »Korporatismus« beschrieben. In Wirklichkeit wurde sie aus dem amerikanischen Modell der »progressiven Ära« in die Verfassung der *Internationalen Arbeitsorganisation* (ILO) übertragen, von wo aus sie viele nationale Strukturen beeinflußt hat. Dieser Prozeß war Teil der ersten Stufe der oben erwähnten, von Woodrow Wilson vorangetriebenen internationalen Liberalisierung. Er wurde nicht nur durch die Furcht vor dem Bolschewismus, sondern auch vor einer unabhängigen internationalistischen Arbeiterbewegung inspiriert. Aber die wiederbelebte *Sozialistische Internationale* und der neue *Internationale Gewerkschaftsbund* trafen sich 1918 in Genf während der Monate, in denen die Pariser Friedenskonferenz vorbereitet wurde. Besonders um der Arbeitscharta des Internationalen Gewerkschaftsbunds etwas entgegenzusetzen, entwarf die *Kommission für internationales Arbeitsrecht* unter dem Vorsitz von Samuel Gompers auf der Pariser Konferenz die *Charta der Internationalen Arbeitsorganisation.*

Obwohl der Unternehmensinternationalismus ursprünglich großangelegte und umfassende internationale Regulationsformen anstrebte, wich er schnell vor den dadurch aufgeworfenen politischen Problemen zurück. Ein Beispiel ist die Beseitigung der internationalen Doppelbesteuerung von Einkommen, besonders von Geschäfts- und Unternehmensprofiten. Druck seitens der Wirtschaft, darunter der *Internationalen Handelskammer*, führte vor allem über das *Fiskalkomitee des Völkerbunds* zur Entwicklung eines Systems bilateraler Steuerabkommen, das zum Wachstum der internationalen Direktinvestitionen nach 1945 beitrug. Eine großangelegte Studie zu den Grundlagen der Ertragsallokation internationaler Unternehmen wurde von der *Rockefeller Foundation* finanziert und von Mitchell B. Carroll, einem amerikanischen Anwalt, durchgeführt, der seine Laufbahn im Handelsministerium begann und später die USA im *Fiskalkomitee des Völkerbunds* vertrat (obwohl die USA dort nicht Mitglied waren) und zum langjährigen ersten Präsident der *Internationalen Finanzassoziation* wurde. Carrolls Bericht verwarf einen umfassenden Ansatz zur internationalen Einkommensverteilung auf der Grundlage eines Teilungsverfahrens. Dies vor allem deshalb, weil damit auf internationaler Ebene unmittelbar und offen die politischen Fragen der Besteuerungsgleichheit aufgeworfen worden wären, da eine Aufteilung internationale Übereinstimmung über die Besteuerungsgrundlage von Unternehmensprofiten und die Teilungsformel erfordert hätte. Stattdessen empfahl der Bericht das Prinzip der »Armlänge«, das auf der separaten Besteuerung jeder nationalen Tochtergesellschaft eines transnationalen Unternehmens beruhte. Allerdings hat die Durchsetzung des Armlängenprinzips durch die nationalen Steuerbehörden zu einem Bargaining- und Verhandlungsprozeß zwischen den Vertretern der verschiedenen Staaten und den Beratern der Unternehmen geführt. Trotz der Beschwerden über den willkürlichen Charakter der Arrangements haben die Unternehmungen dieses dezentralisierte aber locker koordinierte System jeder umfassenderen Alternative vorgezogen; sowohl sie wie auch die nationalen Steuerbehörden haben sich gegen die Formalisierung durch ein globales Aufteilungsschema gewandt, obwohl in der Praxis viele Aktivitäten so integriert sind, daß dies der einzig brauchbare Ansatz wäre (vgl. Picciotto 1989, 1992).

Auf diesem, wie auf vielen anderen Gebieten, führte das rasche internationale Wachstum von Kapital nach dem Krieg zu schweren Spannungen. Seit Mitte der 60er Jahre gibt es ein zunehmendes politisches Bewußtsein von der wachsenden Macht der transnationalen Konzerne und des Widerspruchs zwischen ihrer zentralisierten Entscheidungstätigkeit bei der Allokation von Ressourcen und der lockeren Koordination der politischen Regulierung durch immer mehr Staaten.

Dieses Problem hat zwei Seiten. Aus Sicht der transnationalen Konzerne sind ihre globalen Aktivitäten politischen Interventionen seitens einer wachsenden Zahl von Staaten, oft mit gegensätzlichen Zielsetzungen, unterworfen. Die effektive Macht eines jeden Staats ist letztlich auf die Ausstattungen und Individuen beschränkt, die sich auf seinem Territorium befinden, was in Begriffen des internationalen Rechts als Territorialität der Rechtsdurchsetzung beschrieben werden kann. Je spezialisierter und integrierter allerdings die international verstreuten Aktivitäten der transnationalen Konzerne sind, desto verletzlicher werden sie. Die globale Strategie eines solchen Konzerns kann zunehmend aus den Fugen geraten durch die politische Intervention an einem Ort, sei es durch widerspenstige Gewerkschaften, Belegschaften oder einzelne Staatsvertreter, und mehr noch durch gemeinsame internationale Eingriffe. Andererseits sieht es vom Standpunkt des scheinbar souveränen Staates zunehmend so aus, als ob die eindeutig in seinen Hoheitsbereich fallende Macht, die ökonomischen und sozialen Angelegenheiten zu regeln, untergraben und wirkungslos gemacht wird.

Unter solchem Druck wird der internationale Regulationsprozeß, der das Wachstum der transnationalen Unternehmen erleichtert hatte, zunehmend inadäquat. Die größere internationale Mobilität des Kapitals hat die riesigen Löcher im Netzwerk der Koordination staatlicher Funktionen offengelegt. Ein wichtiges Beispiel sind Offshore-Finanzzentren und Steuerparadiese. Diese haben sich seit den frühen 60er Jahren als tolerierte, indirekt regulierte Arena der globalen Zirkulation des Geldkapitals rasch entwickelt. Allerdings wurden sie nicht nur von Glücksspielunternehmen und kleinen, auf Sicherheit bedachten Sparern benutzt, sondern auch zur Steuerhinterziehung und Geldwäsche einer Vielzahl von Spekulanten, Erpressern, Drogenhändlern, Diktatoren und anderen korrupten Politikern. Sie bieten nun Möglichkeiten zur internationalen Finanz- und Steuerarbitrage, -hinterziehung und -vermeidung, was eine optimale Allokation des Geldkapitals stark behindert.

Versuche, eine internationale Koordination der Finanzregulation zustande zu bringen, haben zur Verbreitung einer bunten Mischung informeller und

oft geheimer Organisationen und Treffen von Offiziellen, Beratern und Spezialisten geführt. Für die Bankenaufsicht gibt es z.B. das *Committee on Banking Regulations and Supervisory Practices*, die *Contact Group of EC Supervisory Authorities*, die *Offshore Group of Banking Supervisors*, die *Commission of Latin American and Caribbean Banking Supervisory and Inspection Organizations* usw. Arrangements zum Austausch von Informationen zwischen den Aufsichtsorganen haben sich in den Bereichen der Besteuerung (eingeschlossen die simultane Überprüfung verwandter Unternehmen), Anlagenregulation und Bankenaufsicht entwickelt. Weiterhin haben sich Gesetze gegen Geldwäsche, Insider-Geschäfte usw. rasch verbreitet. Diese Aktivität hat zu dem Versuch geführt, legitime von illegitimen Finanzgeschäften zu unterscheiden; aber es kann nicht behauptet werden, daß ein adäquates internationales Regulationssystem entstanden wäre, wie der BCCI-Skandal gezeigt hat.
Die Versuche, das internationale Regulationssystem fester zu schnüren, haben zu mehr bürokratisch-administrativer Koordination und korporatistischem Bargaining auf internationaler Ebene geführt. Dies war nicht nur vielfach technisch ineffizient, sondern hat ein wachsendes Legitimationsproblem geschaffen. Die technisch-bürokratische Natur der meisten internationalen Regulationsprozesse beruhte auf der Legitimation durch nationale politische Prozesse. Bereits unter starkem Druck durch neue soziale und Klassenbewegungen, haben sich nationale Staatsorgane auch zusehends als wirkungslos gegenüber der globalen Macht des Kapitals herausgestellt. Gleichzeitig sind die deutlicher werdenden Widersprüche und Unzulänglichkeiten des internationalen Staatensystems durch eine neuerliche Internationalisierung von sozialen und Klassenbewegungen auf die Tagesordnung gesetzt worden.

5. Für einen neuen sozialen Internationalismus

Tatsächlich sind in der gegenwärtigen Ära »neue soziale Bewegungen« entstanden, die sich in jüngster Zeit auch internationalisiert haben, besonders die Frauen-, die Umwelt-, Anti-Atomkraft- und Armutsbewegungen. Ihr Aufstieg stand im Gegensatz zum Niedergang der traditionellen Basis der Arbeiterbewegung, besonders der Gewerkschaften, was in vielen Ländern zu einer breiten Debatte über die Klassenbasis sozialer Bewegungen geführt hat. Unter den Theoretikern hat sich die Diskussion allzu oft polarisiert. Einerseits wird behauptet, soziale Bewegungen verschleierten die Klassenbasis der Ausbeutung im Kapitalismus und beschränkten sich daher auf wesentlich liberale reformistische Ziele wie Nichtdiskriminierung, Demokratisierung oder Frieden. Andererseits ist die Arbeiterbewegung selbst gespalten zwischen einem sozialdemokratischen Reformismus, der das Beste für die Arbeiter von einem gesteuerten Kapitalismus erwartet, und einem revolutionären Sozialismus mit seiner offensichtlich utopischen Perspektive eines letztendlichen Sturzes des Kapitalismus.

Von daher verläuft der Gegensatz zwischen Klassen- und Basis-Bewegungen nicht so eindeutig. In der Praxis sind sich jene, die sich in sozialen Bewegungen aller Art engagieren, sehr wohl darüber im Klaren, wie schwer es ist, eine klassenorientierte Politik mit den dort thematisierten gesellschaftlichen Problemen (Sexismus, Rassismus, Frieden, Umwelt, ect.) zu verbinden, ohne in einen Reduktionismus zu verfallen, der die Einheit der Klasse höher als effektives und vereintes Handeln ansetzt. Ebenso haben viele in der Arbeiterbewegung engagierte Leute die Erfahrung gemacht, daß dem Aufbau einer Partei, die die staatliche Macht erlangen kann, Priorität gegenüber der aktiven und konstruktiven Einbindung in aktuelle soziale Bewegungen eingeräumt wird, und daß die Mitarbeit in solchen Bewegungen oft auf Kanalisierungs- und Kontrollversuche hinausläuft.

Die größte Herausforderung für die Arbeiterbewegung ist heutzutage der Aufbau eines neuen Internationalismus, der die Stärken von Klassenpolitik mit denen der klassenübergreifenden sozialen Bewegungen vereint. Dieser Prozeß muß sich mit den Formen des internationalen Staates auseinandersetzen, die als Teil der Internationalisierung des Kapitals entstanden sind, und versuchen, diese zu besetzen und zu überwinden. Die Aktionsgruppen und Netzwerke der Dritte-Welt-Bewegung haben beträchtliche organisatorische Fähigkeiten entwickelt, Aktionen in internationalen Organen mit einer gleichzeitigen Konzentration auf die nationalstaatliche Ebene zu verbinden, wie etwa in den Kampagnen zur Babynahrungswerbung (vgl. Chetley 1986). Andere wirksame Kampagnen gab es zu Pestiziden, Arzneimitteln und Müllbeseitigung, während man sich in direkten politischen Aktionen mit den kämpfenden Menschen in Südafrika und Lateinamerika solidarisierte. Versuche, die organisatorische Flexibilität von Basis- und Aktionsgruppen mit der disziplinierteren, aber bürokratischeren Macht der Gewerkschaften zu verbinden, hatten wechselnden Erfolg, obwohl solche Verbindungen oft entscheidend sind. So waren etwa im Gefolge der Bhopal-Katastrophe die verschieden gelagerten Stärken der internationalen Gewerkschaftsorganisationen und des Netzwerks der sozialen Bewegungen gleichermaßen wichtig, wenn auch nicht immer koordiniert (Waterman 1988).[4]

---

4 Es hat ausgedehnte Debatten zu den sogenannten »neuen« sozialen Bewegungen gegeben. Meiner Ansicht nach ist nichts besonders Neues an sozialen Bewegungen; es geht nur darum, daß einige Teile der Linken, die ihre Erwartungen früher an die »weiße Arbeiterbewegung« geheftet haben, gezwungen wurden, neu nachzudenken. Dies hängt mit den

Die Schwachstellen und Widersprüche der staatlichen Regulation des Kapitals sind auf internationaler Ebene am offensichtlichsten. Sie sind in hohem Maße Ergebnis der internationalen sozialen Bewegungen und spiegeln deren Schwächen wider. Wenn die bürokratisch-administrativen Formen der internationalen Wirtschaftsregulation geheimniskrämerisch sind, dann deshalb, weil es schwierig ist, in einer Welt, in der der Zugang zum Wissen ungleich verteilt ist und eine wirtschaftliche wie staatliche Geheimhaltungspolitik betrieben wird, einen offenen internationalen Informationsfluß zu erzeugen. Wenn diese Regulationsformen undemokratisch sind, dann wegen der Probleme, die der Aufbau demokratischer Formen internationaler Partizipation zwischen Völkern aufwirft, die durch Sprache sowie die Kosten und Hindernisse des Reisens voneinander getrennt sind.

Doch wie frustrierend die Versuche einer internationalen sozialen Organisierung auch sein mögen, sie versprechen große Erfolge. Vor allem zwingen sie sozialistische Aktivisten dazu, die Fata Morgana zu durchschauen, die die Arbeiterbewegung seit 1914 getrogen hat, daß nämlich der einzige Weg zur menschlichen Emanzipation und zur Anpassung der produktiven Macht an die sozialen Bedürfnisse über die Erlangung der nationalstaatlichen Macht führe, mittels politischer Organisationenen, die vor allem durch die männlichen weißen Industriearbeiter getragen wurden. Die breitere Basis sozialer Bewegungen in der Bevölkerung und der durch ihre Internationalisierung entworfene weitere Horizont, impliziert notwendigerweise eine andere Haltung zum Staat. Die schlechteste Variante beruht auf der naiven Illusion, soziale Macht existiere unabhängig vom Staat. Die beste Alternative führt zu einer verfeinerten Analyse der Widerprüche des Staates und den Möglichkeiten, diese zur Stärkung der Macht der sozialen Bewegungen zu nutzen - wobei klar ist, daß der nationale Staat nur ein Teil der umfassenden Machtstruktur einer globalen kapitalistischen Gesellschaft ist.

Grenzen und der Krise des strukturalistischen Marxismus zusammen, der eine separate »Sphäre« der Produktionsverhältnisse entwarf, abgetrennt von »anderen« sozialen Verhältnissen in der »Sphäre der Reproduktion«. Dies ist offensichtlicher Unsinn, da selbst die direktesten gewerkschaftlichen Kämpfe um Lohn, Arbeitsbedingungen und Arbeitszeit auch Kämpfe um die Reproduktion sind. Das Problem war immer, wie die zersplitterten Formen spezifischer Konflikte überwunden und eine breitere soziale und Klassenperspektive entwickelt werden kann. Vgl. Holloway und Picciotto 1977.

Literatur

Chetley, Andrew 1986: *The Politics of Baby Foods. Successful challenges to an international marketing strategy*. Pinter, London.

Cox, Robert W. 1981: Social Forces, States and World Orders: Beyond International Relations Theory, in *Millenium*, vol. 10, 126-155; revised version in R.O.Keohane (ed): *Neorealism and its Critics*, Col.U.P. New York, 1986.

Cox, Robert W. 1987: *Production, Power and World Order. Social Forces in the Making of History*. Columbia U.P. New York.

Cox, Robert W. 1983: Gramsci, Hegemony and International Relations; an Essay in Method, in *Millenium*, vol. 12, 162-175.

Fennema M. 1982: *International Networks of Banks and Industry*.

Hilferding R. 1910/1981: *Finance Capital. A Study of the Latest Phase of Capitalist Development*; dt.: *Das Finanzkapital*, Frankfurt/M.

Holloway, J. and Picciotto, S. 1977: Capital, Crisis and the State, in *Capital & Class* No. 2, 76-101.

Holloway, J. and Picciotto, S. 1980: Capital, the State and European Integration, in *Research in Political Economy*, Zarembka (ed.), JAI Press.

Jacobson, H.K. 1984: *Networks of Interdependence. International Organizations and the Global Political System*.

Kautsky, Karl 1911/1970: Ultra-Imperialism, in *New Left Review*, No.59, 41-46.

Kolko G. 1963: *The Triumph of Conservatism: A Reinterpretation of American History*.

Lenin, V.I. 1917/1960, Imperialism, the Highest Stage of Capitalism, in *Selected Works in Three Volumes*, vol.1.

Noble, David F. 1977: *America By Design*.

Picciotto, S. 1989: *Slicing a Shadow: Business Taxation in an International Framework*, in Hancher and Moran (eds.), *Capitalism, Culture and Economic Regulation* (OUP).

Picciotto, S. 1992 *International Business Taxation* (Weidenfeld & Nicolson, London).

Poulantzas N. 1974: The Internationalization of Capitalist Relations and the Nation-State, in *Economy & Society* 3.

Radice, Hugo 1984: The National Economy: A Myth?, in *Capital & Class* No. 22, 111-140.

Ridgeway, G.L. 1938: *Merchants of Peace: Twenty Years of Business Diplomacy through the International Chamber of Commerce*.

Sklar M.J. 1988: *The Corporate Reconstruction of American Capitalism 1890-1916. The Market, Law and Politics*.

Van der Pijl, Kees 1979: Class Formation at the International Level. Reflections on the Political Economy of Atlantic Unity, in *Capital & Class* No.9, 1-22.

Van der Pijl, Kees 1984: *The making of an Atlantic Ruling Class*, Verso.

Waterman, Peter 1988: *The Old Internationalism and the New*, ILERI Foundation, The Hague.

Weinstein, A. J. 1968: *The Corporate Ideal in the Liberal State 1900-1918*.

Übersetzt aus dem Englischen von Klaus Fritz

Uli Jähner

Migration - Asyl - Ausländerfeindlichkeit. Zumutungen und Begründungsnotstände

Am Problem des Asyls kristallisieren sich heute die Ausländerfeindlichkeit und auch die Auseinandersetzungen darüber aus, was denn - von tödlicher Gewalt bis zum Ansinnen, den sogenannten »Wirtschaftsflüchtlingen« den Zugang zum Asylrecht zu verwehren - als Ausländerfeindlichkeit zu gelten habe und was nicht. Am Migrationsproblem entzündet sich der Streit um die »multikulturelle Gesellschaft« und um den Umgang mit der Tatsache, daß die Bundesrepublik zwar keine Einwanderungsgesellschaft, aber doch ein Einwanderungsland geworden ist. Wohl in beiden Fällen handelt es sich um Selbstverständigungen, die zugleich auf die Markierung innenpolitischer Koordinaten zielen. Das Recht beider Diskussionen soll nicht bestritten werden. Doch sie bleiben vermutlich hinter den rapiden Veränderungen zurück, denen das Politische unterworfen ist, seit die bipolare Welt zerbrochen ist und sich die noch unscharfen Konturen einer anderen, multipolaren Welt abzuzeichnen beginnen. - Drei Versuche, sich der politischen Bedeutung der genannten Probleme unter den Bedingungen dieses Wandels nähern, werden im folgenden skizziert.

I. Bürgerkriege auf privater Basis

Die Gewaltszene der *skins*, *faschos*, *hools* kennt ihren »Ausländer«: als Opfer. Sie versteht ihn selbstverständlich nicht im Sinne des staatsrechtlichen Begriffs. Der »Ausländer« trifft auf den leeren Inbegriff des Anderen, den der moderne subkulturelle Kombattant im gewaltträchtigen Spiel subkultureller Selbstunterscheidungen - gewöhnlich ausgetragen zwischen fan und fan, skin und punk und Autonomen und fascho oder auch kreuz und quer - mit Attributen existentieller Feindschaft belegen kann. Das läßt ihn dem Feindbegriff Carl Schmitts zum Verwechseln ähnlich sehen, der in erster und letzter begrifflicher Abstraktion (auch) den existentiell Anderen meint. Deswegen fällt wohl auch im Zusammenhang der Gewalt gegen Ausländer und der ausländerfeindlichen Einstellungen in der Politik, gerade anläßlich der Asyldebatte, der Name Schmitts bisweilen wie ein Deckname; schlaglichtartig soll er denselben Zusammenhang rechter Gewalt mit dem politischen Diskurs in der funktionalen Herstellung eines öffentlichen Feindes ausweisen. Allzuschnell aber wird dabei übergangen, daß im flottierenden Gewaltmilieu der »Feind« zuallererst die Münze ist, die die gangs, Rotten, Cliquen erst zum Klingen bringt; in und mit der Rivalität erst entfalten sich die »Kämpfe«, die Medien subkultureller Daseinsvergewisserung und nicht der politischen Intervention und politischen Militanz sind. - Aber unbestreitbar ja auch: Gewalt gegen Ausländer hat teil an einem semantischen politischen Feld. Und schon die subkulturellen Stile artikulieren latente politische Bekenntnisse und Identitäten in einem vielfach medialisierten Feld gesellschaftlichen Wissens.

Bisweilen hilft ein Blick auf die Worte. Das Wort lautet: Ausländerfeindlichkeit. Der Schmitt'sche Feind meint unbedingt den öffentlichen Feind, den hostis im Gegensatz zum inimicus. Er ist wesentlich Staatsfeind dort, wo der Staat bzw. die Gesellschaft als Staat die Freund-Feind-Unterscheidung trifft. Eben so hat der ideologische Antisemitismus den traditionellen Judenhaß in Feindschaft gegen fantasierte überstaatliche »Plutokratien«, ein quasi-staatliches »Weltjudentum« überführt; eben so hat Schmitt selber den »Liberalismus« als Instrument der Zersetzung des Staates, seiner Auslieferung an gesellschaftliche Interessen attackiert; und eben so hat der bundesrepublikanische Staat die RAF zur Staatsbedrohung und folgerichtig zum Staatsfeind stilisiert. Nichts anderes inkriminiert in der Tendenz der notorische ordnungspolitische Einspruch gegen (mehr oder minder militante) Regelverletzungen durch Protestbewegungen, der die Duldung »rechtsfreier Räume« apriorisch und prinzipiell zur Staatszersetzung erklärt, die im Keim erstickt werden müsse. Der »Ausländer« dagegen bringt nicht den Staat, sondern die *Gesellschaft* in Gefahr. Er bedroht ihre *Identität* und *Kultur* im allgemeinen; als Drogenhändler und Hütchenspieler im besonderen ihre Sozialmoral und ihren sozialen Frieden; als Anwärter auf Wohnungen, Arbeit und Sozialgelder, als *Bürger* also, ihre ökonomischen Ressourcen. So haben noch die Politdemagogen, die die Ausländerfeindlichkeit schüren, mit ihrer Behauptung recht, die Bundesrepublik sei kein ausländerfeindliches Land. Sie sprechen im Brustton berechtigter Überzeugung aus, daß der »Ausländer« kein Staatsfeind sei.

Es ist die Gesellschaft, die ihm - nicht als »Feind«, sondern - »feindlich« gegenübersteht, unter dem Druck ökonomischer Interessen und mit privatisierten Ressentiments. Und es ist die Politik, die die privatisierte gesellschaftliche Feindlichkeit bedient - aber nicht den öffentlichen Feind als Staatsfeind erzeugt. Sie verfolgt ihr eigenes Interesse an Wählerbeschaffung und legitimiert ihre ideologische Dienstleistung aus öffentlichem Interesse, das hier nicht die Sphäre der staatlichen Ordnung, sondern die summierten gesellschaftlichen Privatinteressen (und Ressentiments) meint. Wie immer und mit welcher Absicht man die Transformation des Politischen in der und durch die sozialstaatliche Massendemokratie beschreiben will: sie hat es in Daseinsfürsorge ökonomisiert; in geregelten Verteilungsvollzügen technisiert; und - indem sie die mit den umstrittenen Herrschaftsordnungen und ihren Rechtfertigungen verbundenen überindividuellen Sinnfragen und geschichtsphilosophischen Antworten stornierte - auch privatisiert. Darin schwanden auch die Großen Antagonismen der Großen kollektiven Subjekte - der »Nation«, der »Klasse«, der »Rasse«. Aus politischer Feindschaft wurde Feindlichkeit - bis daß das Gewaltmilieu die Feindlichkeit rückverwandelt in die »Feindschaft« derjenigen »Bürgerkriege«, die von den gangs *untereinander und auf privater Basis* geführt werden. Sie sind die Exponenten sozialer Anomie und legen zugleich - wo die Ausländerfrage der Gewaltszene eine neue, öffentliche Arena zur Verfügung gestellt hat - Zeugnis ab von der latenten Allgegenwart der Politik. Doch von welcher Politik?

II. Der reale Schein der Politik

»Fremdenfeindlichkeit« heute ist keine umstandslose Erbschaft des politischen »Rassismus«, wie das Plädoyer für die multikulturelle Gesellschaft oft glauben machen will - zumal dort, wo es mit maximalem rhetorischen Einsatz anläßlich des Streites um das Asylrecht für die prinzipielle Öffnung der Grenzen votiert. Für die fundamental verwandelten Umstände ist die Inversion der Perspektiven mehr als ein Indiz: denn um Abwehr der Migration geht es, nicht um Expansion und imperialistische Eroberung. Und anstelle der Großen Rechtfertigungen des Vorrechtes der weißen/»arischen Rasse« auf die Vorherrschaft in der Welt[1] statten die Großen Zahlen der

1 Im nämlichen Kontext der Errichtung politischer Imperien war »Rasse« seit dem 19. Jh. niemals weniger als ein Begriff politischer Ideologie. Entstanden aus der Abwehr des universalen Begriffs vom freien, gleichen Menschen und verallgemeinert zu dessen universalem Gegenbegriff, hielt er Herrschafts- und/als Eroberungsansprüche fest, gerechtfertigt durch Zuschreibungen »rassischer« Superiorität und Inferiorität. - Es ist der in Sozialpsychologie und Ressentiments verwandelte »Rassismus«, der den Anschein umstandsloser politischer Kontinuität erzeugt; insbesondere dort, wo sich die Begriffe des Politischen entdifferenzieren, weil der Sinn für ihre Historizität verloren geht. Heute wieder gibt der »Fremde« dem Ohnmächtigen den »Stoff, aus dem die Träume« - von der (All-)Macht sind. Ohne Zweifel ja komponieren sozial hervorgerufene Unterlegenheits- und kompensatorische Überlegenheitsgefühle das Syndrom der Fremdenfeindlichkeit; doch aus den Sprachen der Großen Ideologien entbunden prägen sie in der Sphäre gesellschaftlicher Einstellungen und Diskriminierungen den entideologisierten »Rassismus« aus, der zur mentalen Grundausstattung des rechtsextremen Potentials gehört. Er bildet das Ferment der gut bekannten, entpolitisierten Sozialpsychologie des Vorurteils; anwachsend unter

Migranten und der Überforderung des Staatsbudgets, des Bruttosozialprodukts, des Wohnungsmarktes etc. die Fremdenfeindlichkeit mit Argumenten aus. - Politisch organisiert sie sich in der Debatte um das Asyl.
Geblieben vom politischen Rassismus als Herrschaftideologie ist darin der Anspruch auf Herrschaft im eigenen Land und Gemeinwesen sowie auf Alleinverfügung und -konsumtion des eigenen Wohlstandes. Natürlich, dieser Anspruch setzt immer schon voraus, daß das Eigene am Reichtum, am Land/Territorium und am politischen Gemeinwesen das gerechtfertigte Eigene ist, ohne es noch expliziten Rechtfertigungen auszusetzen. (Er appelliert an die »normative Kraft der (historischen) Fakten»... ,ohne historische Begründungen noch selber vorzulegen.)
Und natürlich gilt dann umgekehrt: die Denunziation dieser Anspruchshaltung als (politischer) Rassismus setzt die globale Universalität menschlicher Berechtigungen auf Teilhabe und Teilnahme am europäischen Reichtum, an seinen Ländern/Territorien und seinen Rechtsgütern voraus. Denn nur die Prämisse einer universellen Berechtigung der Menschheit zum Zugang auf die europäische Staatenwelt erlaubt, ein besonderes europäisches Anrecht auf Europa ex negativo mit dem ideologischen Rassismus zu legieren und ihn - selbstverständlich - zu verwerfen.
Beide Haltungen (die sie eher sind als explizierte Positionen) haben entscheidende Gemeinsamkeiten: sie kreisen um *eine* Frage - wem gehören die europäischen Nationalstaaten mitsamt ihren Rechtsgütern und Reichtümern? Und sie verflüchtigen die sich an die jeweiligen Antworten anschließenden Fragen nach der Legitimität oder Illegitimität des Eigentums der universellen Menschheit oder der europäischen Staatsvölker an ihren Nationen in strittige, doch vermeintlich selbstverständliche und daher nicht weiter ausgeführte historische Begründungen. Die Selbstverständlichkeit des (von internationalen Entwicklungsverpflichtungen unberührten) prinzipiell legitimen Eigentums, das Europäer an ihren Nationalstaaten und -reichtümern haben, konkurriert mit der entgegengesetzten Selbstverständlichkeit, das europäische Eigentum zu bestreiten, weil es sich einer histori-

ökonomischem Verteilungsdruck und folgenden Benachteiligungsängsten und -erfahrungen; konjunkturell repolitisiert nach den ebenfalls gut bekannten Regeln des öffentlichen Vorurteilsmanagements und der Wählerbeschaffungsstrategien. Wird von Sozialwissenschaftlern der »Rassismus« als fait social der Inferioritäts/Superioritätszuschreibungen und Ausschließungspraktiken und die »Rasse« als »soziale Konstruktion« begriffen, dann öffnen sich beide Kategorien nur dem vorweg angedeuteten Changieren zwischen gesellschaftlichen Diskriminierungen und politischen Instrumentalisierungen wie auch ihren historischen Verknüpfungen mit Nationalismen, Imperialismen etc. Ihre epochentypische Politizität aber entzieht sich dem Verständnis. Auf sie jedoch kommt es an, wenn sich die Horizonte des Politischen ändern. (Zur Verwandlung des »rassistischen« in den neurechten »ethnischen« Diskurs im Spiegel der epochal gewandelte politischen Kontexte vgl. Balibar 1989.)

schen, globalen Ausbeutungsgeschichte verdanke. Wo sich im einen Fall die Verteilung europäischen Rechts und Reichtums als politisch rationales Gnadengeschenk darbietet, das dem eigenen Überfluß entspringt und sich mit ihm verknappt; so im anderen Fall die Verweigerung von Rechtsverleihungen und Reichtumsverteilungen als Fortsetzung eines bloßen Raubes.
Wenn in der Summe also der klandestine Rekurs auf *historische* Selbstverständlichkeiten und die Beschwörung allgemeinster ethischer Prinzipien im Gewand historischer Anrechte, die Surrogate also *zukünftig* tragender und tragfähiger Rechtfertigungen, zu beiden Haltungen gehören, so auch die Ferne zum Politischen. Nichts falscher, als sich durch die ja europäische Asyldebatte und ihre pragmatischen Begründungen täuschen zu lassen. Denn diese selber stellt im wesentlichen eine monumentale Problemverschiebung dar, die sich in den Diskurs der begründungslosen Rechtfertigung des Nationalstaates in Europa (und damit in die weitreichenden Tendenzen der Nationalisierung Europas) nahtlos einfügt.
Das politisch ignorierte Migrationsphänomen, qua juridischer Formen verwandelt in ein Asylproblem, erzeugt folgerichtig den Scheinasylanten, dem auf Grund vorgeschobener Asylgründe das Recht auf Partizipation an den europäischen Nationalstaaten streitig zu machen ist. Oder dem umgekehrt ein Recht auf Ansässigkeit - wo auch immer - als Menschenrecht zuzugestehen ist. Dieser Pseudo-Pragmatismus in der Asyldebatte ist soweit von politischer Konfliktregulation entfernt wie der Moralismus des Rückgriffs auf die Menschenrechte als eine bloß ethische Institution. Denn politische Regulation bemißt sich hier an der Erfindung und (Weiter-)Entwicklung konfliktbewältigender Formen transnationaler Verteilung von Rechts- und Wohlstandsgütern und der Einrichtung quasistaatlicher, transnationaler Institutionen mit Sanktionsmacht, die Menschenrechte zu schützen erst in der Lage sind.[2]

2 Das Schicksal der Flüchtlinge und Staatenlosen seit dem 1.Weltkrieg, erst recht der durch die nationalsozialistische Herrrschaft Vertriebenen (und Ermordeten!) hat die hier relevante Lektion erteilt: daß die Menschenrechte - wie ihre Gegner behaupteten - nur »wertloser Plunder« sind, wo sie nicht von souveränen Staaten geschützt werden. (vgl.Arendt 1975, Bd.2, S.220-268) Menschenrechte existieren nur gedeckt durch Staatsbürgerrechte. - Aus den Menschenrechten haben die Demokratien ihr Verständnis der Volks-Souveränität hergeleitet; anderes bedeutet Souveränität in der anarchischen Staatenwelt, im zwischenstaatlichen Verkehr und Völkerrecht: wechselseitige Anerkennung nämlich der Staatssubjekte, der Unverletztlichkeit der Territorien und der Prinzipien der Nicht-Einmischung in innere Angelegenheiten. Und während institutionalisierte Verfassungsrechte, die auch die demokratischen Staaten binden, die politische Selbstbestimmung garantieren sollen, macht im zwischenstaatlichen Verkehr unmittelbar der Ernstfall der Gewaltanwendung die Probe auf die Staatssouveränität. Auf der Hand liegt darüberhinaus, daß letztere im Widerspruch zu dem unhintergehbar gewordenen, durch Verletzungen der Menschenrechte und des Minderheitenschutzes qualifizierten, internationalen Interventionsrecht steht. Doch er eröffnet nicht nur ein ideologisches und durch hegemoniale Interessen in-

Nach Maßgabe solcher Erfordernisse und Problemdimensionen steht der politische Streit um Fremdenfeindlichkeit in gänzlich anderem Licht als in dem historischen der Rassenideologien, der Rechtfertigung von Chauvinismus und imperialistischer Expansion. Der Streit verbürgt eine tiefe Regression des Politischen, keine originäre Aggression. (Daß das zur sozialen Aggression in der Gesellschaft führt, ist unbestritten; genauso wie die wachsende Aggressivität von Politikern, die die Gesellschaft rhetorisch bedienen.) Die Wendung des transnationalen Migrationsproblems in nationa-l(isierend)e Asyldebatten ist die Form einer Rechtfertigung nationalen Wohlstands durch den Nationalstaat und weiter und mehr noch die selbstläufige Rechtfertigung des Nationalstaates schlechthin; eines halbierten Nationalstaates freilich, der realiter - und wie gerade die europäische administrative Verarbeitung der Asylfrage bezeugt - längst transnationalisiert, als staatsrechtliche und ökonomische Einheit technisiert ist, und die vergangene politische Nationalgeschichte als *Kultur* bewahrt.
Die »Multikultur« dagegen, die im Extrem offene Staatsgrenzen schlechthin und ein universelles Eigentumsrecht am nationalen Reichtum und Rechtsgut fordert, bestreitet die Legitimität von Staatlichkeit überhaupt, indem sie die territorialen und juridischen Grenzen der Güter überhaupt entgrenzt. So bewegt sich der unausgesprochene, implizite Prinzipienstreit entlang von Vorgaben entweder der Rechtfertigung des Nationalstaates oder einer Nichtstaatlichkeit; ein Streit also, dessen faktisches Machtverhältnis eindeutig ist und den sprachlich auszutragen die widersinnigen Konsequenzen und Irrealitäten verbieten. Ein unaustragbarer Streit um *antiquierte Formen* und *unmögliche Formlosigkeiten*, der dem wirklichen Streit um politische Formen ausweicht.
Die Entwicklung neuer Regulierungsformen globaler Politik und ihre prinzipielle Begründung und Rechtfertigung stellen hohe, uneingelöste Forderungen. Ihnen gegenüber hat Asylpolitik den Vorteil einer Symbolik, die aussieht wie Politik, und auch den Vorteil eines Populismus, der aussieht wie Demokratie. Die entideologisierten, politisch als Wählerstimmen verallgemeinerten gesellschaftlichen Interessen an Wohlstandssicherung wie

---

strumentalisierbares Feld der Auslegung der Menschenrechte (Kondylis 1992, S.112-120); sondern erst recht ein mit unterschiedlichen Konsequenzen denk- und konzipierbares, konfliktreiches institutionelles Feld des Ausbaus der Uno als völkerrechtliche Organisation und Sanktionsmacht - ob in Richtung zwischenstaatlicher Bündnisse in einer regionalisierten und/oder als eigenständige Institution in der einen Welt (Vgl. dazu Czempiel 1992, S.47-85), die das Menschen- als Weltbürgerrecht verwirklicht und garantiert. So wenig wahrscheinlich ein solcher Weltstaat auch künftig ist..., Souveränitätsverluste der Nationalstaaten zugunsten internationaler Institutionen stehen nach dem Zerfall des Blockgegensatzes auf der Tagesordnung. Und sie werden ohnmächtig sein, wenn sie nicht im Kontext weltweiter Abrüstungen und Entwicklungen einer Politik der De-Eskalation und nichtmilitärischer und trotzdem wirksamer präventiver Santionsinstrumente stehen.

auch die stets mobilisierbaren Ressentiments einerseits, die in Notlügen verkleideten Souveränitätsinteressen staatlicher Bürokratien und der politischen Kasten andererseits agieren konkurrenzlos wegen des Mangels an Alternativen und an Begründungen. Darum wird sich auch weiterhin mit der Asyldebatte die öffentliche Meinung steuern lassen; das trägt den »realen Schein der Politik«.

III. Zumutungen und Begründungsnotstände

Das Asylrecht meinte seit der Zeit seiner Entstehung den individuell verfolgten politischen Flüchtling. Die Verfassung der Bundesrepublik hat ihm auf Grund der Verfolgungen während des Nationalsozialismus eine hervorragende Bedeutung zugewiesen, wiewohl gerade die durch sie und späterhin initiierten nationalen, rassistischen Diskriminierungen und Völkerwanderungen das Fassungsvermögen des Asylbegriffs - juristisch und politisch - bei weitem überstiegen.

Der »Asylant« heute hat individuellen Asyl-Anspruch, doch kommt er nicht allein. Die »Asylantenflut« trägt »Asylantenschwemmen« ins Land. Bislang hatte die Rechte die Schreckbilder abonniert; sie addressieren hier paranoide Zerfallsängste und bieten Medien der Angstabwehr im Sinne jener frei flottierender Ressentimentbereitschaften, die das rechte Potential auszeichnen. Das innenpolitische Spiel mit ihnen ist keineswegs ausgespielt, wie die Asyldebatte beweist. Indes beweist dieselbe Debatte die Bildung neuer Horizonte des Politischen. In sie wird von Linken, Grünen, Liberalen und vereinzelten Konservativen erstmals die Forderung nach Anerkenntnis dessen und Selbsterkenntnis dahingehend hineingetragen, daß die Bundesrepublik ein Einwanderungsland sei. Das mag nurmehr ihre kulturelle Identität betreffen; und die Akzeptanz ihrer unhintergehbaren »Multikultur«, die außer Zweifel steht, beendet nur die »normale Pathologie«, die sich in der Realitätsverleugnung offenbart.

Die schlüssige politische Forderung geht auf Steuerung der Migration und ein Migrationsgesetz, das die Asylproblematik in ihrem eigenständigen Recht entlasten möge. Selbstverständlich öffnet sich auch darin kein fundamental neuer politischer Horizont. Als Migrationsgesetz mit weiteren Folgen veränderter Einbürgerungspolitik etc. ließe sich nur weiter konzipieren, was bislang in Anwerbe- und Rückkehrhilfepolitik ökonomisch induziert und politisch improvisiert worden war und hinsichtlich der politischen Rechtlosigkeit lange ansässiger Migranten unhaltbar geworden ist. Unumgehbar ist auch der Bruch mit dem auf Abstammungs- statt Territorialprinzipien basierenden Staatsbürgerrecht.[3] Die hier gemeinten Öffnungen indessen verbergen sich in der Aufweichung anderer Fronten, und auch sie gruppieren sich um die Frage des Asyls. Die über Lagergrenzen hinweg reichende veränderte Haltung zur Änderung des Asylparagraphen der Verfassung ist nicht mit Blick auf die pragmatischen und rechtstechnischen Begründungen interessant, mit denen sie gerade anläßlich (notwendiger) europäischer Rechtsangleichungen vorgetragen wird. Ihre Pointe liegt in dem Aufbruch aus der symbolischen Aufladung der Asylfrage mit verpflichtenden Erinnerungen an den Nationalsozialismus, die die Bundesrepublik so lange in eine legitimierte Nachkriegsgeschichte stellte. Folglich ist der Umgang mit der Asylfrage auch von historischen Legitimationsbezügen, von expliziten und impliziten Stellungnahmen zum Nationalsozialismus umwoben gewesen. In jener neuen Haltung zur Asylfrage tritt die BRD - ähnlich wie in der anderen Frage des Einsatzes der Bundeswehr außerhalb des Natogebietes in UN-Verbänden - mental aus der Nachkriegsgeschichte heraus.

Nachkriegsgeschichte ist die Geschichte der Blockbildung. Und: Nachkriegsgeschichte selbst ist mit dem Zusammenbruch des Ostblocks und der Blockkonfrontation epochal zu Ende gegangen. Das evoziert die Wiederkehr der Außenpolitik und außenpolitischen Orientierungen, der neuen alten Spielräume für die wieder verlebendigten, in unterschiedlichem Maße zu außenpolitischen Subjekten werdenden Nationalstaaten. Aufs neue haben sich ihre klassischen konkurrenten Souveränitätsinteressen aus der politischen Blocklogik - und vielleicht mehr noch aus der die Blocklogik in wechselseitiger nuklearer Vernichtungsdrohung technologisch »rationalisierenden« Rüstungslogik - herausgeschält.

Die neue Lage wertet die Migrationspolitik und mit ihr den Status der Fremden- und Ausländerfeindlicheit in der Politik auf. Durch den Wandel der globalen Koordinaten seit den 90er Jahren werden beide aus den Orientierungsdaten herausgenommen, die das öffentliche Bewußtsein nach dominant innenpolitischen Prämissen strukturierten: einmal, weil die neue Lage selber mit ihren neuen Konflikten und dem Wegfall des »eisernen Vorhangs« neue Migrationsschübe erwarten läßt; zum anderen, und entscheidender,weil sie das Migrationsphänomen und Asylproblem in jenen Kontext internationaler Politik mit all seinen beweglichen Konfliktfeldern und seinem Regulierungsbedarf hineinwachsen läßt, der in der Bipolarität gleichsam stillgestellt war. *Migration heute ist ungesteuerte Weltpolitik*

3 Zu den unterschiedlichen Rechtswegen möglicher Integrationspolitik vermittels des Staatsbürger- und des Migrationsgesetzes und zu dessen Tücken, weil es im auf Dauer gestellten Streit über Einwanderungsquoten den ethnischen Diskurs im genauen Gegensatz zur Intention auf Dauer stellen könnte, vgl. Diner 1992.

von unten, deren Steuerungsnotwendigkeit als Weltpolitik in den europäischen Zielländern unmittelbar aufbricht. Genau das unterscheidet den Problemkreis heute - und mit ihm die Debatten um und Instrumentalisierungen von Ausländerfeindlichkeit - von ihren früheren Konjunkturen seit den 60er Jahren. Der von der Migration angestoßene Regulierungsbedarf schießt in die Neukoordinierung der Fundamente außenpolitischer Orientierungen ein; Haltungen der Ausländerfeindlichkeit und die von ihr getragenen Schreckbilder und argumentativen Rationalisierungen legieren sich vermittels der Migrationsprobleme mit neuen welt- und außenpolitischen Orientierungen - oder, in Ermangelung solcher Orientierungen, mit einer neuen Haltung der Leugnung und Abwehr der neuen weltpolitischen Probleme selber.

Was als trans- und internationale Außenpolitik gefordert wäre, wird in den bewährten Mechaniken nationaler Innenpolitiken »bewältigt«. In der europäischen Asyldebatte regredieren die europäischen Demokratien auch politisch auf die Nationalstaaten, die sie als territoriale Rechtseinheiten und -subjekte sind. Die Regression scheint mangels alternativer politischer Formen und Pragmatiken einer »neuen Weltordnung« auswegslos. Die demokratischen Gesellschaften werden von der politischen Alternativlosigkeit infiziert. Nichts anderes beweist das europäische Skandalon der ausufernden Ausländerfeindlichkeit. Als skandalös mögen die europäischen Politiken »wohlstandschauvinistischer« Abschließung gelten, die gewalttätigen Vollzüge der Abweisung und Ausweisung und die Winkelzüge ihrer juridischen Begründung, die pragmatische Verwaltung von Menschen in Sammellagern, Containerdörfern etc. . Den Kern der gesellschaftlichen Krankheit treffen sie nicht. Ihr wahres Skandalon ist ein nicht skandalisierter Skandal: die Gewalt gegen Ausländer, die von Schweigen und Sprachlosigkeit umgeben ist. Es schweigt der Staat, der in Redeschlachten über die lautstark fortgeführte Asyldebatte verwickelt ist.[4] In Sprachlosigkeit verfällt, soweit sie nicht auch Verständnis und Einverständnis zollt, die zivile Gesellschaft. Tatsächlich verrät ihr Schweigen gegenüber politisch verstandenem Mord und Vertreibung die zivilen Fundamente der Demokratie. Aber nichts falscher, als es umstandslos der Ausländerfeindlichkeit selber zuzurechnen. Es resultiert, mehr als aus Affinitäten zur Gewalt, aus Begründungsschwächen der Demokratie in der neuen Lage, die neue Begrün-

4 Und dieses nicht, ohne eine neue Pointe zu liefern. In der ehemaligen DDR, wo erstmals die »rechtsfreien Räume« der Gewalt eine umstandslos ordnungspolitische Dimension haben wegen des notorischen Mangels an Polizeikräften, da fällt die ansonsten notorische Inkriminierung aus; stattdessen klingt das Verständnis für Fehlhandlungen aus Arbeits- und Perspektivlosigkeit auf, als ob der Totschlag und die Mordbereitschaft damit entschuldbar wären...

dungen erfordert. Denn wenn der neue weltpolitische Regulierungsbedarf eine neue globale Wirtschaftspolitik einschließt wie auch eine neue globale Verfassungs-, Institutionen- und Sanktionspolitik, die das Verhältnis von staatlichen Souveränitätsrechten und internationalen Interventionsrechten zum Schutz qualifizierter Menschenrechte regelt, dann sind mit ihnen Fragen der weltgesellschaftlichen Verallgemeinerbarkeit von Gerechtigkeits- und Rechtsprinzipien einer politischen Herrschaftsordnung aufgeworfen, die die westlichen Demokratien innenpolitisch als Sozial- und Rechtsstaaten vorläufig beantwortet haben. Und es ist die Unzugänglichkeit dieser Fragen nach der Universalisierbarkeit demokratischer Prinzipien, nach den Chancen ihrer Übertragbarkeit von der Innenpolitik der Staaten auf eine (zwischenstaatliche) Weltpolitik, die letztlich hinter dem Verrat derselben Prinzipien durch das Schweigen zur Gewalt - und also für die Unzugänglichkeit des Skandalons steht. Das Schweigen artikuliert die Sprachlosigkeit im Prinzipiellen.

In der öffentlichen Debatte erscheint die Migration als Symbol der umstrittenen multikulturellen Gesellschaft. Doch auch diese Symbolisierung gehört zur gesellschaftlichen Pathologie. Multikulturell ist die Gesellschaft schon - mit oder ohne Ausländer - durch die Pluralisierung der Lebensstile, namentlich durch die Differenzierung der Jugendkulturen und ihre Folgen. Daher zeigt sich die Diskussion der Pluralisierung von Kulturen an den Ausländern selber als Problemverschiebung,[5] die mit der verschobenen Asyldebatte ineinander geht.

Die Allgemeinheit solcher Verschiebungen und Symptombildungen deutet an, daß die Migration Metapher eines »verdrängten« Dritten ist:[6] einer Fundamentalbedrohung des geschichtlichen Selbstverständnisses der europäischen Staaten. Selbstverständlich, in der Rhetorik der »Überfremdung« redet die politische Rechte von nichts anderem. So gewiß aber dieser offen geführte Diskurs zu den offenkundigen Verschiebungen gehört[7], ebenso gewiß gehören bestimmte Erwartungen hinsichtlich künftiger Konsequen-

5 Sie hat eigenständige Gründe in dem »Kulturalismus« gesellschaftlicher Selbstbeschreibungen...

6 Dafür spricht im übrigen schon der auffällige Mangel an Sachlichkeit in der Debatte und der Mangel an sachlichen Informationen über Art und Zahl der Migration in den Medien. Erst recht aber die notorische Verschleierung der Bedeutung der Migration für den ökonomischen Wiederaufbau Europas und den Ausgleich des Bevölkerungsrückgangs seit dem Ende des 2.Weltkriegs. Gerade in der BRD, die seit 45 - beginnend mit den Heimatvertriebenen - Einwanderungsland ist, hat die Verdrängung schon groteske Züge. Von welchen falschen Voraussetzungen aus hier in der Regel gedacht und Politik gemacht wird, zeigt Hoffmann 1991, S.1469-1489.

7 ...nämlich in die »kulturkritische« Tradition der Klage über den Zerfall von »Gemeinschaft« in »Gesellschaft«, in der die Abwehr des »Entfremdeten« immer mit der Projektion auf »Fremde« verschwistert war.

zen der Migration zu eher verdeckten, aber breit gestreuten und tief liegenden Ängsten - und also zu Grundlagen der Problemverschiebung selbst.

Längst sind die Erwartungen riesiger Migrationsströme allgemein geworden. Und mit ihnen diejenigen (Zukunfts-)Bilder eines Reservoirs von sozial, ökonomisch, kulturell radikal außenstehenden Menschen, die dem europäischen Staatsverständnis ebenso radikal entgegenstehen. Ihre Präsenz widerspricht nicht nur den problematischen Vorstellungen nationaler Homogenität - gleichviel hier, ob die Nation im Akt der Verfassungsgebung oder ethnisch gegründet verstanden wurde. Aus ihrer christlichen Geschichte haben Europas Staaten das historisch verbindliche Sozialethos geerbt, dessen Fürsorgepflicht sich auf das ganze Gemeinwesens erstreckt, wie auch einen ethischen Rechtsbegriff, der keinen Menschen ganz ausschließt.[8] Und beide, Rechts- und Sozialpflichtsvorstellungen, sind durch die antizipierende Erwartung radikal Außenstehender, die Integrations- und Assimilationskapazitäten europäischer Gemeinwesen radikal überfordernde Gruppen, fundamental in Frage gestellt. Davon sprechen die Schreckbilder einer »Amerikanisierung« Europas: durchsetzt von Slums und Zonen der »Wildnis«, beherrscht von absoluter Armut, nackten Überlebenskämpfen und der willkürlichen Gewalt von Einzelnen und Rotten, unerreichbar für das staatliche Gesetz und staatliche Sozialleistungen und kulturelle Integrationen. In ihnen artikuliert sich nicht allein die Angst vor der Unkontrollierbarkeit der Besitz- und Rechtlosen, sondern auch die andere Angst vor einer Renormalisierung des Zustandes von ethisch skandalöser Unversorgtheit und Entrechtung, einer »Aussätzigkeit«, die überwunden zu haben Europa als seine zivilisatorische Leistung par excellence verbucht. Und während die amerikanische Gesellschaft in Ermangelung einer sozialstaatlichen Tradition solche inneren Gewaltverhältnisse hinnehmen kann, ohne sie als Selbstwiderlegungen zu erleben, untergraben gleichgerichtete Erwartungen, von Migrationsfolgen angestoßen, in Europa in der Tat die Fundamente des politischen Selbstverständnisses der europäischen Staatsgesellschaften.

Wenig trägt der Einwand, dieses Selbstverständnis sei immer exklusiv gewesen und widerlegt durch die Geschichte der Kolonisation und des Impe-

---

8 Die sozialstaatliche Massendemokratie hat beide, Rechts- und Sozialpflichtsvorstellungen, säkularisiert und erhebt - wenn auch mit zusehends geringerem Erfolg - den Anspruch, sie einzulösen. Die sozialen Gruppen in der Gesellschaft wiederum rechtfertigen ihre säkularen Versorgungsansprüche im Bewußtsein früherer Arbeits- und Leistungsinvestitionen in den sozialen Staat. Die Konkurrenz legitimer und illegitim erscheinender Versorgungsansprüche erklärt im übrigen die besonderen Schwierigkeiten, die sozialstaatliche Gesellschaften mit der Migration haben - und auch, warum der Asylant für das Ressentiment die Spezies der Ausländer überhaupt bestens vertritt: er zuallerletzt hat sich Schutz und Zuwendungen durch Investitionen verdient.

rialismus. Umgekehrt, denn entscheidend ist: die Migration trägt ja die außereuropäische Peripherie ins Innere Europas hinein und konfrontiert miteinander, was sich ehedem als Außen- und Binnenmoral segmentieren ließ. Oder politisch gesprochen: die Migration aktualisiert die globalen Probleme inmitten Europas mit der unhintergehbaren Folge, daß die Migration die Selbstrechtfertigungs und Selbstbegründungsmuster der reichen westlichen Demokratien umstandslos einer globalisierenden, und das heißt: universalisierenden Perspektive aussetzt und damit ihre Begründungsschwächen in neuer Konstellation offenbart. Gerade weil sich (auch) an der Migrations- und Asylpolitik die Regression des Politischen oder seine neue Erschließung entscheidet, kristallisiert sich an den Problemen, den Möglichkeiten und Unmöglichkeiten ihrer Lösung und deren Rechtfertigungen die neue Konstellation.

Die Probleme haben ihre pragmatische Seite. Was sich weltpolitisch als Regulierungsbedarf hinsichtlich des Reichtumgefälles, der Sicherung der Menschenrechte, des Minderheitenschutzes etc., also hinsichtlich des regelnden Eingriffes in die Migrationsursachen zeigt, das wirkt im Innern der europäischen Staaten als Bedarf an Pragmatiken des Umgangs mit den Migrationsfolgen: an Sozial- und Rechtspolitiken der Integration und des Ausgleichs. Migrations- und Asylpolitik stellen dabei restriktiv zu handhabende innenpolitische Instrumente dar, die das Zugangsrecht zu sozial- als nationalstaatlichem Reichtum und zu demokratischen Rechten und Rechtsschutz verleihen und verteilen. So schreiben sie sich als innenpolitische Größen in die Rechtfertigungsmuster ein, in denen sich die westeuropäischen Demokratien seit dem 2.Weltkrieg als Sozialstaaten innenpolitisch begründet und stabilisiert haben.[9] Aber konfrontiert mit dem Migrations*druck* entfalten sie sich vor dem unübersehbaren Problem*überschuß* weltpolitisch zu handhabender Armut und Gewalt, ausgeübt von totalitären und diktatorischen Regimen und Bewegungen.

Am Druck und am Überschuß aktualisiert sich aber auch der alle interessensgeleitete Pragmatik übersteigende prinzipielle Rechtfertigungs- und Begründungsbedarf. Denn die Universalitätsansprüche des europäischen politischen Selbstverständnisses bedeuten, daß alle Probleme zugleich Anlässe prinzipieller Begründung und Rechtfertigung sind; und nicht weniger

9 Außenpolitische Rechtfertigungen der westlichen Demokratien waren spätestens bis zum Golfkrieg, der die neue weltpolitische Ära offensichtlich machte, pauschal abgedeckt: zuerst durch die Ideologeme des Kalten Krieges, später durch die Leitlinien der Entspannungspolitik.Daß sich die Außenpolitik der Staaten den Gesellschaften en detail so wenig erschließt, verweist im übrigen auf ein strukturelles Defizit: ihre Fehl-/Leistungen werden in der Regel den Gesellschaften ja nicht unmittelbar, sondern nur über die politischen Entscheidungsträger, die ihre eigenen Aktionen bewerten, zugänglich. (vgl. Czempiel 1992,S. 34)

ist zu begründen und zu rechtfertigen, als der status quo der Partikularität des Reichtums und der Menschenrechte sowie die Möglichkeiten und Unmöglichkeiten ihrer Universalisierung. Und zur Lage gehört, wie hier die Schwierigkeiten, für die Zukunft tragfähige Begründungen zu finden, mit den durch die vergangene Geschichte offenbarten Rechtfertigungsschwächen des Universalismus zusammengehen.

Nicht nur, daß Prinzipien eines Ausgleichs des Reichtumgefälles, an denen sich eine Weltpolitik und -gesellschaft orientieren können muß, auf »Fundamentalismen« - liberale oder sozialistische - nicht zurückgreifen können. Denn die Begründungsfiguren der Fortschrittsideologien sind verschlissen, die früher eine künftige Gerechtigkeit garantieren zu können vorgaben. Darüberhinaus stehen sie unter dem Zwang des (halb-)aufgeklärten (Vor-) Wissens um die Nichtuniversalisierbarkeit des westlichen industriegesellschaftlichen Reichtumsmodells aus ökologischen Gründen. So wächst der Bedrohung durch Migrationsfolgen das (Vor-)Wissen um die andere Bedrohung zu, die mit dem Versuch einhergeht, die Migrationsursachen mit Mitteln der Industrialisierung »unterentwickelter Länder« zu bekämpfen. Das schon stellt das europäische Bewußtsein vor die aporetische Unmöglichkeit des status quo: entweder Infragestellung der Fundamente des europäischen Selbstverständnisses durch die Folgen der Migration oder Abschottung und Rechtfertigung des eigenen partikularen Reichtums und also Verstoß gegen die eigenen universalistischen Prinzipien oder Festhalten am eigenen Universalismus und also Selbst-Infragestellung mit dem Risiko der Aufgabe des eigenen Reichtummodells.

In diesen Aporien wächst nicht weniger als ein prinzipieller Begründungsnotstand der europäischen Aufklärung und Zivilisation heran. Auch wenn der sich zuallererst, angestoßen von der Migration, als klassischer Gegensatz von möglichen Prinzipien einer Gerechtigkeitsethik und un-/möglichen Pragmatiken des Ausgleichs und industriellen Umbaus darstellen läßt; den Zwang zur und die Praxis der politischen Entscheidung trägt ja hinterrücks die europäische Asyldebatte selber bei. Denn wo die Asylpraxis dazu bestimmt ist, zu beurteilen und zu entscheiden, was einem individuellen Menschen an Gewalt und Entrechtung (nicht mehr) zuzumuten sei; da spricht sie ja negativ und individuell nur aus, was als kollektives Prinzip der Herrschaftsbindungen und als positives Recht global formuliert und geltend gemacht werden muß.

In der Infragestellung des politisch-sozialen Selbstverständnisses Europas durch »Fremde« wie in der Verweigerung seiner ökonomischen Selbstinfragestellung einerseits, im Versagen der Politik gegenüber der Erfindung neuer weltpolitischer Formen und Prinzipien andererseits gewinnt der Begründungsnotstand seine Gestalt. Der die Migrationsprobleme verkennende

Streit um die Multikultur ersetzt den wirklich (welt-)politischen Prinzipienstreit, den das Asylproblem als wirkliches Problem weltweiter Herrschaft und Gewalt bereithält. Es erfordert - entgegen der Verfehlung neuer Weltpolitik durch eine nationalstaatliche Außenpolitik, die selber wiederum auf Innenpolitik regrediert - eine weltgesellschaftliche Begründung der Demokratie.[10] Die Asyldebatte als verschobene Migrationsdebatte in nationalisierender Form aber zeichnet die Regression der Staats- und Innenpolitik vor, der die Gesellschaft hinterläuft. Dic Drohungen, die für Europa und sein Selbstverständnis aus den globalen Problemlagen herrühren, werden durch die Regression der Politik nicht beschwichtigt, sondern nur verfehlt, ohne daß das öffentliche (Vor-)Wissen von ihnen abnähme. Im Gegenteil: unerledigt und unbewältigbar drängen sie um so nachhaltiger an und vertiefen den Abwehrdruck. Der in der Politik sichtbare Verlust an Chancen zur Zivilisierung der Welt nach dem Zusammenbruch der Blöcke, greifbar im diskursiven Mangel an chancenreichen Pragmatiken und Prinzipien, schlägt sich im Innern der europäischen Gesellschaften als Verlust an Einspruchsmöglichkeiten gegenüber der eigenen De-Zivilisierung nieder.

Gewiß bauen sich im Verfall der alten politischen Koordinaten von Links, Mitte, Rechts die politischen Positionen neu auf. Nichts anderes beweist die Migrations- und Asyldebatte mit ihren Lager- und Grenzverletzungen innerhalb der politischen Kaste. Aber ebenso gewiß, daß in Ermangelung demokratischer Grundlegungen a priori in der zivilen Gesellschaft der rechte Habitus Terrain gewinnt. Unaufhaltsam schlägt dann die alternativlose Einsicht in die Unmöglichkeit einer sozialstaatlichen Weltgesellschaft, die Regionen, ja ganze Kontinente nur zu »Leistungsempfängern« und also Objekten anderer Art machte, in die Dummheit und Rohheit um, daß die nationalen Sozialstaaten Europas nicht die Sozialämter der Welt seien. Hier orchestriert gesellschaftliche Aggression die Defensivpolitik der Abschottung. Der Gestus der Abwehr, der verbal und habituell das Alltagsklima zu dominieren beginnt, ist verschieden von der Gewalt des Mob, die sich aus anderen Quellen speist. Und im Schweigen vor ihr regt sich - über das Versagen der (Welt-)Politik hinaus - noch ein eigenes »Verdrängtes«. Zum globalen Regulierungsbedarf gehört die Einrichtung von internationalen Sanktionsmächten und mit ihnen die Begründungskautelen für einen »gerechtfertigten Krieg«. Das rührt an die jeder Herrschaftsordnung zugrunde-

10 Sie muß sich begründen vor der Welt und ihren unterschiedlichen Kulturen durch ihre gesellschaftlichen, zivilisatorischen Leistungen, Fehlleistungen und kolonisatorischen Verheerungen. Das hieße auch: noch lange darf die Epoche der »Systemvergleiche« nicht zu Ende sein; sie wären aus der Verzerrung durch den »Kalten Krieg« zu befreien und könnten dadurch den Ausdruck historischer Erfahrung erst ermöglichen.

liegende »ursprüngliche Gewalt«, die die Demokratien innenpolitisch als Polizeiangelegenheiten verrechtlicht, und die die innenpolitisch akzentuierten demokratischen Selbstverständigungen weitgehend ausgegrenzt haben. Darum durchmischt sich der Blick in die Zukunft, der einen Fortschritt einer zivilisierten Weltgesellschaft eröffnen will, mit unliebsamen Erinnerungen aus der eigenen Vergangenheit. Denn er konfrontiert mit den alten Fragen zivilisatorischer und zivilisierter, »gehegter« Gewalt in der Politik, die den befriedeten europäischen Gesellschaften, insbesondere der der Bundesrepublik, heute nur als un- und antidemokratischer, moralischer Skandal ihrer Vorgeschichte erinnerlich ist. Und er bringt den moralischen Skandal gerechtfertigter Gewalt als Politikum in die Demokratie zurück...

Literatur

Arendt, H. (1975): *Elemente und Ursprünge totaler Herrschaft*, Bd.2, Frankfurt/M.-Berlin-Wien.

Balibar, E. (1989): Gibt es einen »neuen Rassismus«?, in: *Das Argument* 3/89.

Czempiel, E.O. (1991): *Weltpolitik im Umbruch. Das internationale System nach dem Ende des Ost-West-Konfliktes*, München.

Diner, D. (1992): Eine Geburtsurkunde für das neue Deutschland, in: *taz* vom 5.12.92.

Hoffmann, L. (1991): Die unaufhaltsame Einwanderung. Drei Grundirrtümer der Asyldebatte, in: *Blätter für deutsche und internationale Politik*, 12/91.

Kondylis, P. (1992): *Planetarische Politik nach dem Kalten Krieg*, Berlin.

Rolf Knieper

Staat und Nationalstaat

Thesen gegen eine fragwürdige Identität[1]

Die seit 1992 andauernde Krise im Europäischen Währungssystem gilt Kritikern der Supranationalität als Beleg für die Überzeugung, daß es zum territorial begrenzten Raum des Nationalstaates keine Alternative gebe. Gerade die Geld- und Währungspolitik als »Herzstück der nationalen Souveränität«[2], aber nicht nur diese, sei bestenfalls in problemlosen Konjunkturphasen als nicht von vitalen nationalen Interessen geleitete Staatsfunktion denkbar. Es liegt auf dieser Linie, wenn zur selben Zeit eine Vielzahl neu entstehender Staaten in Ost und Süd nationale Währungen schaffen, für die traditionelle Stammesnamen gesucht und auf denen die Köpfe von verdienten Söhnen und manchmal auch Töchtern der mit sich selbst identischen Ethnie abgebildet werden.

Die Konfusion ist groß, die möglichen Konsequenzen sind fürchterlich. Wer im Geld und in der Währungshoheit Herzstücke und nationale Identität entdeckt, schlingert auf der abschüssigen Bahn von Vorläufer-Überlegungen, die das Geld in »den Zusammenhang des lebendigen und seinerfüllten Eigen« der konkreten völkischen Gemeinschaft stellen wollten (Wieacker 1935, 436 ff.). Solche Vorstellungen gehen gründlich daneben und daran vorbei, daß Geld gerade als Gegenteil des Konkreten der reinste Ausdruck abstrakten Wertes ist, abstrakt gesetzter Maßstab und abstrakte Liquidität, die dem nicht nach Geschlecht, Rasse und sonstigen konkreten Unterscheidungsmerkmalen identifizierbaren Eigentümer Sicherheit bei künftigen Kaufentscheidungen schafft.

Wenn Geld als Währung national eingesetzt worden ist und wird, dann nicht zur Verteidigung von Identität, sondern in politischer Unterstützung des Konkurrenzkampfs von national definierten Unternehmen auf Weltmärkten, also immer in den nicht-nationalen Zusammenhängen des Handels(-Krieges). Um Währungshoheit zu streiten, macht dementsprechend

---

1 Die folgenden Thesen sind ausführlich in meinem Buch *Nationale Souveränität - Versuch über Ende und Anfang einer Weltordnung*, Ffm. 1991, dargelegt und begründet.

2 So der ehemalige britische Finanzminister N. Lawson, zitiert nach K. Nemitz in Deutsche Bundesbank, *Auszüge aus Presseartikeln* vom 1.12.1988, S. 5.

PROKLA. Zeitschrift für kritische Sozialwissenschaft, Heft 90, 23. Jg. 1993, Nr. 1, 65-71

auch nur dann Sinn, wenn diese traditionell aggressive Außenorientierung des Nationalstaats mitintendiert ist.
Besonders die bitteren Erfahrungen der Weltwirtschaftskrise, des Faschismus und des Weltkrieges haben die Handels'nationen' (die ja nie selbst gehandelt haben) dazu gebracht, völkerrechtlich verbindlich auf »Wettbewerbsabwertungen von Währungen« (Art. 1 des IWF-Abkommens von 1944) zu verzichten. Dies war umso leichter akzeptabel, als die Struktur des Weltmarktes eine tiefgreifende Veränderung von schwergewichtig grenzüberschreitendem Handel zu grenzüberschreitender Investition und Produktion durchgemacht hat. Nachdem der Boden inzwischen auch erkennbar in den Kreis der normalen langlebigen Wirtschaftsgüter zurückgetreten ist, bleibt der einzige 'Produktionsfaktor', dem grenzenlose Mobilität heute noch politisch-repressiv verwehrt wird, die Arbeitskraft. Im übrigen läßt sich eine rasante Transnationalisierung von Unternehmen und eine weltweite Integration von Kapitalmärkten und Kommunikationsnetzen feststellen.
Gegen diese Aussage wird die empirische Beobachtung gesetzt, daß der Anteil grenzüberschreitender Investitionen nur einen Bruchteil aller, also überwiegend nationaler Investitionen ausmache. Diese Beobachtung ist ebenso richtig wie die, daß auch der klassische, die Weltwirtschaftsbeziehungen bestimmende grenzüberschreitende Handel nur einen Bruchteil aller, also überwiegend nationaler Warentransaktionen ausgemacht hat. Zu Recht ist daraus nie der Schluß auf seine Unerheblichkeit für internationale Beziehungen und Politik gezogen worden. Entscheidend ist nicht die inzwischen erreichte Quantität der Investitionsströme, sondern die mögliche und für selbstverständlich gehaltene Mobilität, welche die ohnehin nicht strukturnotwendigen nationalen Anbindungen von Kapital auch real, historisch aufgelöst hat. Ich meine also tatsächlich - wie Senghaas (1992, 1070) in kritischer und ungläubiger Rezension schreibt - daß erst jetzt »das Kapital zu sich selbst« kommt, »gegenüber nationalen Besonderheiten .... gleichgültig und seiner inneren Logik entsprechend« auf der weltweiten »Suche nach Rentabilität«.
Wenn Senghaas dieser Aussage die Überzeugung entgegensetzt, die kapitalistische Produktion bedürfe territorialstaatlich abgegrenzter »Wirtschaftsräume«, dann verwechselt er - wie viele andere - die Ebenen von Geschichts- und Strukturanalyse und extrapoliert aus Vergangenheiten Aussagen für die Zukunft. So unbestritten richtig es ist, daß die bürgerliche Gesellschaft sich im Nationalstaat entwickelt hat, daß die Dynamik der Konkurrenz durch nationale Industriepolitik zusätzlich angeheizt worden ist, daß die Konsolidierung der Produktionsverhältnisse wahrscheinlich ohne national orientierte Politik so nicht zustande gekommen wäre, so unbe-

gründet ist es, in der territorialstaatlichen Begrenzung der Staatlichkeit unabdingbare Strukturmerkmale dieser Produktionsverhältnisse auszumachen und eisern an ihrer Notwendigkeit auch dann noch festzuhalten, wenn das Kapitalverhältnis selbst sich globalisiert hat. In diesem Prozeß verliert nationalstaatliche Konkurrenzschutzpolitik ihr Objekt. Diese These impliziert nun überhaupt nicht eine Auffassung vom 'Absterben des Staates', wie unterstellt werden könnte, da Existenz und Funktionen des Staates territoriale Begrenzung gerade nicht voraussetzen. Mit der A-Nationalisierung des Wirtschaftsverhältnisses läßt sich im Gegenteil schärfer erkennen, daß zwischen der historischen Spezifik des Nationalstaates und Staatlichkeit zu unterscheiden ist.

Immer noch in Anknüpfung an theoretische Überlegungen zur politischen Ökonomie kann ich den Staat als nicht mehr und nicht weniger denn als einen Teil eines umfassenderen gesellschaftlichen Verhältnisses verstehen, das er nicht schafft, sondern dessen Geschöpf er ist und dies als »beides: praktische Realität und ideologische Funktion« (Gerstenberger 1992, 438). Es ist durch die Produktion abstrakter Werte bestimmt, die ihre Vergleichbarkeit im Geld finden. In der so formierten Gesellschaft, in der jeder Einzelne in und gleichzeitig unabhängig von Klassenzugehörigkeit praktisch schrankenlos und in Konkurrenz zu jedem anderen Einzelnen nach individuellem, abstraktem Reichtum streben muß, um in Sicherheit zu leben, und in der gleichwohl die Produktion von Waren, die zur Befriedigung von Bedürfnissen gekauft werden, arbeitsteilig und in hoher gesellschaftlicher Interdependenz und Abhängigkeit organisiert ist, muß die Erfüllung bestimmter Aufgaben kollektiv bleiben, aus dem individuellen Wettbewerb herausgenommen sein. Ohne ideologisches labeling sollte es wieder möglich sein, den Staat als Funktion zu sehen, d.h. den Schwerpunkt der Analyse auf die von Karl Marx so genannten 'allgemeinen Produktionsbedingungen' zu lenken (Marx 1857, 429 ff.), die den Aufgaben entsprechen, die nach Adam Smith (Smith 1776, Buch V, Kap. I) für 'die Gesellschaft hoch vorteilhaft sind, doch niemals einen solchen Profit abwerfen, daß sie einem einzelnen die Kosten ersetzen', und die dementsprechend durch jene allgemeinen (Steuer)Abgaben zu finanzieren sei, in denen Schumpeter (1918) die 'materielle Existenz des Staates' identifiziert hatte. Damit sind der Begriff und die Realität des Staates, der keineswegs mit dem Nationalstaat gleichzusetzen ist, untrennbar mit den kapitalistischen Produktionsverhältnissen verbunden. Er ist historisch kontingent wie diese; wo und solange diese bestehen, bleibt er notwendig.

Konturenlos, historisch unpräzise und damit unergiebig hingegen ist es, immer dann vom Staat zu sprechen, wenn irgend eine Form von Herrschaftsverhältnissen analysiert wird - also kein Staat der Römer, des Hohen

Mittelalters, der Inka oder der Zulu einerseits und kein sozialistischer Staat andererseits.
Wir wissen, daß Karl Marx von vielen als vaterlandsloser Geselle und daß Adam Smith von Friedrich List (1841) und seiner nationalökonomischen Schule als Kosmopolit beschimpft worden ist. Bei Marx war sicher auch der Jude gemeint, wie noch Sombart (1917) »das Judentum« für die internationale Orientierung von Unternehmen verantwortlich gemacht hat; gewichtiger aber wurde beiden angelastet, daß sie in Kategorien der politischen Ökonomie und ihren juristisch-institutionellen Rahmenbedingungen und nicht der politischen Nationalökonomie gedacht haben. Die Notwendigkeit zur Errichtung und Erhaltung allgemeiner Produktionsbedingungen oder - wie heute gesagt würde - Infrastrukturen knüpften sie an Geldwirtschaft und Warenproduktion im Profitinteresse, die strukturell grenzenlos sind. Daß es sich dabei um »nationale Aufgaben« handeln könnte, ist beiden Theorien fremd. Auch eine inhaltliche Definition, eine gegenständliche Auflistung dessen, was unter allgemeinen Produktionsbedingungen zu verstehen sei, fehlt. Sie widerspräche der Dynamik der Produktionsverhältnisse. Sicherlich gibt Smith die Beispiele des Straßen- und Brückenbaus und anderer physischer Infrastrukturen, wesentlich aber bleiben die Merkmale der gesellschaftlichen Nützlichkeit bei fehlender individueller Rentabilität. Diese Merkmale können in der Zeit schwanken: heute Nützliches kann morgen unnütz werden, wie heute Unrentables morgen rentabel hergestellt werden mag.
Mit der Überwindung territorialer Grenzen lösen sich die gesellschaftlichen Verhältnisse nicht auf, und der Staat kann nicht 'absterben'. Wohl aber muß staatliche Aktivität, muß 'Politik' sich selbst territorial entgrenzen und d.h. a-national werden, um weiterhin den Existenzbedingungen der Staatlichkeit entsprechen zu können. Daraus folgt auch, daß die Bedingungen politischen Widerspruches und von Opposition[3] neu definiert werden müssen, wenn sie sich umfassend äußern und Einfluß nehmen wollen. Demokratisierung der Gesellschaft muß dann auch Demokratisierung supranationaler Organisationen heißen.
In dieser Perspektive gewinnen der Verlauf und die Behandlung der eingangs erwähnten Währungskrise eine ganz andere Dimension. Sie belegt nicht die Unersetzbarkeit nationaler (Geld-)Politik, sondern vielmehr die Hilflosigkeit fragmentierter politischer, demokratisch ohnehin wenig legitimierter Kompetenzen angesichts eines weltweit hoch integrierten und volatilen Finanzmarktes. Die nichtigsten Auslöser haben in den letzten Jahren diesen Markt an den Rand von Zusammenbrüchen geführt, in die eine

3 Wie sie H. Gerstenberger, op.cit., zu Recht einfordert.

grenzenlose Konkurrenz treiben muß, wenn sie nicht in durchsetzungsfähiger, d.h. auf demselben entgrenzten Niveau angesiedelter Geld- und Kreditpolitik und -gesetzgebung vor sich selbst geschützt wird.
Diese Überlegungen sind selbstverständlich nicht auf die (Interpretation der) Währungskrise beschränkt, sondern gelten allgemein. Nachdem die Transnationalisierung der Ökonomie die substantielle Basis des Nationalstaates untergraben hat, bleibt doch die Notwendigkeit zur disziplinierenden und Gesellschaftlichkeit herstellenden Staatlichkeit erhalten, und es mag sein, daß die weltweit zu beobachtenden Deregulierungen nicht ein Triumph des Neoliberalismus sind, sondern das Abräumen von wirkungslos gewordenem und nur mehr einengendem Wirtschaftsrecht, das nun auf internationaler Ebene wiederaufleben muß: zunehmende Flugzeugabstürze, Tankerhavarien, Umweltzerstörungen, Schwindelfirmengründungen und andere »Katastrophen« beweisen täglich, daß Anlaß und Notwendigkeit von Regulierungen nicht weggefallen sind.
Offensichtlich sind weder solche Regulierungen noch das öffentliche Steueraufkommen noch die Auslagen der Infrastrukturen noch insgesamt die staatsmonopolitische Gewalt zur Erhaltung der Produktionsverhältnisse an eine nationale Grenze oder Identität gebunden. Ebenso offensichtlich setzen sich globale, weltstaatliche Regulierungen und Politiken in multilateraler Rechtsschöpfung wie in tatsächlicher Übung von hochuniformisierten und standardisierten Finanz-, Wirtschafts-, Sozial- und Infrastrukturpolitiken durch. Soweit solche Politiken durch Finanztransfers aus Ländern mit höheren in Länder mit geringeren Steueraufkommen begleitet werden, werden sie Entwicklungspolitik genannt. Dieser Begriff ist irreführend, da es sich um nichts anderes als um struktur- und regionalpolitische Finanzausgleiche handelt, nicht aber darum, unterentwickelten Gesellschaften zur Evolution zu verhelfen. Die Anschauung belegt, daß die Politiken nicht zentralistisch durchgesetzt werden oder werden müssen, sondern nach regionalen, föderalen, kommunalen, sektoralen und anderen dezentralisierenden Kriterien operationalisierbar gemacht werden können. Dies sind klassische Organisationsprinzipien des Staatshandelns und nicht zu verwechseln mit den territorialen Ein- und Ausgrenzungen des Nationalstaats.
Obwohl sich dieser Prozeß inkonsistent, widersprüchlich und wenig spektakulär vollzieht, findet er doch statt. Dabei ist offensichtlich, daß er sich reibungsloser dort vollzieht, wo es darum geht, die grenzenlose Mobilität von Kapitalinvestitionen zu gewährleisten. Ob als Vielzahl paralleler nationaler Politiken oder in der substantiellen Vereinheitlichung von allgemeinen Produktionsbedingungen und Wirtschaftsgesetzgebungen: Territoriale Grenzen spielen für Investitionsentscheidungen eine bereits jetzt vergleichsweise minimale und rasant abnehmende Rolle. Hingegen bleiben

territoriale Grenzen bedeutsam, um soziale Ungleichheiten und den status quo der Reichtumsverteilung zu zementieren. Die Masse der Weltbevölkerung würde heute mit dem Verlust nationaler Souveränität gewinnen und hätte bei Globalisierung der ökonomischen Verhältnisse alles Interesse, den Prozeß der politischen Globalisierung über die in gewisser Weise passive Antwort der Migration hinaus zu forcieren.

Es ist natürlich nicht auszumachen, ob es nicht politischer, ökonomischer, ökologischer und sozialer Katastrophen bedarf, um die Einsicht in die Unvermeidbarkeit politischer Globalisierung zu erzeugen, und es ist ebenfalls nicht ausgemacht, ob die genannten Katastrophen noch als Katharsis wirken können. Die jüngere Geschichte hält einiges Material bereit, welches die Annahme nicht abwegig macht, daß die Einsichtsfähigkeit besonders dann getrübt ist, wenn wie auch immer definierte kollektive Identitäten in und durch den territorial begrenzten Staat realisiert werden sollen, wie sie heute auch wieder - wie eingangs erwähnt - für die Währungshoheit reklamiert werden. Die idealisierende Personifizierung des Staates, seine Interpretation als eines gefühls- und vernunftsbegabten Wesens oder klarer: Mannes, hat wahrscheinlich seine Wurzel in der frühen Identifizierung des Staates mit dem Prinzen. Sie ist dann aber besonders in der überaus erfolgreich aus Preußen exportierten hegelianischen Staatsphilosophie auf eine philosophische Basis gestellt worden, der schlechte politische Realität nichts anhaben konnte und die Pate gestanden hat nach der Geburt so vieler Vaterländer, in denen sich ein religiöses, rassisches, ethnisches, kulturelles, linguistisches oder klassengebundenes Ideal in kollektiver Identität verwirklichen sollte und wollte. Nicht erst seit heute könnten wir wissen, daß alle diese Gründungen, von vornherein zum Scheitern verurteilt, gescheitert sind, häufig genug nach Repression und blutigem Gemetzel. Der Staat trägt (nationale) Identität nicht. Versuche zu ihrer Verwirklichung in territorialen Grenzen müssen auf Minderheiten stoßen. Bisher ist es immer nur gelungen (und dabei wird es bleiben), diese Minderheiten als andersartig zu definieren, auszugrenzen und in Konsequenz zu liquidieren, nicht aber den Staat als Träger einer positiven Identität zu schmieden. So zahlreich sind diese Experimente und so eindeutig die Ergebnisse, daß sie eingestellt werden könnten. Hegel und Herder sind oft genug empirisch widerlegt. Auch widerlegt ist die Hoffnung, daß in den Experimenten sich eine neue Gesellschaft jenseits kapitalistischer Produktionsverhältnisse formierte. Nach ihrem Ende beginnt man erneut, identitätslose allgemeine Produktionsbedingungen zu erstellen. Ihnen ist Nationalität ebenso wenig wesentlich wie den Inhabern von Kapital oder von Arbeitskraft.

Literatur

Gerstenberger, H. 1992: Nationale Souveränität - ein »weißer Elefant«? *Leviathan* 1992, 436ff.

List, F. 1841: *Das nationale System der politischen Ökonomie.*

Marx, K. 1857: *Grundrisse der Kritik der politischen Ökonomie*, Berlin (Ost).

Schumpeter, J. 1918: *Die Krise des Steuerstaates.*

Senghaas, D. 1992: Weltordnung, aber welche? Weltökonomie und denationalisierte Staatlichkeit in der Perspektive Rolf Kniepers, *Blätter für deutsche und internationale Politik 1992*, S. 1069 ff..

Smith, A. 1776: *Eine Untersuchung über Natur und Wesen des Volkswohlstandes.*

Sombart, W. 1917: *Der moderne Kapitalismus*, Zweiter Band, 2. Aufl. 1917.

Wieacker, F. 1935: Eigentum und Eigen, *Deutsches Recht 1935*, S. 436 ff.

William C. Smith

Neoliberale Restrukturierung und die neuen Demokratien in Lateinamerika

1. Einleitung

Die lateinamerikanischen Demokratien erwartet in den 90er Jahren eine kritische Phase. Die zivilen Regimes, die in den 80er Jahren nach der Ablösung der Militärdiktaturen entstanden sind, haben ein gewisses Maß an institutioneller Stabilität und Konsolidierung erreicht; allerdings sind sie immer noch mit schweren ökonomischen Problemen konfrontiert. Die Politik des »freien Marktes«, die durch den sogenannten »Konsens von Washington«[1] gefordert wird, hat bescheidene Erfolge bei der Zähmung der Hyperinflation, der Einschränkung öffentlicher Haushaltsdefizite und der Erzeugung von Außenhandelsüberschüssen gebracht. In den meisten lateinamerikanischen Ländern jedoch hat sich das Ziel stabilen und nachhaltigen Wachstums als fast unerreichbar erwiesen. In der Folge hat ein starker Rückgang des Pro-Kopf-Einkommens in den meisten Ländern die Armut verschärft und ohnehin schon krasse Erscheinungen der Ungleichheit und der Konzentration von Einkommen und Reichtum noch verschlimmert. Die sehr bescheidene wirtschaftliche Erholung der Region, sowie jüngste Ereignisse wie der fehlgeschlagene Militärputsch in Venezuela und die Errichtung einer zivil-militärischen Diktatur in Peru, werfen daher beunruhigende Fragen nach den sozialen und politischen Konsequenzen der neoliberalen Restrukturierung auf. Besondere Beachtung in den Analysen der Periode nach dem Übergang verdienen die starke Erosion der staatlichen Fähigkeit, die wichtigen makroökonomischen Variablen zu

1 Elemente dieses »Konsensus« sind u.a. extensive Reformen des Staates (Privatisierung öffentlicher Unternehmen, fiskalische Reformen, scharfe Einschnitte bei den kompensatorischen Sozialausgaben, die Abschaffung von Subventionen für den Konsum und für »ineffiziente« Interessen von Produzenten, usw.); die Herstellung »richtiger Preise«, wobei die Erhaltung des makroökonomischen Gleichgewichts Vorrang hat; breit angelegte marktorientierte Reformen (Deregulierung und Entmonopolisierung des privaten Sektors, Flexibilisierung des Arbeitsmarktes, usw.); schließlich der wettbewerbsfähige Wiedereinstieg in die Weltwirtschaft (Liberalisierung des Handels, Förderung ausländischer Investitionen, usw.). Vgl. Williamson (1990), Malan (1990), Fanelli, Frenkel und Rozenwurcel (1990).

PROKLA. Zeitschrift für kritische Sozialwissenschaft, Heft 90, 23. Jg. 1993, Nr. 1, 72-93

steuern, und die problematischen Spannungen zwischen der durch die Forderungen der Weltwirtschaft verstärkten Logik des Marktes und dem Verlangen, die Partizipation der Bevölkerung und die Bürgerrechte über die politisch-institutionelle Arena der Wahldemokratie hinaus zu erweitern und zu institutionalisieren.

Vergleichende Analysen der marktorientierten Reformen in Lateinamerika haben, was die ökonomische Leistung anbelangt, kaum systematische Differenzen zwischen den Regimes ergeben. Allerdings können ein paar Verallgemeinerungen hinsichtlich der Unterschiede bei der Wahl makroökonomischer Strategien gemacht werden. Erstens zeigen politische und ökonomische Eliten in konsolidierten Demokratien wie in stabilen autoritären Regimes eine starke Präferenz für »orthodoxe«, marktorientierte Strategien der Stabilisierung und Strukturanpassung, wenn sie mit schweren ökonomischen Krisen konfrontiert sind. Die Priorität dieser Regimes ist die Umsetzung eines aufgeputzten Modells der Kapitalakkumulation auf der Basis einer wettbewerbsstärkeren, exportorientierten Eingliederung in die Weltwirtschaft.

Zweitens und im Gegensatz zur Situation in stabilen zivilen und autoritären Regimes zeigen die politischen und technokratischen Eliten in nicht konsolidierten »Übergangsdemokratien« Lateinamerikas im allgemeinen eine Neigung zu »heterodoxen« makroökonomischen Strategien, um den Problemen einer starken Auslandsverschuldung, stagnierenden Wachstums und dem Risiko einer Hyperinflation zu begegnen. Anstatt den Marktmechanismus die Preise »einrenken« zu lassen, sind die um ihre Wählerbasis besorgten Politiker und Politikstrategen in den neuen Demokratien stark versucht, in der Hoffnung auf eine rasche wirtschaftliche Erholung die »sichtbare Hand« eines aktivistischen Staates einzusetzen, ohne tiefe Rezessionen und die hohen sozialen Kosten, die normalerweise mit fehlgeschlagenen orthodoxen Strategien verbunden sind, in Kauf nehmen zu müssen (Stallings/Kaufman 1989; Haggard/Kaufman 1990).

Drittens hat sich, trotz der ernsthaften innovativen Anstrengungen in Ländern wie Argentinien, Brasilien und Peru, die Neigung zu heterodoxen Strategien seitens der neuentstandenen demokratischen Regimes als transitorisch und vor allem auf die ersten Phasen des Übergangs von militärischer zu ziviler Machtausübung beschränkt erwiesen. Die Strategie des »heterodoxen Schocks« in den Plänen von Austral, Cruzado und Inti, die Mitte der 80er Jahre in Argentinien, Brasilien und Peru implementiert wurden, ist aus einer Reihe von Gründen gescheitert, darunter den aphrodisierenden Wirkungen, die eine scheinbar »kostenfreie« Anpassung ohne politisch unpopuläre Maßnahmen wie Rezession, Arbeitslosigkeit und hohe Zinsen auf vom Volk gewählte Politiker ausübt. Die zögernde Umsetzung dringender Politikkorrekturen, ganz abgesehen von der Verschiebung »fundamentalerer« Reformen, ineins mit schwindender Unterstützung durch die Bevölkerung, haben dem »makroökonomischen Populismus« und gefährlichen hyperinflationären Episoden Bahn gebrochen, gefolgt durch immer härtere Stabilitätsprogramme, in deren Folge die sozialen Kosten noch höher stiegen (Dornbusch und Edwards 1991).

Beispielhaft ist die argentinische Erfahrung. Nach dem Abgang der Militärdiktatur im Jahr 1983 sahen sich Präsidenten mit sozialdemokratischen (wie Raúl Alfonsín von der zentristischen Radikalen Partei) wie populistischen Neigungen (wie der Peronist Carlos Menem) zunehmend gezwungen, orthodoxe politische Strategien einzusetzen, die auf den antistaatlichen Diskurs abgestimmt waren, der sich um die Regierungen Reagans und Bushs, die multilateralen Kreditinstitutionen und die internationalen Privatbanken ausbreitete. Im wesentlichen ähnliche Restrukturierungsprojekte wurden auch unter ganz anderen Bedingungen - und mit unterschiedlichem Erfolg - in Chile, Mexiko, Bolivien, Ecuador, Peru und Venezuela unternommen. In der gesamten Hemisphäre sind die kurzfristigen Stabilisierungspolitiken der frühen 80er Jahre der Forderung nach tiefgreifenden strukturellen Transformationen gewichen, die als Voraussetzungen eines marktgetriebenen oder »neoliberalen« Akkumulationsmodells betrachtet werden.[2]

2. Makroökonomische Logik, kollektive Akteure und Verteilungskämpfe

Eine kurze, äußerst stilisierte Darstellung der Krisenlogik der lateinamerikanischen Makroökonomie und der zugehörigen strategischen Konflikte zwischen den wichtigsten kollektiven Akteuren - staatlichen Eliten, Kapital und Gewerkschaften - mag dazu beitragen, die Dynamik der Hyperinflation und die Verbreitung eines politisch wie mikroökonomisch spekulativen Verhaltens zu erklären, die der drastischen Verengung internationaler wie innenpolitischer Handlungsspielräume zugrundeliegen. Es ist diese schein-

---

2 Zur Entwicklung des orthodoxen Denkens in den 80er Jahren s. Kahler (1990). S. Cavarozzi (1992) für eine scharfsinnige Analyse des Zusammenbruchs der »staatszentrierten Matrix«, der den Strategien des freien Marktes Bahn gebrochen hat. Der Begriff »Neoliberalismus« wird in diesem Artikel eingesetzt, um das Augenmerk auf die heutigen Anhänger der »Puristen« der Nachzwanziger (Friedrich Hayek, Ludwig von Mises, Wilhelm Röpke) zu lenken, die über die Verteidigung ausgeglichener Budgets, nichtregulierter Märkte und Angriffe auf staatliche Intervention hinausgehen und die schädlichen Auswirkungen der staatlichen Verfilzung mit monopolistischen und oligopolistischen Interessen im privaten Sektor und mit der organisierten Arbeiterschaft kritisieren. Für eine eingehende Diskussion vgl. Nylen (1992).

bar unausweichliche Verengung des Entscheidungsspielraums, der Regierungen unterschiedlicher ideologischer Färbung dazu zwingt, auf neoliberale Restrukturierungsprojekte zu setzen.[3] Diese Exkurse mögen auch etwas Licht auf die Schwierigkeiten und Handlungsschranken werfen, die solche Projekte für Parteien, Basisbewegungen und andere politische Kräfte bilden, die für die Konsolidierung der neuen Demokratien und eine breitere und tiefere Partizipation der Bevölkerung arbeiten.

In vielen lateinamerikanischen Ländern hat die Schuldenkrise zu einem perversen Prozeß wirtschaftlicher Desartikulation, besonders im industriellen Sektor, geführt. Diese Desartikulation der produktiven Struktur hat die ohnehin schon schwerwiegenden Probleme der Arbeitslosigkeit und Unterbeschäftigung noch verschärft und das phänomenale Wachstum des sogenannten »informellen« Sektors stark beschleunigt. Während des »verlorenen Jahrzehnts« der 80er Jahre brach das Pro-Kopf-Einkommen (allen voran die Rückgänge in Argentinien, Venezuela und Bolivien um etwa 25%) auf ein Niveau herunter, das man vor fünfzehn oder zwanzig Jahren erreicht hatte; der Statistik der Vereinten Nationen zufolge ist Armut gegenwärtig das Schicksal von 40% der Lateinamerikaner. In vielen Ländern hat ein scharfer Rückgang der Sparquote und der öffentlichen und privaten Investitionen die Fähigkeit stark eingeschränkt, beim schwindelerregenden technologischen Fortschritt mitzuhalten, der anderswo in der Weltwirtschaft stattfindet. Diese durchgängigen sozialen und wirtschaftlichen Veränderungen hängen eng mit dem Prozeß der externen Anpassung zusammen - u.a. mit massiver Kapitalflucht und dem darauf folgenden Nettotransfer von Kapital (durchschnittlich 25-30 Mrd.$ p.a.) während der 80er Jahre (Frenkel und Rozenwurcel 1989).

Trotz der großen Handelsüberschüsse, die durch den Anpassungsprozeß erzeugt wurden, gibt es weiterhin Zahlungsbilanzdefizite, die zu einer fortgesetzten Akkumulation von Auslandsschulden führen. Kompliziert wurde diese Situation häufig durch den relativ geringen Zufluß von ausländischem Kapital, durch den Rückgang der Warenpreise auf dem Weltmarkt und in vielen Ländern durch die fortgesetzte Kapitalflucht nach Übersee. Unter starkem Druck der Gläubigerbanken, des Internationalen Währungsfonds und der Regierungen entwickelter Länder hat der Staat selbst diesen Kapitaltransfer finanziert, indem er die Verantwortung für die Tilgung des Großteils der Auslandsschulden übernommen hat, einschließlich der ursprünglich im privaten Sektor gemachten Schulden. Viele Regierungen ha-

3 Für hervorragende vergleichende Analysen der Faktoren, die eine Verschiebung der ökonomischen Strategien veranlassen, vgl. Gourevitch (1986); Gereffi und Wyman (1990); Haggard (1990).

ben damit zu ihrer eigenen Kapitalauszehrung und der damit verbundenen Finanzkrise des Staates beigetragen.

Diese Entschuldung einheimischer Investoren und der gigantische Kapitaltransfer zu internationalen Banken und multilateralen Institutionen wie der Weltbank und dem Internationalen Währungsfonds, führte zusammen mit einer unkontrollierten monetären Expansion im Inland zu einer schweren Finanzkrise des Staates, so daß sich die Regierungen gezwungen sahen, kurzfristige Anleihen mit sehr hohen Realzinssätzen aufzunehmen (Carciofi 1990). Auf der anderen Seite führten extrem hohe Zinssätze und schnelle Fluktuationen des Realeinkommens verschiedener Klassen und Sektoren der Bevölkerung zu Arbeitslosigkeit und Rezession, zu einem verschärften Inflationsdruck und andauernder makroökonomischer Instabilität. Eine hohe Inflation - und deren Beschleunigung in wichtigen konjunkturellen Phasen - in Argentinien, Brasilien, Bolivien, Peru und anderswo, ist jedoch nicht allein die Folge ökonomischer Faktoren. Viele Politiker, Politikstrategen und große Parteien haben systematisch versucht, die politischen Kosten, die mit den für den Stopp der Inflationsspirale notwendigen sozialen Opfern verbunden sind, ganz zu vermeiden oder zumindest zu verschieben. Desgleichen ist der Widerstand städtischer Unternehmer, landwirtschaftlicher Interessen, der Mittelklassen und der organisierten Arbeiterschaft gegen Kürzungen ihres Realeinkommens ein wesentlicher Faktor für die anhaltende Inflation und eine vorrangige Ursache ihrer Beschleunigung.

Dieses Tauziehen läßt eine »Inflationskultur« entstehen, die die meisten Bürger, unabhängig von ihrer sozialen Klasse und wirtschaftlichen Stellung, dazu veranlasst, sich in der rationalen Erwartung einer entweder hoch bleibenden oder noch steigenden Inflation defensiv zu verhalten.[4] Das verbissene Streben nach kurzfristigen Profiten prägt das mikroökonomische Verhalten von Firmen, öffentlichen Unternehmen, Gewerkschaften und einzelnen Sparern und Investoren, die damit ein außerordentlich hohes Maß an Verteilungskonflikten erzeugen. Während der Staat finanziell praktisch kollabierte, wurde der Markt zum Hauptmechanismus der Allokation von Einkommen und der Regulation grundlegender gesellschaftlicher Konflikte.

In diesen Verteilungskonflikten kommen eine allgemeine Logik aller kapitalistischen Ökonomien wie auch einige besondere Merkmale zum Ausdruck, die mit der Existenz riesiger Auslandsschulden zusammenhängen. Unter solchen Umständen bieten sich eine Reihe verschiedener strategi-

4 Vgl. Alt und Chrystal (1983) für eine Diskussion der »erwartungsverstärkten Phillips-Kurve«.

scher Interaktionsmuster an. In der gegenwärtigen politischen Machtkonfiguration werden Regierungen, die versuchen, ein Stabilitätsprogramm im Kontext von Rezession und stagnierendem Wachstum durchzusetzen, fast unausweichlich mit einer Nullsummen-Situation konfrontiert sein, die der organisierten Arbeiterschaft, Sektoren der Mittelklasse und schwächeren industriellen und Handelsinteressen unweigerlich Einkommensverluste aufzwingen wird. Hinzu kommt, daß Regierungen bei hoher Nettoabwanderung von Kapital nicht nur mit den normalen Verteilungskämpfen, die mit intersektoralen Einkommenstransfers durch hohe Inflation verbunden sind, zu Rande kommen müssen, sondern gleichzeitig auch mit den Konflikten und Frustrationen, die von einer Wachstumskurve herrühren, die weit unter der potentiellen Akkumulationsrate der Wirtschaft bleibt. Unter diesen Bedingungen kann sich ein Nettoverlust an kollektivem Reichtum einer Gesellschaft einstellen. Wenn sich diese allgemeine Logik mit den spezifischen Bedingungen in den meisten lateinamerikanischen Ländern verknüpft, werden die sozialen und politischen Kosten der Stabilisierung und strukturellen Anpassung an eine demokratische Regierungsform exponentiell steigen.

Obwohl eine ökonomische Erholung und geringere Inflationsraten theoretisch »öffentliche Güter« und daher vermutlich im Interesse aller gesellschaftlichen Sektoren sind, stellen Stabilisierungs- und Anpassungspolitiken dennoch schwierige kollektive Handlungsprobleme dar. Aufgrund der komplexen, zeitverschobenen Abgleichprozesse von Gewinnen und Verlusten werden alle Akteure versuchen, die Kosten der Austerität und Restrukturierung auf andere abzuwälzen. Diese Versuche, anderen die Last aufzuhalsen, führen zu scharfen Verteilungskonflikten und zu einem Muster der strategischen Interaktion zwischen Klassen und Sektoren, das stark an das »Gefangenendilemma« erinnert. In diesem Spiel mit gemischten Motiven müssen sich die Teilnehmer entscheiden, ob sie in der Verfolgung gemeinsamer Interessen kooperieren oder einen maximalen einseitigen Vorteil anstreben. Ein hohes Maß an Unsicherheit über die makroökonomische Politik, zusammen mit anhaltenden Zweifeln an der Stabilität des demokratischen Regimes selbst prägen Gewinne und Verluste der wesentlichen Protagonisten - staatlicher Eliten, unternehmerischer Interessen und organisierter Arbeiter - dergestalt, daß sie den Anreiz für jeden Akteur erhöhen, sich fürs »Ausscheren« oder die Nicht-Kooperation als dominante Strategie zu entscheiden und zu versuchen, ihre Interessen unabhängig von den Strategien der jeweils anderen zu schützen. Obwohl einige Individuen oder spezifische Sektoren riesige Gewinne einfahren können, wenn alle kollektiven Akteure sich absichtlich konfrontativ verhalten, laufen selbst kurzfristige »Gewinner« Gefahr, zu langfristigen »Verlierern« zu werden. Vom

Standpunkt der Gesellschaft als Ganzer wird das wahrscheinliche Ergebnis daher suboptimal sein und zu höherer Inflation, geringerer Effizienz der Investionen, zu stagnierendem Wachstum, größerer sozialer Ungleichheit und ziemlich sicher zu einer Eskalation politischer Konflikte führen.[5] Natürlich mögen einige Individuen und spezifische Akteure beträchtliche Gewinne einstreichen, indem sie sich weigern, eine niedrigere Inflationsrate als »öffentliches Gut« zu betrachten. In Ländern, die unter endemischer Inflation leiden, hängen die Profite vieler Firmen in hohem Maße von finanzieller Spekulation und nicht von der Produktion und Verwertung von Gütern und Dienstleistungen ab. Reiche Einzelsparer und Firmen mit liquiden Mitteln haben mächtige Anreize, nicht zu kooperieren. Tatsächlich »spielen« viele der großen Unternehmen mit der Inflation, indem sie ihre Strategien und Produktionsstrukturen so wählen, daß sie Einnahmen, wie etwa die vorläufig einbehaltenen Umsatzsteuern (manchmal bis zu 60-70% des Endverkaufspreises für einige Waren, etwa bei Zigaretten) für kurzfristige spekulative Investitionen auf Finanzmärkten einsetzen. Für solche Firmen könnte eine niedrigere Inflation größere Verluste bedeuten. Von rhetorischen Bekenntnissen zur liberalen Wirtschaftsform abgesehen überrascht es daher nicht, daß einige Firmen und *grupos económicos* ein »rationales« Interesse daran haben könnten, sich aktiv einer Politik zu widersetzen, die monetäre Stabilität verheißt.

Die Rationalität von Akteuren unter Bedingungen, die durch ein hohes Maß an Verteilungskonflikten geprägt sind, unterstreicht die zentrale Bedeutung von Unsicherheit in konkurrenzdemokratischen Systemen.

> »Der Prozeß des Aufbaus einer Demokratie besteht in der Institutionalisierung von Ungewißheit, der alle Interessen unterworfen werden. In einem autoritären Regime haben einige Gruppen, normalerweise die Streitkräfte, die Fähigkeit zu intervenieren, wann immer das Ergebnis eines Konflikts ihrem Programm oder ihren Interessen zuwiderläuft. ... In einer Demokratie ist keine Gruppe in der Lage einzugreifen, wenn die Ergebnisse von Konflikten die aus ihrer Sicht eigenen Interessen verletzten. Demokratie heißt, daß alle Gruppen ihre Interessen unter die Prämisse der Ungewißheit stellen müssen.« (Przeworski 1986, 58; 1988).

Was ist aus dieser Einsicht für die Frage der Konsolidierung neuer Demokratien zu folgern? Eine erfolgreiche Konsolidierung wird weitgehend davon abhängen, ob die gewählten Politiker und Politikmacher in der Lage sind, die zersetzende Logik des Verteilungskampfs zu entschärfen und so-

5 Es ist erhellend, daß die spieltheoretische Literatur jene Akteure als »Grünschnäbel« bezeichnet, die angesichts des nichtkooperativen Verhaltens anderer ihrerseits kooperative Strategien verfolgen. Theoretisch ist in aufeinanderfolgenden Gefangenendilemma-Spielen mit einer kleinen Teilnehmerzahl die beste Strategie »tit-for-tat«, eine Strategie, die, wiederum in der Theorie, zu sozialem Lernen führen könnte, wenn Akteure entdecken, daß Kooperation bessere Ergebnisse bringt. Vgl. Lipnowski und Maital (1985). Vgl. a. die provokante Analyse des »Schattens der Zukunft« in Axelrod (1984) und die allgemeine Diskussion in Tsebelis (1990).

ziales Lernen (Kooperation durch aufeinanderfolgende Runden strategischer Interaktion) zu fördern, indem sie Regeln und Prozeduren schaffen, die auf einem ausgehandelten Konsens beruhen, der durch starke und autonome gesellschaftliche und politische Institutionen gestützt wird. Neokorporatistische institutionelle Arrangements, die aus »gesellschaftlichen Pakten« bestehen und traditionelle Mechanismen der Repräsentation (wie Parlamente und Parteien) ergänzen sollen, könnten von daher zu stärkerer Kooperation und Lastenteilung führen - den Voraussetzungen für eine erfolgreiche Stabilisierung unter einem demokratischen Regime.[6] Unglücklicherweise sind jedoch in Lateinamerika Versuche, »freiwillige« Pakte zu schmieden, kläglich gescheitert. Weiterhin waren »hobbesianische Lösungen«, bei denen gewählte technokratische Eliten in demokratischen Regierungen versuchen, ohne Verhandlungen mit kapitalistischen Interessengruppen und den Gewerkschaften neue Spielregeln durchzusetzen (wobei formaldemokratische Prozeduren allerdings eingehalten wurden), bisher kaum erfolgreicher.[7] »Abgestimmte« Regeln oder Prozeduren sind entweder nicht geschaffen worden, oder aber die Spitzenorganisationen von Kapital und Arbeit wurden durch mörderische Konflikte zerrissen und hatten nicht die Legitimität und die Ressourcen, um ihre Anhänger zu disziplinieren, jedenfalls viel zu wenig, um der Gegenseite oder dem Staat verläßliche Gesprächspartner zu sein. Darüber hinaus wird die Ungewißheit, was den künftigen Austausch zwischen den »Partnern« des Pakts angeht, noch verschärft durch die Krise des Staates und die Schwäche der nationalen Ökonomie gegenüber ausländischen Gläubigern und den Unwägbarkeiten der internationalen Märkte. In einem solchen Kontext werden öffentliche und private Akteure langfristige Verpflichtungen vermeiden und rational handeln, indem sie kurzfristige Vorteile maximieren.[8]

---

6 Die Literatur zum Neokorporatismus ist gut bekannt. Für eine Artikelauswahl vgl. Schmitter und Lehmbruch (1979); Katzenstein (1985); Panitch (1977). Wie das empirische Material in Crepaz (1992) zeigt, ist der Korporatismus in Europa immer noch lebendig.

7 Die Durchsetzung neuer Regeln bedeutet nicht automatisch eine Rückkehr zur autoritären Politik. Im Kontext von Hyperinflation, Rezession, hoher Arbeitslosigkeit usw. werden viele Sektoren, manchmal auch die großen politischen Parteien, die im Parlament vertreten sind, tatsächlich durchgreifende Maßnahmen einer »starken« Exekutive gutheißen. Zu »hobbesianischen Lösungen« kollektiver Handlungsprobleme unter demokratischen Bedingungen vgl. Acuna (1992).

8 Die relative Schwäche vieler Schlüsselelemente korporatistischer Systeme (bilaterales Repräsentationsmonopol, starke Disziplinierung der einfachen Mitglieder durch die Spitzenorganisationen usw.) trägt zur Erklärung der Vorherrschaft von Situationen bei, die dem »Gefangenendilemma« ähneln. Allerdings werden die Voraussetzungen einer strategischen Kooperation zwischen Antagonisten wie Kapital und Arbeit durch die relativ unerforschte spieltheoretische Situation verdeutlicht, die als »Kampf der Geschlechter« bezeichnet wird. Vgl. Scharpf (1991) für eine klärende Diskussion.

Unabhängig von der verfolgten Strategie - sei es ein freiwilliger Pakt, seien es nicht ausgehandelte staatliche Maßnahmen - waren die mit der Abstimmung makroökonomischer Zusammenarbeit beauftragten staatlichen Institutionen bisher äußerst zurückhaltend, wenn es darum ging, für die Umsetzung eines Pakts Teile ihrer Entscheidungsmacht an Unternehmens- oder Gewerkschaftsvertreter abzugeben. Absichten hin oder her, die meisten zivilen Regierungen waren bisher nicht in der Lage, die erforderlichen Verwaltungskapazitäten zu mobilisieren, um Sanktionen gegen Regelverletzer durchzusetzen, die vereinbarte Preise, Löhne oder Investitionsziele nicht einhielten. Das Scheitern gesellschaftlicher Pakte und die Unfähigkeit politischer Parteien und parlamentarischer Mechanismen, gesellschaftliche Erfordernisse zu artikulieren und zu kanalisieren, haben die Konsolidierung eines demokratischen Klassenkompromisses verhindert. Letzlich führten diese Fehlschläge zu einem rückläufigen sozialen Lernprozeß hinsichtlich der negativen *pay-offs*, die von kooperativem Verhalten erwartet werden. Dadurch werden partikularistische Strategien ermutigt, die auf die Maximierung der Nominallöhne und Profite abzielen, und gegenläufige Anreize geschaffen, die zur Eskalation der Trittbrettfahrerkonkurrenz führen: Städtische Kapitalisten, ländliche Produzenten, Gewerkschaften und die Mittelklassen versuchen allesamt, die Kosten der Stabilisierung und strukturellen Anpassung auf die jeweils anderen, auf nicht organisierte Gruppen oder auf den Staat abzuwälzen (Smith 1992).

Dieses Muster strategischer Konflikte zwischen den bedeutendsten kollektiven Akteuren macht eine zentrale Lebenstatsache in vielen neuen (und alten) Demokratien deutlich, die marktorientierte Reformen durchführen: die Stärkung des privaten Kapitals (das beträchtliche Vetomacht über die makroökonomische Politik innehat) und die korrespondierende Schwächung der staatlichen Fähigkeit, die Wirtschaft zu regulieren bzw. in Klassen- und sektoralen Konflikten zu vermitteln.[9] Die privilegierte Position des Kapitals wird verdeutlicht durch den vom *Ambito Financiero* (eine führende Finanzzeitung aus Buenos Aires) so genannten »Marktputsch«, eine neue Form der politischen Destabilisierung, die häufig zu durchgreifenden Umbesetzungen im wirtschaftlichen Expertenstab der Regierung führt und/ oder größere Strategieverlagerungen im Sinne der Unternehmensforderungen erzwingt. Marktputsche werden normalerweise

> »durch Spekulanten verursacht, ... weil sie die ersten sind, die bemerken, daß [Devisen-] Reserven verloren gehen, daß in exzessivem Ausmaß ungedecktes Papiergeld gedruckt wird, daß

---

9 Vgl. Frieden (1991) für eine anregende Erklärung der Rolle verschiedener Typen ökonomischer Ausstattungen und verschiedener Ebenen des Klassenkampfs bei der Formung von unternehmerischen Strategien und der staatlichen Politik der Stabilisierung und strukturellen Anpassung.

mehr Staatsbedienstete eingestellt werden, die feststellen, ob es Korruption gibt oder nicht, ob die Staatsausgaben reduziert werden oder nicht. Der Vorteil dieses Mittels, Veränderungen der staatlichen Politik oder des wirtschaftlichen Expertenstabs zu erzwingen, ist, daß ein 'Marktputsch' demokratisch ist und ohne Militär auskommt« (*Ambito Financiero* 1989).

3. Pfade der neoliberalen Restrukturierung

Grob gesagt ist genau dies in Argentinien und Brasilien geschehen. Die Bemühungen ziviler Regierungen unter Raúl Alfonsín (1983-89) und José Sarney (1985-90) um eine neokorporatistische Abstimmung der heterodox geprägten makroökonomischen Politik mit staatlichen Eliten, Unternehmensinteressen und Gewerkschaften sind kläglich gescheitert. Alfonsín wie Sarney verfolgten Strategien, die rhetorisch und symbolisch einem »freiwilligen« Bündnis mit Kapital und Arbeit verpflichtet waren. In Wirklichkeit allerdings war die Umsetzung der Pläne von Austral und Cruzado zur Bekämpfung der Inflation mittels einer heterodoxen Politik näher an der »hobbesianischen Lösung« staatlich durchgesetzter Regeln und makroökonomischer Politik, ohne Verhandlungen mit Kapital oder Arbeit (Smith 1989b; Acuna 1989, 1992). Im Hinblick auf das niedrige Niveau der politischen Institutionalisierung standen das Parteiensystem und parlamentarische Mechanismen der Interessensartikulation und -aggregation unter starkem Druck, das politische Vakuum auszufüllen. Dieses institutionelle Scheitern ebnete in beiden Ländern den Weg für den Einsatz orthodoxer wirtschaftlicher Maßnahmen, deren soziale und politische Konsequenzen zu den ernsten Problemen der demokratische Regierungsfähigkeit beitrugen (Smith 1990; Sola 1989).

Carlos Menem trat die argentinische Präsidentschaft 1989 bei einer galoppierenden Inflationsrate von monatlich 200% an. Menem forderte seine Mitbürger auf, sich auf eine »strenge, kostenträchtige und tiefgreifende Anpassung« vorzubereiten, die eine »große Operation ohne Betäubung« erfordere. Zunächst kam es zu einer neuen Runde der Hyperinflation, dann zur »Hyperrezession«, der eine prekäre Geldstabilität mit einer recht bescheidenen Wiederbelebung bestimmter Wirtschaftssektoren folgte. In der Konsequenz wurden durch eine regressive Einkommensumverteilung und eine Senkung des Lebensstandards für die Mehrheit der Bevölkerung die oberen Einkommensschichten bereichert, während eine wachsende Konzentration der Kontrolle über die Produktionsmittel lokalen *grupos económicos* und ihren transnationalen Partnern zugutekamen. Trotz der hohen sozialen Kosten stärkte der Sieg über die Hyperinflation kurzfristig die Popularität Menems und der peronistischen Partei (Smith 1992).

In Brasilien folgte dem hyperinflationären Debakel am Ende der Amtsperiode Sarneys der autokratische Politikstil der Regierung von Fernando

Collor de Mello, die häufig die verfassungsrechtlich dubiosen sogenannten »provisorischen Maßnahmen« mißbrauchte. Die Regierung Collor hatte keinen Erfolg bei der Stabilisierung, während die Privatisierungsbemühungen und die Handelsliberalisierung aufgrund der Opposition gewisser Geschäftsinteressen, bürokratischer Inkompetenz und angeblicher Amtskorruption seitens des Präsidenten und seiner Gefolgschaft behindert wurden. Das Scheitern der als Collor I und Collor II bekannten Wirtschaftspläne, das mit dem Wiederanstieg der Inflation auf monatliche Raten von 20% und mehr offensichtlich war, führte zum krassen Verlust der ursprünglichen Popularität der Regierung (Crabtree 1991). In der Folge stieg der Druck seitens der Bevölkerung, die Verfassung von 1988 durch ein nationales Plebiszit zu reformieren, in der Hoffnung, daß der Übergang zu einem parlamentarischen Regime zu größerer politischer Stabilität und Kohärenz der makroökonomischen Politik führen werde.

Der Pfad in Richtung Neoliberalismus verlief in anderen Ländern etwas anders. In Chile wurde der Neoliberalismus mit Waffengewalt unter der Diktatur Pinochets durchgesetzt (Silva 1992). Allerdings verdeutlichen die makroökonomischen und sektoralen Politiken des christdemokratischen Präsidenten Patricio Alwyn, daß die verführerische (und zwingende) Macht des neoliberalen Denkens in der nachautoritären Periode weiterbesteht, selbst in einer Koalitionsregierung, in der Mitte-Links-Kräfte vertreten sind (Vergara 1992). Stetiges ökonomisches Wachstum, eine niedrige Inflation und die starke Unterstützung der Regierung Alwyn bei den Wahlen zeichnen Chile als Musterbeispiel demokratischer Herrschaft mit liberaler Wirtschaftspolitik aus. In Mexiko hat die Regierung Carlos Salinas de Gotari von der Partei der institutionellen Revolution (PRI) bedeutende Wirtschaftsreformen mittels staatlich arrangierter »Solidaritätsbündisse« durchgeführt, wobei der größte Teil der Kosten von den Arbeitern, Bauern und Sektoren der Mittelklasse getragen wird. Die grundlegenden Prioritäten dieser eher staatskorporatistischen Variante der Politikabstimmung sind die Erlangung eines neuen und dauerhafteren makroökonomischen Gleichgewichts sowie Neuverhandlungen über die Außenschulden, wobei die Privatisierung von Staatsunternehmen und die Förderung ausländischer Investitionen ebenfalls mit Kräften verfolgt werden. Das Herzstück der mexikanischen Politik der Finanz- und Handelsliberalisierung ist das vorgeschlagene »Nordamerikanische Freihandelsabkommen« mit den Vereinigten Staaten und Kanada. Eine bescheidene ökonomische Wiederbelebung und drastisch reduzierte Inflationsraten wurden erreicht, dies jedoch um den Preis schärfer werdender klassenförmiger und regionaler Disparitäten. Sicherlich ist die Regierbarkeit wieder hergestellt, aber die Auswirkungen der neoliberalen Reformen auf die politische Liberalisierung und schließliche De-

mokratisierung des hochflexiblen und anpassungsfähigen mexikanischen Autoritarismus sind bestenfalls zwiespältig (Heredia 1992; Haber 1992).
Der Einzug neoliberaler Politik in Venezuela kommt von unvermuteter Seite, nämlich infolge der Wiederwahl des einst ausgabefreudigen Präsidenten Carlos Andrés Pérez von der sozialdemokratischen *Accíon Democrática*. Unter Druck seitens der US-Regierung und den internationalen Gläubigern Venezuelas, führte die Regierung Pérez eine Reihe marktorientierter Reformen durch, die zur Wiederherstellung eines raschen Wirtschaftswachstums führten (9,2% im Jahr 1991), aber auch zu verbreiteter Korruption und verschärften sozialen Ungleichheiten beitrugen. Die wachsenden politischen Spannungen brachen schließlich 1992 im Versuch eines Militärputsches mit rechtspopulistischen Untertönen auf. Obwohl er schnell niedergeschlagen wurde, sind der Putsch und der zunehmende Druck seitens der Bevölkerung, die Wirtschaftreformen aufzugeben, symptomatisch für die potentielle Verheerung selbst lange Zeit institutionalisierter politischer Systeme durch die neoliberale Politik; tatsächlich erinnern die Ereignisse in Venezuela dramatisch an die Gefahren einer »Dekonsolidierung« der Demokratie (IRELA 1992).
Die Umsetzung neoliberaler Politik in den Zentralanden kam in Bolivien unter Víctor Paz Estenssoro (1985-88) und seinem Nachfolger, Jaime Paz Zamora, rasch voran, während es mit marktorientierten Reformen in Ecuador unter León Febres Cordero (1984-88) und Rodrigo Borja (1988-92) etwas gemächlicher ging. Allerdings könnte die Wahl von Sixto Durán Bellén im Juli 1992, einem den Unternehmern nahestehenden Konservativen, neue Bemühungen um rasche ökonomische Liberalisierung signalisieren. In Peru wurden erste Schritte in Richtung Marktreformen unter Fernando Belaúnde Terry (1980-85) durch die heterodoxe Administration von Alain García (1985-90) unterbrochen, allerdings nur, um mit neuem Elan in der Form des »Fujischocks« von Alberto Fujimori nach dessen überraschendem Wahlsieg von 1990 wiederaufgenommen zu werden (Conaghan, Malloy und Aubgattas 1990; Pastor und Wise 1992).
Die vielfältigen Spannungen zwischen demokratischer Regierung und radikalem Neoliberalismus kulminierten im April 1992 in einer Krise, als Fujimori die Verfassung außer Kraft setzte und das Parlament und die Rechtsprechung lahmlegte. Obwohl die Kämpfe gegen den Drogenhandel und den *Sendero Luminoso* mehr öffentliche Aufmerksamkeit gefunden haben, trat ein wesentliches Motiv des vom Militär unterstützten Putsches in Fujimoris frontalen Angriffen auf den Kongreß und die Oppositionsparteien und damit auf die Demokratie selbst zutage, welche er beschuldigte, die radikalen ökonomischen Reformen der Exekutive zu blockieren. Der zivil-militärische Coup in Peru ist nur ein extremes Beispiel für einen be-

unruhigenden Trend in den Zentralanden zur »starken Präsidentschaft« mit unmißverständlich autoritären Untertönen (Conaghan 1992). Tatsächlich wurde vermerkt, daß die Affinität von autokratischem Politikstil und dem »Konsens von Washington« über marktorientierte Reformen »dazu führt, die repräsentativen Institutionen zu untergraben, die Politik zu personalisieren und ein Klima zu erzeugen, in der Politik auf Vorgaben reduziert wird, auf das Verlangen nach deren Einlösung. Selbst wenn neoliberale Reformpakete ökonomisch in Ordnung sind, führen sie häufig zu einer Voodoo-Politik« (Bresser Pereira, Maravall und Przeworski 1992).

4. Neoliberalismus, Privatisierung des Staates und »Elitisierung der Politik«

Obwohl der neoliberalen Restrukturierung unbestreitbar eine gewisse Logik eignet und sie gewiß durch die »Weltordnung nach dem Kalten Krieg« und die gegenwärtigen Transformationen der Weltwirtschaft begünstigt wird, bleiben die sozialen Folgen und die politischen Implikationen dieser Projekte höchst kontrovers (Vacs 1992).

Die in den vergangenen Jahren zu verzeichnende drastische Erosion der Fähigkeit lateinamerikanischer Staaten, die inneren Kosten der zunehmend prekären Eingliederung ihrer Ökonomien in das sich rasch wandelnde internationale wirtschaftliche Umfeld zu dämpfen, ist für die Erklärung der offenbar unerschöpflichen Dynamik neoliberaler Reformen absolut zentral. Dies heißt allerdings nicht, daß »interne« Faktoren keine Rolle spielen. Die innenpolitische Durchsetzbarkeit von marktorientierten Reformen wird in hohem Maße von folgenden Faktoren abhängen: (1) von der sich ändernden Machtbalance in den Beziehungen von Staat und herrschenden ökonomischen Gruppen innerhalb der Unternehmerklasse und (2) von der Fähigkeit der Mittelklassekonsumenten, der Gewerkschaften und der Basisbewegungen, zusammen mit den schwächeren Fraktionen des städtischen und ländlichen Kapitals, die Übernahme der riesigen sozialen Kosten zu verweigern, die durch die permanente Schrumpfung des Staates und den Versuch entstehen, uneingeschränkt konkurrenzfähig in die Weltwirtschaft einzutreten.

Betrachtet man das Verhältnis von Staat und gesellschaftlicher Macht, stößt man auf einen schlagenden Widerspruch. Einerseits verlangen neoliberale Rezepte die Eindämmung des Staates und eine Schwächung der staatlichen Mechanismen makroökonomischer Regulation; andererseits muß der Staatsapparat (obwohl er personell neu besetzt ist und die zentralen Politiknetzwerke an kapitalistische Interessen geknüpft sind) zusätzliche Aufgaben (für die es wenig gesellschaftliche Legitimation gibt) zur

Stützung des marktgetriebenen Akkumulationsmodells übernehmen. Tatsächlich könnte eine größere wirtschaftliche Autonomie durchaus nicht weniger, sondern mehr Autonomie gegenüber den unmittelbaren Forderungen spezifischer unternehmerischer Interessengruppen erfordern, obwohl diese erweiterte Autonomie, um wirksam zu werden, in ausgedehnte öffentliche und private Politiknetzwerke »eingebettet« sein muß. Desgleichen könnte eine strengere Orthodoxie nicht auf weniger, sondern auf mehr staatliche Koordination und Führung des privaten Sektors hinauslaufen, sowie auf eine wirksamere administrative Macht, die in den Händen von staatlichen Managern und technokratischen Eliten konzentriert ist.[10] Kurz, trotz der Vorherrschaft antistaatlicher Rhetorik muß der Staat in dieser Periode schneller Transformationen unweigerlich eine stärkere Rolle spielen. Wird der Staat aber, sobald ein neues »Gleichgewicht« erreicht ist, stärker oder schwächer sein als vor der neoliberalen Revolution? Vermutlich wird er sowohl stärker als auch schwächer sein, je nach der spezifischen Problematik, um die es geht. Z.B. wird der entstehende neoliberale Staat sicherlich viele seiner traditionellen »unternehmerischen« Funktionen über Bord werfen, die mit dem unmittelbaren Eigentum an produktiven Unternehmen verbunden sind; in diesem Sinne wird der Staat »schwächer« sein. Umgekehrt, wenn die gewählten Politiker und ihre technokratischen Verbündeten es vermeiden wollen, die Übergangskrise mit den entsprechenden sozialen und politischen Kosten ins Unabsehbare zu verlängern, muß sich ein neuer Modus staatlicher Regulation herausbilden, in der die staatlichen Autoritäten über eine größere Macht und Kompetenz verfügen, die Funktion des Marktes zu überwachen, die technische Modernisierung zu fördern und kompensatorische Sozialpolitik umzusetzen.

Worin bestehen, über die Frage der Stärke und Fähigkeiten des Staates hinaus, die politischen Erfordernisse erfolgreicher neoliberaler Reformen? Unabhängig von den Besonderheiten der Wahlsysteme und institutionellen Formen (Präsidial- vs. Parlamentsdemokratie)[11] ist klar, daß die Koexistenz von neoliberaler Restrukturierung und demokratischen Verfahren zumindest erfordert, daß die Exekutive eine verläßliche Mehrheit im Parla-

---

10 Die ostasiatischen »Tiger« sind interessante Beispiele stark interventionistischer aber »marktfreundlicher« Staaten. Vgl. Evans (1992) und Doner (1992).

11 Politökonomische Analysen mißachten häufig die Debatte über die relativen Vorteile und Nachteile präsidialer gegenüber parlamentarischen Regimes. Die Regimefrage ist jedoch potentiell von Bedeutung, weil verschiedene institutionelle Arrangements sich in ihrer Fähigkeit beträchtlich unterscheiden können, kontraproduktive Anzreizmuster zu bekämpfen und politische Strategien gegen den Widerstand mächtiger ökonomischer Interessen durchzusetzen. Vgl. Linz und Valenzuela (1992) für eine institutionalistische Perspektive, die die Überlegenheit des Parlamentarismus für die Krisenbewältigung in Lateinamerika verteidigt.

ment für ihre Reformvorhaben irgendwie gewinnen und dann halten muß. Was bedeuten neoliberale Projekte, selbst wo dies möglich war, für die demokratische Verantwortung von Entscheidungen und institutionelle »checks-and-balances«? Und inwiefern führen sie zur Neubestimmung fundamentaler Beziehungen zwischen Staat und Markt? Grob verallgemeinert gesagt beschleunigen neoliberale Projekte - ob erfolgreich oder nicht - drei Tendenzen: (1) die fortschreitende Unterordnung staatlicher Politiken unter die Logik von Marktkriterien; (2) eine durchgängige »Privatisierung« staatlicher Macht durch die Erosion der Autonomie gewählter Politiker und ihrer Parteien; und (3) die Verstärkung der strukturellen Macht der führenden Sektoren der Unternehmerklasse.

Natürlich begrüßen die dominierenden Spieler im privaten Sektor den Einsatz marktorientierter Strategien und die Vorherrschaft einer Exekutive, die gegenüber der parlamentarischen Kontrollinstanz nicht rechenschaftspflichtig und von der Logik der Wahlkonkurrenz befreit ist. Heißt dies, daß die unternehmerischen Interessen sich wohlwollend auf die offiziellen Pläne für eine Stärkung der Wettbewerbsfähigkeit nach außen einlassen werden? Nicht unbedingt. In den erfolgreicheren Fällen der Staats- und Marktreform, z.B. in Mexiko und Chile, haben einige Kapitalisten positiv auf die Wirtschaftsreform reagiert, indem sie die Investitionen erhöhten und Fluchtkapital wieder ins Land brachten. Werden sie jedoch in eine Situation gebracht, in der sie keine eindeutigen Wettbewerbsvorteile zu erwarten haben, dann werben mexikanische und chilenische Unternehmer weiterhin für staatliche Subventionen, Zollschranken usw. Dies heißt, daß Unternehmer so lange auf der Seite des Freihandels sind, bis ihre Interessen eine andere Sprache sprechen. Darüber hinaus verdeutlicht die argentinische Erfahrung die sehr reale Möglichkeit, daß selbst jene industriellen Kapitalisten, die sich eine Nische in den Weltmärkten erobern können, äusserst ungern ihre Erwartungen und Verhaltensweisen ändern (Acuna 1991). Tatsächlich haben die herrschenden industriellen, finanziellen und Agrarprodukte exportierenden Sektoren der Unternehmerklasse in der gesamten Region beharrlich ihre privilegierte Position und größere strukturelle Macht eingesetzt, indem sie verlangten, die antistaatliche Rhetorik sofort durch konkrete Taten einzulösen. Das betraf insbesondere folgende Punkte: (1) die Reduktion des Haushaltsdefizits; (2) das Ende der Preiskontrollen; (3) die Einführung eines günstigen Wechselkursregimes; und (4) einen härteren Umgang mit den Gewerkschaften. In der Tat bezeichnet der ideologische Diskurs der dynamischsten Elemente der *haute bourgeoisie* unweigerlich staatliche Intervention und Management der Ökonomie als ein Übel, das rücksichtslos ausgelöscht werden muß. Dennoch ist es ein Axiom, daß spezifische Firmen und Repräsentanten eben dieser Sektoren (besonders jene, die in der besten Position sind, um die Gewinne aus finanziellen Spekulationen einzustreichen oder die von staatlicher Begünstigung abhängig sind, was fiskalische Anreize und Großzügigkeit bei der Vergabe lukrativer Staatsaufträge angeht) ihre eigenen Forderungen nach staatlicher Unterstützung als vollkommen gerechtfertigt, ja als die Verkörperung wirtschaftlicher Rationalität selbst darstellen. Staatliche Interventionen zugunsten von Verbrauchern, Lohnabhängigen, Armen oder selbst »weniger effizienten« Unternehmensinteressen werden dagegen als »Subventionsverschwendungen« verurteilt, die sofort einzustellen seien. Das internationale Umfeld, darunter die Pressionen seitens IWF, GATT und Regierungen entwickelter Länder, legitimieren diesen inzwischen hegemonialen Diskurs noch mehr und bewirken eine Verstärkung des antistaatlichen Impulses der gegenwärtig betriebenen Reformen.

In langfristiger Perspektive können mehrere alternative Szenarien ins Auge gefaßt werden.[12] Unter der Annahme, daß die Schuldenkrise weiterhin an Schärfe verliert und daß die Märkte der fortgeschrittenen kapitalistischen Ökonomien grundsätzlich offen bleiben für die lateinamerikanischen Industrie-, Mineral- und Primärprodukte, könnte ein Szenario mit »erfolgreichen« Reformen des Staatsapparats, einer Deregulierung der Wirtschaft bzw. einer Liberalisierung des finanziellen und kommerziellen Sektors zu einem makroökonomischen Gleichgewicht führen, das privaten Investitionen und einem nachhaltigen Wirtschaftswachstum förderlich wäre. Nach einer Zeit der »Opfer«, die den Beschäftigten und der einfachen Bevölkerung durch den Staat und die herrschenden Unternehmenssektoren während des Anpassungsprozesses auferlegt wurden, könnten die sozialen Bedürfnisse durch eine kompensatorische Politik allmählich in Angriff genommen werden. Einhergehend könnte die Vertiefung der marktorientierten Reformen nach und nach die traditionellen gesellschaftlichen Spaltungen verändern und zu einem erneuerten Parteiensystem führen, das veränderte gesellschaftliche und ökonomische Konstellationen widerspiegelt. Möglich ist, daß eine Entpolitisierung der Debatten um die Grundzüge der Politik, zusammen mit der Konkurrenz um Wählerstimmen innerhalb der institutionellen Grenzen der entstehenden neoliberalen Ordnung, zur Stabilität und Legitimität demokratischer Politik beitragen werden.

12 Die folgende schematische Diskussion verdankt vieles den laufenden Auseinandersetzungen mit Carlos Acuna vom *Centro de Estudios de Estado y Sociedad*. Wir bereiten gegenwärtig eine theoretische Arbeit über neoliberale Restrukturierung und alternative Szenarien für das Buch zu der Konferenz über »Demokratie, Märkte und strukturelle Reformen in Lateinamerika«, die jüngst in Buenos Aires stattgefunden hat und von uns ausgerichtet wurde, vor.

Das Scheitern der marktorientierten Reformen könnte dagegen zu einem eher »katastrophischen« Szenario der Staatsschrumpfung führen, das die Fähigkeit des staatlichen Sektors, die zentrale Infrastruktur aufrechtzuerhalten und die Mindestbedürfnisse der Armen und der marginalen Sektoren zu decken, ernsthaft beeinträchtigt. Gleichermaßen könnte die Einschränkung der staatlichen Fähigkeit, das privatwirtschaftliche Verhalten zu regulieren, die Entwicklung hochkonzentrierter Märkte und finanzieller Spekulation begünstigen, während es gleichzeitig nur zu langsamem und sporadischem Wachstum kommt. Dies wiederum würde zum fortschreitenden Zerfall gesellschaftlicher Netzwerke und zur Erosion kollektiver Identitäten und politischer Solidaritäten führen. Obwohl jene irgendwann in einem Prozeß der Verbürgerlichung entstehen könnten, ist es auch möglich, daß der Ausschluß von Arbeitern und Angestellten vom formellen Arbeitsmarkt zu tieferer Anomie und zum massenhaften Rückzug der Bürger aus der Wahlarena wie auch aus der Politik konventioneller Interessengruppen führen könnte.[13] Wachsendes soziales Chaos in den riesigen verarmten Städten der Region - eine Art »niedrigintensiver«-Bürgerkrieg - könnte sowohl religiöse wie säkulare soziale Heilsbewegungen hervortreiben und zu gesellschaftlichen Eruptionen und systemfeindlichen Bewegungen führen. Unter diesen Umständen könnte die Neigung zu demokratischen Verfahren auf Seiten der Streitkräfte und der Unternehmer in Frage gestellt werden. Obwohl unwahrscheinlich, können künftige Putschversuche wie in Venezuela oder *autogolpes* wie in Peru nicht völlig ausgeschlossen werden.[14] Selbst unter demokratischen Regierungen könnte allerdings ein Anwachsen von offizieller und »privater« Gewalt und Repression (über das erschrekkende Niveau hinaus, das in vielen Ländern schon als »normal« gilt) ein integraler Bestandteil des Alltagslebens großer Teile der Bevölkerung in der neuentstehenden neoliberalen Ordnung werden.

Man kann sich natürlich qualitativ eigenständige Szenarien vorstellen, etwa die Herausbildung neuer, noch in den Anfängen steckender historischer Konfigurationen, in denen soziale Bewegungen und eine wiedererstarkte demokratische Linke noch einmal die Banner der gesellschaftlichen und wirtschaftlichen Gerechtigkeit hissen und versuchen, die Logik der Demokratie über das Terrain politischer Wahl hinaus zu erweitern. Allerdings scheinen solche Überlegungen in der gegenwärtigen historischen Situation,

---

13 Vgl. Zermeno (1991) für eine anregende Untersuchung dieser Fragen anhand des mexikanischen Falles.

14 Die Flexibilität und Hartnäckigkeit demokratischer Regierungen im Umgang mit ökonomischen Krisen ist häufig unterschätzt worden. Für eine Neueinschätzung vgl. Remmer (1990, 1991). Vgl. die Diskussionen zum strategischen Eigeninteresse an demokratischer Stabilität auf Seiten des Militärs und der Unternehmer in Acuna und Smulovitz (1991).

unter der Hegemonie des »stummen Zwangs der Marktkräfte« utopisch.[15] Weniger radikale Alternativen mögen vorstellbar sein, darunter etwa ein Szenario, in dem eine Mitte-Links-Regierung mit Unterstützung der Gewerkschaften versuchen könnte, marktorientierte strukturelle Reformen durchzuführen. Der Erfolg dieser »sozialdemokratischen« Alternative beruht auf der Verwirklichung von drei zentralen Forderungen.

»Erstens muß die Sozialpolitik ausgearbeitet sein und eingesetzt werden, sobald mit der Stabilisierungs- oder Liberalisierungspolitik begonnen wird. Zweitens muß das gesamte Reformpaket effizient sein in dem Sinne, daß es die sozialen Kosten minimiert, und es muß auf das Ziel einer Neubelebung des Wachstums zugeschnitten sein. Schließlich sollten Reformprogramme im politischen Wechselspiel repräsentativer Organisationen innerhalb des Rahmens repräsentativer Institutionen formuliert und durchgesetzt werden. ... Soll die Demokratie konsolidiert werden, d.h. sollen alle politischen Kräfte lernen, ihre Forderungen und Konflikte innerhalb des Rahmens demokratischer Institutionen zu kanalisieren und zu organisieren, müssen diese Institutionen eine wirkliche Rolle in der Ausarbeitung und Umsetzung politischer Strategien spielen, die ihre Lebensbedingungen beeinflussen.« (Bresser Pereira, Maravall und Przeworski 1992)[16]

Spanien unter der pragmatischen Führung von Felipe González und der Sozialistischen Partei ist ein Beispiel für die Möglichkeiten dieses Szenarios. Es gibt allerdings beträchtliche Zweifel, ob die Konstellation von Faktoren, die den Übergang in Spanien ermöglicht hat, im heutigen Lateinamerika zu finden ist.[17]

Auf einer eher entmutigenden, vielleicht jedoch realistischeren Ebene läßt der Großteil der zugegebenermaßen skizzenhaften Analyse vermuten, daß die strukturellen Reformen, die durch die Zivilregierungen der Nachübergangsperiode eingeleitet wurden, die Durchsetzung eines exklusiven Akkumulationsmodells und die Ersetzung der inzwischen bankrotten »staatszentrierten Matrix« durch eine neue »marktzentrierte Matrix« beschleunigt haben. Marktorientierte Reformen haben schon jetzt zu tiefgreifenden und wahrscheinlich irreversiblen Transformationen des Staates, der »civil society« und der politischen Ökonomie geführt. Während diese Transformationen zwar schließlich zur Herausbildung einer effizienteren und dynamischeren Wirtschaft führen mögen, werden sie vermutlich die Bildung eines

---

15 Zur gegenwärtigen Lage der lateinamerikanischen Linken vgl. Cavarozzi (1991); Castaneda (1992); NACLA (1992).

16 Vgl. CEPAL (1990, 1992) für umfangreiche Bemühungen, eine alternative Entwicklungsstrategie auszuarbeiten, bei der Gleichheit ein Primärziel darstellt, zusätzlich zur orthodoxen Fixierung auf Anpassung, strukturellen Wandel und Konkurrenzfähigkeit nach außen. Vgl. auch Teitel (1992) zu neueren Überlegungen führender lateinamerikanischer Ökonomen zu alternativen Entwicklungsstrategien.

17 Wie bekannt, wurde der Übergang in Spanien nicht nur durch den *Pacto di Moncloa* erleichtert, der die Regierbarkeit während einer kritischen frühen Phase der postfranquistischen Periode sicherstellte, sondern auch durch die Rolle der Krone, die Attraktivität der wirtschaftlichen Integration in die Europäische Gemeinschaft und die Möglichkeit geopolitischer und militärischer Kooperation mit der NATO.

breiten demokratischen Klassenkompromisses verhindern, der auf extensiver Koordination zwischen staatlichen Eliten, Unternehmern und Gewerkschaften beruhen würde. Dies heißt allerdings nicht, daß die von den neoliberalen Reformen hervorgebrachten Transformationen unvereinbar sind mit dem Überleben und schließlich vielleicht der Konsolidierung einer demokratischen politischen Ordnung. Die Frage lautet, welcher Typus eines demokratischen Systems entstehen könnte.

Die spezifischen institutionellen Merkmale und die gesellschaftlichen Fundamente der demokratischen Regimes nach dem Übergang im Lateinamerika der 90er Jahre werden sich beträchtlich voneinander unterscheiden, und es wäre unsinnig, eine herrschende Tendenz oder die Herausbildung eines typischen Musters vorauszusagen.[18] Während im Lauf der Zeit alle Länder durch die Erfordernisse marktorientierter Reformen verändert werden, wird es immer nutzloser, sich eine gemeinsame Zukunft der lateinamerikanischen Gesellschaften vorzustellen. Tiefgreifende Veränderungen der gesellschaftlichen und ökonomischen Strukturen sind Vorboten wachsender politischer Vielfalt. Tatsächlich sind verschiedene Länder inzwischen auf Wegen, die nacheinander - oder vielleicht gleichzeitig - nicht zu einem einzigen, sondern zu mehreren Szenarios führen. Trotz dieser regionalen Vielfalt zeigen die hier schematisch diskutierten politischen Strategien und Entwicklungen - Stärkung der Marktmechanismen, Erosion der staatlichen Regulationsfähigkeit und Kastration der politischen Parteien, sozialen Bewegungen und kollektiven Akteure (besonders jener, die die Interessen der unteren Klassen repräsentieren) - daß sich Lateinamerika unter dem außerordentlichen Druck, wettbewerbsmächtiger in die Weltwirtschaft einzuklinken, sich auf einen Entwicklungspfad begeben hat, der sich fundamental von bisher Bekanntem unterscheidet. Wenn diese Hypothese wenigstens annähernd richtig ist, wird die neu entstehende politische Ordnung, obwohl liberal und demokratisch, zu Gesellschaften gehören, die stark elitistisch und sozial relativ regressiv sind.

Literatur:

Acuna, Carlos (1991): La relativa ausencia de exportaciones industriales en la Argentina: Determinantes politicos y sus consecuencias sobre la estabilidad y tipo de democracia esperables, *Realidad Economica*, no. 100.

---

18 Zu Argumenten gegen die Suche nach modalen Strukturmustern der politischen Entwicklung und des Regimewandels in Lateinamerika vgl. Cammack (1985) und Smith (1989), Kap.1.

Acuna, Carlos (1992): Politica y economia en la Argentina de los 90 (O, por que el futuro ya no es lo que solia ser), paper presented at the conference on 'Democracy, Markets and Structural Reforms in Latin America', Buenos Aires, Argentina. March 25-27.

Acuna, Carlos H. and Catalina Smulovitz (1991): Ni olvido ni perdon? Derechos humanos y tensiones civicomilitares en al transicion argentina, *Documentos CEDES/69*.

Alt, James E. and K. Alec Chrystal (1983): *Political Economics,* Berkeley: University of California Press.

Ambito Financiero (1989): Entendamos: el pais entro en la era de los golpes de mercado en lugar de los antiguos golpes que hacian los militares (15 de diciembre).

Axelrod, Robert (1984): *The Evolution of Cooperation.* New York: Basic Books.

Bresser Pereira, Luiz Carlos, Jose Maria Maravall and Adam Przeworski (1992): Economic Reforms in New Democracies: A Social-Democratic Approach. Paper presented at a conference on 'Democracy, Markets and Structural Reform in Latin America', Buenos Aires, Argentina, March 25-27.

Carciofi, Ricardo (1990): La disarticulacion de pacto fiscal. Una interpretacion sobre la evolucion del sector publico argentino en la decada de los ochenta. Buenos Aires: *Documento de la CEPAL,* no. 36.

Castaneda, Jorge (1992): America Latina y la socialdemocracia, *Nexos,* No. 55 (May).

Cavarozzi, Marcelo (1991): The Left in Latin America: The Decline of Socialism and the Rise of Political Democracy, (unpubl. ms.).

Cavarozzi, Marcelo (1992): Beyond Democratic Transitions in Latin America, *Journal of Latin American Studies.*

CEPAL (Comision Economica para America Latina y el Caribe) (1990): *Transformacion productiva con equidad: La tarea prioritaria de America Latina y el Caribe en los anos noventa.* Santiago, Chile: Naciones Unidas.

CEPAL (1992): *Equidad y transformacion productiva: Un enfoque integrado.* Santiago, Chile: Naciones Unidas.

Conaghan, Cathy, James Malloy and Luis Abugattas (1990): Business and the 'Boys': The Politics of Neoliberalism in the Andes. *Latin American Research Review,* Vol. XXV, No. 2.

Conaghan, Cathy (1992): Capitalists, Technocrats, and Politicians: Economic Policy Making and Democracy in the Central Andes. In Scott Mainwaring, Guillermo O'Donnell and J. Samuel Valenzuela (eds.): *Issues in Democratic Consolidation: The New South American Democracies in Comparative Perspective.* Notre Dame: University of Notre Dame Press.

Crabtree, John (1991): The Collor Plan: Shooting the Tiger?, *Bulletin of Latin American Research, Vol.* 10, No.

Crepaz, Markus M.L. (1992): Corporatism in Decline? The Impact of Corporatism on Macroeconomic Performance and Industrial Output in Eighteen Countries, *Comparative Political Studies,* Vol. 25, No. 2.

Doner, Richard F. (1992): Limits of State Strength: Towards an Institutionalist View of Economic Development, *World Politics,* Vol. 44, No. 3.

Dornbusch, Rudiger and Sebastian Edwards (1991): The Macroeconomics of Populism. In Dornbusch and Edwards (eds):, *The Macroeconomics of Populism in Latin America* Chicago: University of Chicago Press.

Evans, Peter (1992): The State as Problem and Solution: Predation, Embedded Autonomy and Structural Change. In Stephan Haggard and Robert Kaufman, (eds.): *The Politics of Adjustment: International Constraints, Distributive Justice and the State,* Princeton.

Fanelli, Jose Maria, Roberto Frenkel and Guillermo Rozenwurcel (1990): Growth and Structural Reform in Latin America: Where We Stand. *Documento CEDES,* No. 57.

Frieden, Jeffrey *(1991) Debt, Development and Democracy: Modern Political Economy and Latin America, 19651985* Princeton: Princeton University Press.

Frenkel, Roberto and Guillermo Rozenwurcel (1989): Restriccion externa e incentivos al crecimiento en America Latina. In Mario Damil et. al.: *Deficit fiscal, deuda elterna y desequilibrio financiero* Buenos Aires: Editorial Tesis.

Gereffi, Gary and Donald Wyman (1990): *Manufacturing Miracles: Paths of Industrialization in Latin America and East Asia* Princeton: Princeton University Press.

Gourevitch, Peter *(1986): Politics in Hard Times: Comparative Responses to International Economic Crises*, Ithaca: Cornell University Press.

Haber, Paul Lawrence (1992): Salinastroika, Neocardenismo and the Urban Poor: Mexican Neoliberalism, The North American Free Trade Agreement and Political Conflict in Mexico, paper presented at the conference 'The United States and Mexico: Economic Growth and Security in a Changing World Context', sponsored by the North-South Center, University of Miami, June 10-13.

Haggard, Stephan (1990): *Pathways from the Periphery: The Politics of Growth in the Newly Industrializing Countries*, Ithaca: Cornell University Press.

Haggard, Stephan and Kaufman, Robert (1990): Economic Adjustment in New Democracies. In Joan Nelson (ed.): *Fragile Coalitions: The Politics of Economic Adjustment*, Washington, D.C.: Overseas Development Council.

Heredia, Blanca (1992): Economic Change and Political Order: Governance and Democracy in Mexico. Paper presented at a conference on 'Democracy, Markets and Structural Reforms in Latin America', Buenos Aires, Argentina, March 15-27.

IRELA (Instituto de Relaciones Europeo-Latinoamericanas) (1992): Venezuela in Crisis: Roots and Consequences, *Dossier* No. 39.

Kahler, Miles (1990): Orthodoxy and Its Alternatives: Explaining Approaches to Stabilization and Adjustment. In Joan Nelson, ed., *Economic Crisis and Policy Choice.* Princeton.

Katzenstein, Peter (1985): *Small States in World Markets*, Ithaca: Cornell University Press.

Linz, Juan and Arturo Valenzuela (eds.) (1992): *The Failure of Presidentialism: The Latin American Experience,* Baltimore: Johns Hopkins University Press.

Lipnowski, Irwin and Scholmo Maital (1985): Hanging Together or Separately: A Game-Theoretic Approach to Macroeconomic Conflict. In Maital y Lipnowski (eds.): *Macroeconomic Conflict and Social Institutions,* New York: Ballinger.

Malan, Pedro (1991): Uma Critica ao Consenso de Washington, *Revista de Economia Politica,* Vol. 11, No. 3.

NACLA (North American Congress on Latin America) (1992): The Latin American Left: A Painful Rebirth, *Report on the Americas,* Vol. XXV, No. 5 (May).

Nylen, William (1992): Neoliberalismo para Todo Mundo Menos Eu: Brazil and the Cartorial Image. In Douglas A. Chalmers, Maria do Carmo Campello de Souza, and Atilio Boron (eds): *The Right and Democracy in Latin America,* New York: Praeger.

Panitch, Leon (1977): The Development of Corporatism in Liberal Democracies, *Comparative Political Studies,* No. 10.

Pastor, Manuel and Carol Wise (1992): Peruvian Economic Policy in the 1990s: From Orthodoxy to Heterodoxy and Back, *Latin American Research Review,* Vol. 27, No. 2.

Przeworski, Adam (1986): Some Problems in the Study of the Transition to Democracy. In Guillermo O'Donnell, et al.: *Transitions from Authoritarian Rule,* Baltimore.

Przeworski, Adam (1988): Democracy as a Contingent Outcome of Conflicts. In Jon Elster and Rune Slagstad (eds.): *Constitutionalism and Democracy* Cambridge: Cambridge University Press.

Remmer, Karen (1990): Democracy and Economic Crisis: The Latin American Experience, *World Politics,* Vol. 42, No. 3 (April).

Remmer, Karen (1991): The Political Impact of Economic Crisis in Latin America in the 1980s, *American Political Science Review,* Vol. 85, No. 3 (September).

Scharpf, Fritz W. (1991): Political Institutions, Decision Styles, and Policy Choices. In Roland M. Czada and Adrienne Windhoff-Heritier (eds.) *Political Choice: Institutions, Rules and the Limits of Rationality,* Boulder: Westview Press.

Schmitter, Phillipe and Gerhard Lehmbruch (eds.) (1979): *Trends towards Corporatist lntermediation,* Beverly Hills: Sage.

Silva, Eduardo (1992) The Political Economy of Chile's Transition to Democracy: From Radical to Pragmatic Neoliberal Policies. In Paul Drake and Ivan Jaksic (eds.): *The Struggle for Democracy in Chile, 1982-88,* Lincoln: University of Nebraska Press.

Smith, William C. (1989a): *Authoritarianism and the Crisis of the Argentine Political Economy,* Stanford: Stanford University Press.

Smith, William C. (1989b): Heterodox Shocks and the Political Economy of Democratic Transition in Argentina and Brazil. In William Canak (ed.):, *Lost Promises: Debt, Austerity and Development in Latin America,* Boulder: Westview Press.

Smith, William C. (1990): Democracy, Distributive Conflict and Macroeconomic Policy Making in Argentina 1983-1989, *Journal of Interamerican Studies and World Affairs, Vol. 32, No 2.*

Smith, William C. (1991): State, Market and Neoliberalism in Post-Transition Argentina: The Menem Experiment. *Journal of Interamerican Studies and World Affairs,* Vol. 33, No. 4.

Smith, William C. (1992): Hyperinflation, Macroeconomic Instability and Neoliberal Restructuring in Democratic Argentina. In Edward C. Epstein (ed.): *The New Democracy in Argentina,* New York: Praeger.

Sola, Lourdes (1989) Limites Politicos ao Choque Heterodoxo no Brasil: Tecnicos, Politicos, Democracia, *Revista Brasileira de Ciencias Sociais,* No. 3.

Stallings, Barbara and Robert Kaufman (1989): Debt and Democracy in the 1980s: The Latin American Experience. In Stallings and Kaufman (eds.): *Debt and Democracy in Latin America,* Boulder, CO: Westview Press.

Teitel, Simon (cd.): (1992): *Toward a New Development Strategy for Latin America: Pathways from Hirschman's Thought,* Baltimore: Inter-American Development Bank.

Tsebelis, George (1990): *Nested Games: Rational Choice in Comparative Politics,* Berkeley: University of California Press.

Vacs, Aldo (1992): Convergence and Dissension: Democracy, Markets and Structural Reform in Global Perspective. Paper presented at a conference on 'Democracy, Markets and Structural Reform in Latin America', Buenos Aires, Argentina, March 25-27.

Vergara, Pilar (1992): Economia de mercado, modelo de bienestar social y consolidacion democratica en Chile. Paper presented at a conference on 'Democracy, Markets and Structural Reform in Latin America', Buenos Aires, Argentina, March 25-27, 1992.

Williamson, John (ed.) (1990): *Latin American Adjustment: How Much Has Happened?,* Washington, D.C.: Institute for International Economics.

Zermeno, Sergio (1991): Desidentidad y desorden: Mexico en la economia global y en el libre comercio, *Revista Mexicana de Sociologia*, Vol. LIII, no. 2.

Aus dem Amerikanischen übersetzt von Klaus Fritz

Heribert Dieter

Probleme der Kooperation zwischen asiatischen und angelsächsisch geprägten Ländern im asiatisch-pazifischen Wirtschaftsraum

Der asiatisch-pazifische Wirtschaftsraum hat seit geraumer Zeit einen hohen Stellenwert in der Diskussion über die Veränderungen der Weltwirtschaft. Allerdings wird die Region häufig in stark vereinfachender Weise mit der EG oder Nordamerika verglichen, ohne daß auf die Widersprüche innerhalb des Pazifischen Beckens in ausreichender Form hingewiesen wird. Dieser Vergleich verkennt die Probleme, die es bei der Schaffung einer pazifischen Wirtschaftsgemeinschaft geben wird.

Ziel dieses Aufsatzes ist es, auf zwei zentrale Problemfelder bei der Schaffung einer asiatisch-pazifischen Wirtschaftsgemeinschaft hinzuweisen: Zum einen gehören zum Pazifischen Becken grundverschiedene Länder in sehr stark voneinander abweichenden Stadien der Entwicklung. Um die Divergenzen zwischen den Ländern der Region verstehen zu können, soll im ersten Abschnitt eine Analyse der Struktur des Pazifischen Wirtschaftsraumes erfolgen. Neben der Herausarbeitung der stark voneinander abweichenden wirtschaftlichen Strukturen ist es wesentlich, die Relevanz der einzelnen Ökonomien nicht aus dem Auge zu verlieren: Betrachtet man lediglich Fluß-, nicht aber auch Bestandsgrößen, besteht die Gefahr einer verzerrten Analyse. Zum Beispiel ist Singapurs Wirtschaftswachstum zweifellos beeindruckend und weist das Land als eine dynamische Volkswirtschaft aus. Das Bruttoinlandsprodukt machte jedoch 1990 lediglich 6,0% der Wirtschaftsleistung Kanadas aus. Die Bedeutung der einzelnen Ökonomien für die Region soll daher zu Beginn des Aufsatzes betrachtet werden. Im ersten Abschnitt wird darüber hinaus die Struktur des Handels in der Region untersucht: Intensivere Kooperation bedeutet in der Regel zunächst verstärkten Handel zwischen den einzelnen Ländern. Um die Chancen einer asiatisch-pazifischen Wirtschaftsgemeinschaft einschätzen zu können, muß man die heutige Struktur des Handels in der Region kennen.

Der zweite Problembereich betrifft die unterschiedlichen Wirtschaftsstile. Im Pazifischen Becken existieren, vereinfachend gesagt, zwei völlig ver-

PROKLA. Zeitschrift für kritische Sozialwissenschaft, Heft 90, 23. Jg. 1993, Nr. 1, 94-128

schiedenartige Staats- und Wirtschaftssysteme: Auf der einen Seite stehen die angelsächsisch geprägten Staaten, die durch die Forderung nach weitgehenden Entfaltungsmöglichkeiten von Individuen in Gesellschaft, Politik und Wirtschaft gekennzeichnet sind. Demokratien unterschiedlicher Güte und mehr oder weniger freie Marktwirtschaften charakterisieren diese Gruppe, zu der die USA, Kanada, Australien, Neuseeland und mit Einschränkungen auch Hongkong gehören. Auf der anderen Seite befinden sich die kapitalistischen Entwicklungsstaaten Asiens. Dort steht die Entfaltung des Einzelnen offenkundig im Hintergrund, und man kann diese Länder weder als demokratische Gesellschaften noch als freie Marktwirtschaften bezeichnen. Für die Fragestellung dieses Aufsatzes sind vor allem die zu dieser Gruppe zu rechnenden Staaten Japan, Korea, Taiwan, Singapur, Indonesien, Malaysia und Thailand von Belang. Zu fragen ist, ob die Unterschiedlichkeit der Wirtschaftspolitiken in den beiden Lagern nicht schon zu einer Dichotomie in der Region geführt hat, die eine intensive Kooperation unmöglich macht.

Die einzelnen Akteure der Region können im Rahmen dieses Aufsatzes selbstredend nicht umfassend untersucht werden. Dennoch, nicht zuletzt um die differierenden Wirtschaftsstile zu erläutern, soll der Versuch gemacht werden, die Charakteristika der wichtigsten Länder des asiatisch-pazifischen Wirtschaftsraums zu skizzieren. An erster Stelle steht dabei natürlich Japan, dessen ökonomischer Einfluß in der Region von herausragender Bedeutung ist. Aber gerade diese Machtkonzentration könnte für eine pazifische Integration von Nachteil sein. Japans Funktion für die pazifische Kooperation einzuschätzen erfordert eine detaillierte Betrachtung der (Außen-)Wirtschaftspolitik des Landes, dessen Entwicklung das Vorbild für andere asiatische Länder darstellte. Die Analyse der anderen asiatischen Länder soll auf die Betrachtung der sich in Teilbereichen unterscheidenden Entwicklungsmodelle und Wirtschaftsstile beschränkt bleiben.

Man kann davon ausgehen, daß die Wirtschaftsysteme der angelsächsischen Länder, vor allem das der USA, hinreichend bekannt sind und aus diesem Grunde wird auf eine detaillierte Untersuchung verzichtet. Erwähnt werden sollen lediglich die für diesen Aufsatz wichtigsten Aspekte: Liberalismus in Wirtschaft und Gesellschaft stehen im Mittelpunkt und staatliche Intervention wie auch Planung gelten als grundsätzlich schädlich. Der Markt übernimmt in diesen Ländern sowohl theoretisch als auch in der Realität die Aufgabe der Allokation der Ressourcen.

1. Strukturdaten des asiatisch-pazifischen Wirtschaftsraums

Eine Betrachtung der historischen Entwicklung des asiatisch-pazifischen Wirtschaftsraumes ist an dieser Stelle nicht möglich.[1] Auf zwei Punkte muß jedoch hingewiesen werden: Japan unternahm bis zur Kapitulation im Jahr 1945 den Versuch, die Region mit militärischen und ökonomischen Mitteln zu kontrollieren. Davon abgesehen war die Region jedoch stets durch Beziehungen der einzelnen Länder zu ihren jeweiligen Kolonialmächten und weniger durch regionale Interdependenz gekennzeichnet. Das Pazifische Becken insgesamt gewann jedoch beständig an Relevanz. Die wichtigsten Ursachen dieser Entwicklung waren:

a) Gegen Ende des 19. Jahrhunderts fand eine wirtschaftliche Dynamisierung der alten ostasiatischen Hochkulturen statt. Den Beginn machte Japan mit der Meiji-Restauration (1868), später folgte China. Nach der Entkolonisierung setzte dieser Prozeß der Dynamisierung in den neuen Nationalstaaten ein, vor allem sind hier Südkorea, Taiwan, Singapur, Indonesien und Malaysia zu nennen.

b) Die Nachkriegssupermächte USA und UdSSR waren beide Anrainerstaaten des Pazifik, was aber eher militär-strategische Fragen betraf. Von Bedeutung für den Aufschwung des pazifischen Wirtschaftsraumes war in erster Linie die Verlagerung der Wachstumszentren in den USA vom Nordosten (Rustbelt) zu den pazifischen Staaten Kalifornien und Oregon und dem Südweststaat Texas (Sunbelt).

c) Auch bei den anderen Ländern der Region, vor allem bei China, Australien und Neuseeland, gewann der intraregionale Handel stark an Bedeutung. Menzel konstatiert die Herausbildung einer regionalen Arbeitsteilung: Japan liefert Spitzentechnologien; die asiatischen NICs sind für herkömmliche Technologien zuständig; Australien, die Länder des Persischen Golf und ASEAN-Länder beliefern die Region mit Rohstoffen und Nahrungsmitteln; China stellt das Billiglohnland der Region dar (vgl. Menzel 1987a, S. 80ff).

d) Die hohen Handelsbilanzüberschüsse ostasiatischer Länder führen zu einem Anstieg der Forderungen an andere Länder. Hier sind vor allem die Position Japans, aber auch beispielsweise die hohen Währungsreserven Taiwans zu berücksichtigen.

Hinsichtlich politisch-kultureller Gesichtspunkte gibt es keinen geschlossenen Pazifischen Raum. Ideologie und Kultur, von förmlichen politischen Theorien bis hin zu Sprache und Essen der einzelnen Länder, belegen, daß

1 Einen guten Überblick der historischen Entwicklung liefert Segal (1990, S. 19-84).

es innerhalb des Pazifischen Beckens zwar bedeutende Unter-Regionen gibt, nicht aber eine Einheit. Die Vielfältigkeit fällt insbesondere im Vergleich zu Europa und der atlantischen Welt auf, wo man sich, bei allen Unterschieden, auf gemeinsame Wurzeln der politischen Kultur berufen kann (vgl. Segal 1990, S. 179). Segal schlägt eine Einteilung des asiatisch-pazifischen Wirtschaftsraumes in sechs unterschiedliche Zonen vor, die sich wiederum in kleinere Gebiete gliedern lassen. Zwischen diesen Zonen herrschen große Unterschiede in Bezug auf Klima, Lebensstil, Nahrung, Kultur und Ideologie:

Zone 1: Die pazifischen Inseln ('Island Pacific'): Dazu gehören neben Australien, Neuseeland und Papua Neu-Guinea fünf weitere unabhängige Staaten, nämlich Fidji, Kiribati, die Solomon-Inseln, Tonga und Tuvalu sowie die abhängigen Gebiete Amerikanisch-Samoa, Französisch-Polynesien, Guam, Neukaledonien, die Karolinen-Inseln, die Marshall-Inseln, Pitcairn und Antarktis-Gebiete.

Zone 2: Neun Staaten werden zu Südostasien gerechnet: Vietnam, Laos, Kambodscha, Thailand, Malaysia, Indonesien, Brunei, Singapur und die Philippinen.

Zone 3: Dazu sind die VR China sowie die asiatischen Gebiete der ehemaligen UdSSR zu zählen. Diese Zone weist allerdings nur wenige Gemeinsamkeiten auf.

Zone 4: Dazu gehören Japan, Taiwan, Hongkong und die beiden koreanischen Staaten.

Zone 5: Dazu zählen vier Gebiete Nordamerikas: Alaska, Kanadas Pazifik-Gebiete, die Pazifik-Staaten der USA und Mexiko.

Zone 6: Mittel- und Südamerika: Zwar haben sich diese Länder bisher nicht in Richtung Pazifik hin orientiert,[2] aber geographisch betrachtet gehören zehn Länder eindeutig zum Pazifik: Guatemala, Honduras, Nicaragua, Costa Rica, Panama und El Salvador sowie die südamerikanischen Länder Ecuador, Peru und Chile (vgl. Segal 1990, S. 8-12).

Der asiatisch-pazifische Raum ist genausowenig klar definiert wie etwa der Mittelmeerraum oder der atlantische Raum. Viele Autoren übergehen das Problem und aggregieren kurzerhand die Daten aller Pazifikanrainerstaaten (vgl. Menzel 1989, S. 118). Wenn man so verfährt, besteht die Gefahr, sowohl die Bedeutung des Pazifischen Wirtschaftsraumes als auch die Verflechtungen innerhalb der Region zu überschätzen. Um nicht wahllos alle Pazifikanrainerstaaten zusammenzufassen und um die Chancen regionaler Kooperation einschätzen zu können, muß eine Eingrenzung der betrachte-

2 Die spanische Kolonialmacht prägte die Orientierung Lateinamerikas zum Atlantik hin. Spanien wollte verhindern, daß der Absatz der eigenen Exportwaren in den Kolonien durch Handel mit chinesischer Seide geschwächt wurde (vgl. Segal 1990, S. 37f).

ten Staaten erfolgen. Nicht berücksichtigt werden in diesem Aufsatz Länder,

- die nicht unmittelbar an den Pazifik angrenzen, z.B. die südasiatischen Länder Pakistan, Indien, Bangladesh, Burma und Sri Lanka.
- die an den Pazifik angrenzen, aber kaum Beziehungen zu anderen Ländern der Region unterhalten, d.h. vor allem die lateinamerikanischen Länder.
- für die keine ausreichende Datenbasis zur Verfügung steht, z.B. Indochina oder Nordkorea
- deren Außenhandel und Wirtschaftskraft unbedeutend sind, z.B. die pazifischen Inselstaaten.

Wendet man diese Kriterien an, so ergibt sich als Ergebnis die Liste der Mitgliedsstaaten des APEC-Forums (Asia-Pacific Economic Cooperation): Japan, China, Südkorea, Taiwan, Hongkong, Singapur, Malaysia, Indonesien, Philippinen, Thailand, Brunei, die USA, Kanada, Australien und Neuseeland. Auf die Einbeziehung von Brunei wird in den weiteren Ausführungen verzichtet, weil dieses Land bei der Entwicklung von asiatisch-pazifischer Kooperation nur eine Nebenrolle spielt.

Der asiatisch-pazifische Wirtschaftsraum wird seit geraumer Zeit als die, neben der EG und Nordamerika, dritte Weltwirtschaftsregion von herausgehobener Bedeutung bezeichnet[3] (vgl. z.B. Sames/Wagner 1988; Segal 1990; Boyd 1989). Die Summe der Wirtschaftsleistungen der einzelnen Anrainerstaaten des Pazifischen Beckens ist in der Tat beeindruckend und läßt Vergleiche mit der EG und Nordamerika zweifellos zu. Wie eingangs erwähnt, sollte man dabei allerdings nicht vergessen, daß das Pazifische Becken ein sehr heterogener Wirtschaftsraum ist, dessen einzelne Länder sich in völlig unterschiedlichen Entwicklungsstadien befinden.

In der Tabelle 1 sind Daten der wichtigsten Länder des Pazifischen Beckens aufgeführt. Die Daten der Spalte I weisen darauf hin, daß schon von der Bevölkerungszahl her sehr unterschiedliche Nationen zu betrachten sind. Die Volksrepublik China mit mehr als 1,1 Milliarden Menschen ist zweifellos ein Ausnahmefall. Von miteinander vergleichbarer Größe, was die Bevölkerungszahl betrifft, sind die USA, Indonesien und Japan. Eine mittlere Position nehmen die Philippinen, Thailand, Malaysia, Korea, Taiwan, Australien und Kanada ein. Singapur, Hongkong und Neuseeland verfügen nur über geringe Bevölkerungszahlen. Auch die Werte in Spalte II machen deutlich, daß sehr unterschiedliche Staaten zur APEC gehören. Auf der einen Seite finden sich vier große Flächenstaaten: China, Austra-

3 Schon Anfang des 20. Jahrhunderts meinte der damalige US-Präsident Theodor Roosevelt: »The Atlantic is the ocean of the present and the Pacific is the ocean of the future« (zitiert nach Conroy/Kim 1987, S. 2).

lien, Kanada und die USA.[4] Mit Ausnahme von Indonesien verfügen die meisten anderen betrachteten Länder aber nur über sehr wenig Fläche: Neben den Stadtstaaten Singapur und Hongkong sind auch Korea, Taiwan und Japan auf kleinem Raum sehr dicht besiedelt.

Die Daten der Spalte III unterstreichen die ökonomische Heterogenität der Region. Die drei ärmsten Länder (China, Indonesien, Philippinen) erwirtschaften nur geringe Pro-Kopf-Wirtschaftsleistungen und sind in ihrem Entwicklungsstand noch sehr weit von den wohlhabenden Ländern der Region entfernt. Zur mittleren Kategorie müssen Thailand, Malaysia, Korea und Taiwan gezählt werden. Singapur und Hongkong bilden mit einem jährlichen Pro-Kopf-Bruttosozialprodukt von mehr als US $ 11.000 allerdings bereits die Schlußlichter der Spitzengruppe.[5] Das Pro-Kopf-BSP Neuseelands lag 1990 nur geringfügig höher und ist heute niedriger als in Singapur und Hongkong. Dies ist zum einen ein Beleg für die Dynamik der beiden asiatischen Stadtstaaten, zum anderen wird damit die schwierige Wirtschaftslage Neuseelands unterstrichen.

Man könnte einwenden, daß es ja gerade das Ziel von wirtschaftlicher Integration ist, unterschiedliche Entwicklungsstufen zu überwinden. Bei einem Gebiet mit so großen Abweichungen vom durchschnittlichen Pro-Kopf-Einkommen der Region erscheinen aber bekannte Formen der Integration, beispielsweise ein gemeinsamer Markt, völlig utopisch. Ein gemeinsamer Markt würde nämlich die Mobilität der Produktionsfaktoren Arbeit und Kapital beinhalten. Betrachtet man aber nur den Teilaspekt der Migration, so ist offensichtlich, daß es für qualifizierte Arbeitnehmer aus ärmeren Regionen, beispielsweise China, wenige wirtschaftliche Gründe zum Verbleiben in ihrer Heimat geben würde. Die ärmeren Regionen hätten dann als Resultat der Integration lediglich schlechter ausgebildete Arbeitnehmer anzubieten und wären dadurch der Chance auf eine eigenständige Entwicklung weitgehend beraubt. Auch bei der Untersuchung anderer Aspekte wird man feststellen, daß in einer Wirtschaftsgemeinschaft zwischen sehr unterschiedlich entwickelten Staaten für die ärmeren Länder die Gefahr eines sich selbst verstärkenden Auszehrungsprozesses besteht, wenn nicht geeignete Maßnahmen zum Ausgleich des Standortnachteils getroffen werden.

---

4 Zusammen mit Rußland und Brasilien sind dies die flächenmäßig größten Länder der Welt.

5 Beim Vergleich der einzelnen Länder ergibt sich im monetären Bereich ein methodisches Problem. Die Wahl des US-Dollar als gemeinsamer Maßstab ist nicht unproblematisch, da der Dollarkurs in den 80er Jahren stark schwankte (vgl. Menzel 1989, S. 99). Seit etwa 1988 haben sich die Bewegungen des Wertes der US-Währung allerdings beruhigt und deshalb erscheint die Wahl des Dollar als Instrument des Vergleichs durchaus sinnvoll.

Die Spalte IV der Tabelle 1 ist für die Untersuchung der Integrationsfähigkeit der Region von großer Bedeutung. Auffällig ist das hohe Wirtschaftswachstum in China, Korea, Taiwan, Singapur und Hongkong. Auf der anderen Seite fallen die deutlich unter den Wachstumsraten der asiatischen Länder wie auch unter dem OECD-Mittel gelegenen Zuwächse Neuseelands, Australiens und der USA ins Auge.[6] Insbesondere Neuseeland fällt mit einem durchschnittlichen Pro-Kopf-BSP Zuwachs von 1,1% zwischen 1965 und 1990 stark ab. Die Integration des asiatisch-pazifischen Wirtschaftsraumes würde also bedeuten, daß sich sehr leistungsfähige Länder einerseits und Staaten mit andauernden Wachstumsproblemen andererseits einander nähern. In einigen Ländern, insbesondere in Australien und Neuseeland, wird von den Befürwortern die Hoffnung gehegt, eine asiatisch-pazifische Kooperation brächte die Lösung der chronischen Strukturkrise. Das Gegenteil wäre zu erwarten. Ebensowenig wie in erster Linie die Ökonomie der DDR von der Wirtschafts- und Währungsunion mit der BRD profitierte, genausowenig werden im Pazifik die Länder, deren Produkte schon heute auf dem Weltmarkt nur schwer verkäuflich sind, von einer Wirtschaftsgemeinschaft profitieren.
Die Daten in Spalte VI verdeutlichen, welche Ungleichgewichte es von der wirtschaftlichen Potenz her im Pazifischen Becken gibt. Zwar sind die USA nicht ausschließlich pazifische Wirtschaftsmacht, der Umfang des Bruttoinlandsproduktes macht aber deutlich, daß die USA trotz aller ökonomischen Probleme noch immer die größte Volkswirtschaft der Welt und schon deshalb für die Region von zentraler Bedeutung sind. Japan hat zwar inzwischen ein höheres Pro-Kopf-BSP erzielt, aber die gesamte Wirtschaftsleistung liegt in den USA noch immer etwa 83% über dem Bruttoinlandsprodukt Japans (1990).
Auch die Länder, die unterhalb der Ebene der beiden wirtschaftlichen Großmächte liegen, weisen beachtenswerte Unterschiede auf. Die 17 Millionen Einwohner Australiens erwirtschafteten ein Bruttoinlandsprodukt, das nur rd. 12 Mrd. US-Dollar unter der Summe der Wirtschaftsleistung der in der Tabelle 1 aufgeführten ASEAN-Länder lag. Zugleich beträgt aber die Summe der Bevölkerungszahlen in den untersuchten fünf ASEAN-Staaten Indonesien, Philippinen, Thailand, Malaysia und Singapur mehr als das 18fache der australischen Bevölkerung. Um die ökonomischen Kräfteverhältnisse in der Region zu illustrieren, ist ein anderer Größenvergleich hilfreich. Läßt man Kanada und die USA außer acht, so erscheinen die anderen Länder der Region neben Japan wie wirtschaftliche

6 Einen Sonderfall auf asiatischer Seite stellen die Philippinen dar, deren Wirtschaft in den letzten 25 Jahren nur äußerst schleppend wuchs.

TABELLE 1: Kennzahlen ausgewählter Länder des Pazifischen Beckens

	Bevölkerung (in Mio) Mitte 1990 I	Fläche in Tsd. Quadrat-kilometer II	BSP pro Kopf: in US $ 1990 III	BSP pro Kopf: Wachstum p.a. in % 1965-90 IV	Inflationsrate p.a. im Schnitt in % 1980-90 V	BIP in Mio US $ 1990 VI	Anteile am BIP im Jahr 1990 in %		
							Landwirtschaft VII	Industrie VIII	Dienstlei-stungssektor IX
China, VR	1.133,7	9.581	370	5,8	5,8	364.900	27	42	31
Indonesien	178,2	1.905	570	4,5	8,4	107.290	22	40	38
Philippinen	61,5	300	730	1,3	14,9	43.860	22	35	43
Thailand	55,8	513	1.420	4,4	3,4	80.170	12	39	48
Malaysia	17,9	330	2.320	4,0	1,6	42.200	/	/	/
Korea, Rep.	42,8	99	5.400	7,1	5,1	236.400	9	45	46
Taiwan	20,2	36	7.990	8,2 (80-89)	/	156.000	*5*	*42*	53
Singapur	3,0	1	11.160	6,5	1,7	34.600	0	37	63
Hongkong	5,8	1	11.490 (BIP)	6,2	7,2	*59.670*[b]	*0*	*26*	*73*
Neuseeland	3,4	269	12.680	1,1	10,5	42.760	*9*	*27*	*65*
Australien	17,1	7.687	17.000	1,9	7,4	296.300	*4*	*31*	*64*
Kanada	26,5	9.976	20.470	2,7	4,4	570.150	/	/	/
USA	250,0	9.373	21.970	1,7	3,7	5.392.200	/	/	/
Japan	123,5	378	25.430	4,1	1,5	2.942.890	*3*	*42*	*56*
Nachrichtlich: OECD-Mitglieder	776,8	31.243	20.170[a]	2,4[a]	4,2[a]	15.993.410	/	/	/

a) Gewichtete Durchschnittswerte.
b) Zahlen in Kursivdruck gelten für andere als die angegebenen Jahre.

Quelle: Weltbank, Weltentwicklungsbericht 1992. S. 250, 251, 254, 255; Statistisches Bundesamt, Länderbericht Taiwan 1991, S. 17, 116, 117; The Europa World Yearbook 1992. Volume I. London: Europa Publications 1992. S. 768, 769, 771.

Zwerge. Die Summe der Wirtschaftsleistungen aller in der Tabelle aufgeführten Länder betrug 1990 mit US $ 1.464 Mrd. nur 49,7% der Wirtschaftsleistung Japans. Anders als beispielsweise in der EG gibt es im asiatisch-pazifischen Wirtschaftsraum keine Gruppe von Staaten etwa vergleichbarer ökonomischer Potenz. Japan und die USA sind mit weitem Abstand die wichtigsten Volkswirtschaften des Pazifischen Beckens.
Die Daten in den Spalten VII bis IX reflektieren den Stand der wirtschaftlichen Entwicklung eines Landes. Bei dieser Art der Betrachtung wird noch einmal deutlich, wie unterschiedlich die Wirtschaftsstrukturen der untersuchten Länder sind. In den ärmeren Staaten spielt die Landwirtschaft eine herausgehobene Rolle, während in den wohlhabenderen Ländern im Dienstleistungssektor etwa zwei Drittel des BIP erwirtschaftet werden.

2. Die Handelsstrukturen im Pazifischen Becken

Intensivere wirtschaftliche Kooperation zwischen Staaten bedeutet auf den ersten beiden Stufen, d.h. in einer Freihandelszone oder einer Zollunion, eine Ausweitung des Warenhandels. Aus diesem Grund ergibt sich die Notwendigkeit, die vorhandenen Strukturen im Außenhandel der beteiligten Länder zu untersuchen. In Spalte I der Tabelle 2 finden sich Daten zur Exportleistung und in Spalte II zu den Wareneinfuhren, die, zusammen betrachtet, Ausdruck des Grades der Integration einer Volkswirtschaft in den Weltmarkt sind. Hier wird klar, daß die USA und Japan für die Region nicht zuletzt deshalb von zentraler Bedeutung sind, weil sie, auf unterschiedliche Art und Weise, große Importmärkte sind: Die USA nehmen große Mengen auch verarbeiteter Güter auf, Japans Importe hingegen weisen noch immer einen sehr niedrigen Anteil an Industrieprodukten auf.[7] Die Konfliktlinie zwischen diesen beiden wirtschaftlichen Supermächten wird schnell greifbar: Während die Handelsbilanz der USA 1990 ein Defizit von US $ 144 Mrd. aufwies, erwirtschaftete Japan einen Überschuß in Höhe von US $ 55 Milliarden.
Die angelsächsischen Länder Australien und Neuseeland fallen im Vergleich bei der Exportleistung ganz deutlich ab. Neuseeland beispielsweise exportiert nur etwa ein Fünftel dessen, was das von der Bevölkerungszahl her vergleichbare Singapur ausführt. Australien, das ja ein fast genauso hohes BIP wie die in den Tabellen 1 und 2 aufgeführten ASEAN Länder er-

7 Japans Importstruktur im Jahr 1990 im Vergleich zum gewichteten OECD-Mittel belegt diese These. Die Anteile an der Gesamteinfuhr betrugen: Nahrungsmittel 14 % (OECD 9%); Brennstoffe 25% (OECD 11%); sonstige Rohstoffe 16% (OECD 8%); Maschinen, Elektrotechnik, Fahrzeuge 16% (OECD 34%); übrige Industrieprodukte 30% (OECD 39%). Quelle: Weltentwicklungsbericht 1992, S. 279.

Tabelle 2: Daten zur Handelsstruktur der APEC-Länder[d]

	Warenhandel in Mio.US $		Wachstum der Exporte p.a. in %		Anteile am Warenexport in Prozent							
	Exporte	Importe			Brennstoffe, Mineralien, Metalle		Sonstige Rohstoffe		Maschinen, Elektrotechnik Fahrzeuge		Übrige Industrieprodukte	
	1990 I	1990 II	1965-80 III	1980-90 IV	1965 V	1990 VI	1965 VII	1990 VIII	1965 IX	1990 X	1965 XI	1990 XII
China, VR	62.091	53.345	4,8	11,0	15	10	20	16	9	17	56	56
Indonesien	25.553	21.837	9,6	2,8	43	48	53	16	3	1	1	34
Philippinen	8.681	13.080	4,6	2,5	11	12	84	26	0	10	6	52
Thailand	23.002	33.129	8,6	13,2	11	2	86	34	0	20	3	44
Malaysia	29.409	29.251	4,6	10,3	34	19	60	37	2	27	4	17
Korea, Rep.	64.837	69.585	27,2	12,8	15	2	25	5	3	37	56	57
Taiwan	66.279	54.110	29,6 (70-80)	13,0	/	/	/	/	/	c	/	/
Singapur	52.627	60.647	4,7	8,6	21	19	44	8	10	48	24	25
Hongkong	29.002	82.495	9,1	*6,2*[a]	1	1	5	3	7	23	87	73
Neuseeland	9.045	9.466	3,8	3,4	1	10	94	65	0	5	5	20
Australien	35.973	39.740	5,4	3,9	13	34	73	29	5	6	10	30
Kanada	125.056	115.882	5,4	5,9	28	19	35	18	15	37	22	26
USA	371.466	515.635	6,4	3,3	8	6	27	16	37	47	28	31
Japan	286.768	231.223	11,4	4,2	2	1	7	1	31	66	60	32
Nachrichtlich: OECD-Mitglieder	2.379.089	2.501.753	7,2[b]	4,1[b]	9[b]	7[b]	21[b]	12[b]	31[b]	42[b]	38[b]	39[b]

a) Zahlen in Kursivdruck gelten für andere als die angegebenen Jahre.
b) Gewichtete Durchschnittswerte.
c) 1989 betrug der Anteil von Industriegütern am Gesamtexport etwa 95 %.
d) Ohne Brunei.

Quellen: Weltbank, Weltentwicklungsbericht 1992, S. 276, 277, 280, 281; Statistisches Bundesamt, Länderbericht Taiwan 1991, S. 76, 77, 78; The Europa Yearbook 1992. Volume I. London: Europa Publications 1992, S. 772.

wirtschaftet, exportierte 1990 mit rd. US $ 36 Mrd. nur knapp 26% der Ausfuhren der fünf untersuchten ASEAN Länder. Aus den Daten der Spalten III und IV werden sowohl die Exporterfolge der asiatischen Länder wie auch die Exportschwächen der angelsächsischen OECD-Länder deutlich. Vor allem Neuseeland liegt in beiden aufgeführten Perioden signifikant unter den OECD-Mittelwerten. Auf der anderen Seite haben Korea und Taiwan sowohl zwischen 1965 und 1980 (bzw. 1970 bis 1980) als auch zwischen 1980 und 1990 enorme Wachstumsraten bei den Exporten aufzuweisen. Bei den Daten für die achtziger Jahre fallen auch die deutlichen Zuwächse bei den Ausfuhren Thailands und Malaysias auf.

Die Daten in den Spalten V bis XII spiegeln die Entwicklungsprozesse in den einzelnen Ländern wider. Im Zuge der industriellen Entwicklung sind für die asiatischen Länder recht eindeutige Trends auszumachen: Während 1965 der Anteil von Brennstoffen, Mineralien und Metallen an der Gesamtausfuhr im Durchschnitt der neun in der Tabelle 2 aufgeführten asiatischen Länder noch 17% betrug, lag 25 Jahre später dieser Mittelwert nur noch bei 12,6%. Deutlicher ist der Rückgang bei den übrigen Rohstoffen: Während diese 1965 noch 42,6% der Gesamtexporte ausmachten, entfielen 1990 nur noch 16,2% der Ausfuhren auf die Kategorie sonstige Rohstoffe. Dem Rückgang der Bedeutung von Rohstoffexporten steht ein entsprechender Zuwachs bei den Exporten von Industrieprodukten gegenüber: Diese Entwicklung unterstreicht, daß die untersuchten asiatischen Länder im Prozeß der Industrialisierung in den letzten 25 Jahren enorme Fortschritte erzielt haben.

Demgegenüber fällt auf, daß sowohl Australien als auch Neuseeland nicht in der Lage waren, den Anteil der Rohstoffexporte auf ein für Industrieländer übliches Niveau zurückzudrängen. Anders gesagt: Beide Länder exportieren noch immer unverarbeitete Rohstoffe in großem Maßstab und haben es nicht geschafft, ihre Industrien so zu entwickeln, daß ein erheblicher Teil der Wertschöpfung im eigenen Lande vorgenommen werden kann. Neuseeland senkte den Anteil der Rohstoffe an der Gesamtausfuhr von 95% im Jahr 1965 auf 75% im Jahr 1990. Australien senkte den Anteil von 86% auf 63%. Im gewichteten Durchschnitt aller OECD-Mitglieder betrugen die Vergleichszahlen 30% (1965) bzw. 19% (1990).

Die Analyse der Handelsstrukturen der untersuchten Länder des Pazifischen Beckens unterstreicht, daß in der Region Länder mit sehr unterschiedlichen Außenwirtschaftsstrukturen existieren. Während die asiatischen Länder mit dem Versuch einer exportorientierten Industrialisierung mehr oder weniger erfolgreich waren und auch ihre Gesamtexporte stark steigern konnten, blieben die angelsächsischen Länder und insbesondere Australien und Neuseeland weit hinter der asiatischen Konkurrenz zurück.

Diese beiden angelsächsischen Länder wiesen noch 1990 die Handelsstruktur eines armen Entwicklungslandes auf: Der gewichtete Mittelwert für Länder mit niedrigem Einkommen (ohne Indien und China) wies 1990 einen Anteil der Rohstoffe an der Gesamtausfuhr von 72% auf und lag damit in der Kategorie von Australien und Neuseeland (vgl. Weltentwicklungsbericht 1992, S. 280).

Für die Bewertung des Grades der Integration einer Region ist der intraregionale Handel ein häufig verwendeter Maßstab.[8] Dabei fallen deutliche Veränderungen auf. Die 14 in den Tabellen 1 und 2 aufgeführten Länder konnten 1960 55,5% ihrer Exporte in der Region absetzen, 1983 war dieser Wert auf 67,8% gestiegen (vgl. Menzel 1989, S. 120).[9] Allerdings läßt sich dieser Trend nicht bei allen Ländern beobachten. Korea exportierte 1960 noch 85,9% seiner Ausfuhren in die Region, nach 23 Jahren und einer außergewöhnlich erfolgreichen Exportoffensive sank dieser Wert auf 61,5%. In diesem Fall wurde eine Diversifizierung der Absatzmärkte erreicht, was letztlich nur durch eine Diversifizierung der Exportprodukte möglich gewesen ist.

Die 14 ausgewählten Länder aus den Tabellen 1 und 2 bezogen 1960 57,0% ihrer Einfuhren aus der Region, 1983 waren es 67,0% (vgl. Menzel 1989, S. 120). Bei der Interpretation dieser Durchschnitttswerte ist jedoch eine gewisse Vorsicht geboten. Japan, Südkorea, Taiwan, Singapur und die Philippinen bezogen 1960 einen zum Teil deutlich größeren Teil ihrer Importe aus dem Pazifischen Becken als 1983. In den 80er Jahren haben sich Japan und die asiatischen NICs weiter als erfolgreiche Exportnationen profiliert. Es sind vor allem zwei Entwicklungen, die zu Beginn der 90er Jahre den Handel zwischen den APEC-Ländern prägen. Zum einen ist dies die Funktion der USA und Kanadas als Absatzmarkt für die Exporte Japans und der asiatischen NICs, zum anderen ist es die Bedeutung Japans als Exporteur.

Die große Bedeutung der USA und Kanadas als Absatzmärkte insbesondere für Japan und die asiatischen NICs fällt in erster Linie bei Japan auf, das je ein Drittel seiner Exporte in Nordamerika, ein weiteres Drittel in den üb-

---

8 Machlup weist darauf hin, daß man bei der Intepretation dieser sich verändernden Verhältniszahlen vorsichtig sein müsse. Die theoretische Begründung für eine weitergehende Interpretation dieser Verhältniszahlen fehle (vgl. Machlup 1977, S. 95). Unzulässig sei vor allem, verschiedene Länder mit völlig unterschiedlichen Wirtschaftsstrukturen zu vergleichen und aus dem Grad des Außenhandels auf den unterschiedlichen Integrationsgrad eines Landes in eine Region zu schliessen (vgl. Machlup 1977, S.98). Aber auch Machlup meint, daß man durchaus die Daten zum Außenhandel verschiedener Länder einer Region verwenden kann, um Trends zu analysieren.

9 Die USA werden dabei als pazifische Nation gewertet. Wünschenswert wäre die Aufschlüsselung nach Regionen innerhalb der USA, die Datenlage erlaubt dies allerdings nicht. Eine gewisse Zurückhaltung bei der Interpretation erscheint daher angebracht.

Tabelle 3
Daten zur Struktur des Handels zwischen den APEC-Ländern[a] im Jahr 1991

	Exporte 1991 in Millionen US-Dollar I	Anteil der Exporte in die APEC-Länder an den Gesamtexporten in Prozent II	Anteil der Exporte in die APEC-Länder ohne Nordamerika[c] in Prozent III	Anteil der Importe aus APEC-Ländern an den Gesamtimporten in Prozent IV	Anteil der Importe aus APEC-Ländern ohne Japan in Prozent V
China, VR	70.451	79,5[d]	70,0	70,0	53,9
Indonesien	29.294	79,2	66,6	69,1	44,6
Philippinen	8.767	77,0	39,4	72,7	53,0
Thailand	28.263	62,3	39,5	69,2	40,4
Malaysia	34.413	76,6	58,9	78,3	52,3
Korea, Rep.	71.870	64,6	36,7	66,7	40,6
Taiwan[b]	67.214	74,3	41,9	70,3	41,1
Singapur	59.025	69,0	48,4	72,0	50,7
Hongkong	98.577	70,9	46,4	84,9	68,5
Neuseeland	9.599	65,5	51,4	67,0	51,4
Australien	41.764	74,0	62,3	67,0	49,5
Kanada	127.163	85,4	10,2[e]	76,0	68,7
USA	422.158	48,0	27,8[e]	58,3	39,6
Japan	314.786	66,0	34,5	61,0	/
Mittelwerte	/	70,9	45,3	70,2	50,3

a) Das Sultanat Brunei wird in dieser Tabelle nicht berücksichtigt.
b) Die Daten für Taiwan beziehen sich auf das Jahr 1990.
c) Die USA und Kanada.
d) Hongkong nimmt im Außenhandel Chinas eine Sonderstellung ein. Allein 45,6% der Gesamtexporte der VR China gingen 1991 nach Hongkong, das eine Brückenfunktion für den chinesischen Handel erfüllt.
e) Ohne das jeweils andere nordamerikanische Land.

Quellen: IMF, Directions of Trade Yearbook 1992. Washington, (D.C.). Europa Publications 1992, S. 772. Eigene Berechnungen.

rigen APEC-Ländern und die restlichen 34% in den anderen Staaten der Welt absetzt. Die asiatischen NICs, d.h. Korea, Taiwan, Singapur und Hongkong, verkauften 1991 69,7% ihrer Ausfuhren in den APEC-Ländern und 43,4% der Ausfuhren gingen in die APEC-Länder ohne Nordamerika.[10] Bei diesen vier Ländern ist die Bedeutung Nordamerikas zwar nicht ganz so hoch wie bei Japan, aber dennoch sehr viel höher als bei den anderen in Tabelle 3 aufgeführten Ländern. Sowohl bei den weniger entwickelten asiatischen Ländern, mit der Ausnahme von Thailand, als auch bei Australien und Neuseeland spielt Nordamerika als Absatzmarkt eine nicht so bedeutende Rolle.

Parallelen finden sich bei der Betrachtung der Funktion Japans als Lieferant der Region: Tendenziell kann man feststellen, daß die Anteile der Importe aus Japan in den asiatischen Ländern höher sind als in den angelsächsischen Ländern der Region. Dieser Entwicklung liegt, wie bereits erwähnt, eine regionale Arbeitsteilung zugrunde, bei der Japan als Lieferant von Spitzentechnologien fungiert, die NICs herkömmliche Technologien herstellen und die ASEAN-Länder, Australien, Neuseeland und teilweise auch Nordamerika die nötigen Rohstoffe beisteuern (vgl. Menzel 1987a, S. 80ff). Japan hat im Pazifik zweifellos den Status einer wirtschaftlichen Supermacht: Zunehmend hängen die sich rasch entwickelnden asiatischen Ökonomien von japanischer Technologie, japanischen Direktinvestitionen und anderen Formen der Kooperation ab. Diese wachsende Interdependenz ist allerdings asymmetrisch, da Japans Märkte für Exporte von industriell gefertigten Waren, von Halbfabrikaten abgesehen, aus den sich entwikkelnden asiatischen Ländern noch immer weitgehend verschlossen sind (vgl. Boyd 1989, S. 105). Zudem heißt Technologietransfer aus Japan heraus meistens, daß damit eine japanische Beteiligung verbunden ist. Ein Transfer von Technologie ohne Gegenleistung als Beitrag zur Entwicklung der asiatischen Nachbarländer bleibt die große Ausnahme (vgl. Pohl 1987, S. 10f). Pohl meint, daß ein Technologietransfer in die ASEAN-Länder schon deshalb unterbleibe, weil sich Japan, über die NICs hinaus, keine weiteren Konkurrenten schaffen möchte, die Beziehungen hätten vielmehr kolonialen Charakter (vgl. Pohl 1987, S. 11f).

Schließlich erlauben die Daten der Tabelle 3 einen weiteren Schluß: Zwar ist Nordamerika, d.h. vor allem die USA, sehr wichtig für die asiatischen Länder, umgekehrt ist der asiatisch-pazifische Raum für die USA nur von geringer Bedeutung. Die USA verkaufen nur ein Viertel ihrer Exporte (27,8%) an die APEC-Länder (ohne Kanada), die USA beziehen aber

---

10 Engels weist darauf hin, daß die USA für alle Länder des asiatisch-pazifischen Wirtschaftsraumes als Absatzmarkt wichtiger sind als die EG (vgl. Engels 1987, S. 27).

39,9% ihrer Importe aus den APEC-Ländern (ohne Kanada). Man kann es auch anders formulieren: die Quelle der US-Außenhandelsprobleme liegt im Pazifischen Becken. 1991 wiesen die USA einen Fehlbetrag in der Handelsbilanz von US $ 86,8 Mrd. auf, davon entfielen allein 46,9 Mrd. oder 53,4% auf Japan. Das Defizit mit den übrigen APEC-Ländern (d.h. ohne Japan und Kanada) belief sich 1991 auf US $ 38,7 Mrd.: Mehr als 98,5% des US-Handelsbilanzdefizits wurde somit mit den Ländern des asiatisch-pazifischen Beckens erwirtschaftet.[11] Die Bedeutung der USA für die Länder der Region ist damit offensichtlich, andererseits ergibt sich daraus zwangsläufig auch eine hohe Verwundbarkeit der asiatischen Länder durch protektionistische Maßnahmen der USA.

3. Japan als Modell der Entwicklung

Es kann kein Zweifel daran bestehen, daß Japan die bedeutendste Wirtschaftsmacht ist, die, anders als die USA, ausschließlich dem Pazifischen Becken zuzuordnen ist. Japan fungiert sowohl als Wachstumspol des Pazifischen Beckens als auch als Modell für andere asiatische Länder. In diesem Abschnitt sollen wichtige Elemente der japanischen Wirtschafts- und insbesondere der Außenwirtschaftspolitik untersucht werden. Dies dient vor allem dazu, die angesprochene Dichotomie der wirtschaftspolitischen Konzeptionen in der Region zu unterstreichen: Auf der einen Seite stehen die von einem hohen Maß an Regierungsintervention geprägten Länder Asiens, exemplarisch sind hier Japan und Korea zu nennen. Auf der anderen Seite finden sich die weitgehend wirtschaftsliberalen Idealen verpflichteten angelsächsischen Länder, d.h. die USA, Kanada, Australien und Neuseeland.[12]

Japans industrielle Entwicklung begann recht spät: Noch 1874 belief sich das Pro-Kopf-BSP pro Jahr auf US $ 74 in Preisen von 1965, d.h. zu Beginn der nachholenden Industrialisierung befand sich Japan auf dem Niveau einer Subsistenzwirtschaft (vgl. Röpke 1989, S. 29). Anfang der 30er Jahre, d.h. innerhalb von knapp 60 Jahren, war Japan zur regional bedeutendsten Wirtschafts- und Militärmacht aufgestiegen. Japan versuchte seinen Hegemonieanspruch ab 1932 mit militärischen Mitteln durchzusetzen,

11 Bereits 1985 zeichneten Japan und die asiatischen NICs für zwei Drittel des US-Handelsbilanzdefizits verantwortlich (vgl. Engels 1987, S. 31). Die USA haben zwar auch mit anderen Ländern, z.B. den OPEC-Staaten, Defizite zu verzeichnen, die jedoch weit hinter den genannten Beträgen für die asiatischen Länder zurückbleiben.

12 Ob Bill Clinton eine Kehrtwende in der Wirtschaftspolitik der USA durchsetzen wird, kann aus heutiger Sicht nicht beantwortet werden. Es gibt allerdings Anzeichen dafür, daß Clinton aus den Fehlern seiner republikanischen Vorgänger gelernt hat und nicht bereit ist, den Marktkräften ihren Lauf zu lassen.

wurde aber 1945 von den USA vernichtend geschlagen. Trotz dieser Niederlage wurde in Japan bereits Mitte der 50er Jahre das Pro-Kopf-Einkommen der Vorkriegszeit wieder erreicht (vgl. Klenner 1989, S. 72f). Wie war ein solch rascher Wiederaufbau möglich?
Nachdem Japan im Zweiten Weltkrieg den USA im Kampf um militärische Hegemonie unterlegen war, widmete sich das Land in der Nachkriegszeit ausschließlich dem Streben nach Verbesserung seiner wirtschaftlichen Macht und damit nach ökonomischer Hegemonie. Dabei hat Japan in keiner Phase die industrielle Entwicklung und den internationalen Handel dem freien Spiel der Marktkräfte überlassen. Die Produktion industrieller Waren wurde von Produktionsregimes reguliert und die Industrie- und Außenhandelspolitik wurde, für Freihändler unverzeihlich, entgegen den bestehenden (statischen) komparativen Kostenvorteilen betrieben (vgl. Röpke 1989, S. 46).[13] Um die Psychologie japanischer Entscheidungsträger in Staat und Wirtschaft zu verstehen, muß man sich die Bedingungen der japanischen Industrialisierung und Spezialisierung nach dem Zweiten Weltkrieg vergegenwärtigen. Boyd spricht von der 'sozialen Psychologie des Konsens über exportgestütztes Wachstum' (1989, S. 34). Dieser Konsens, so Boyd, betreffe die Unterstützung von steuerlichen, geldpolitischen, finanzpolitischen und handelspolitischen Maßnahmen genauso wie die gezielte Unterstützung von Investitionen, Technologieförderung und anderen industriepolitischen Maßnahmen, deren Ziel stets die Förderung von Exporten bei gleichzeitiger Beschränkung von Importen gewesen sei. Auch Pohl spricht von einem nationalen Konsens über die Notwendigkeit von Exporterfolgen (vgl. Pohl 1987, S. 7). Weitere Elemente des Konsens seien die Kenntnis der Ressourcenknappheit Japans sowie die Annahme, die übrige Welt sei Japan feindlich gesonnen (Boyd 1989, S. 34).[14]
Es wäre verfehlt, von einem grundlegenden Neubeginn in der japanischen Wirtschaft nach 1945 zu sprechen. Die Unternehmensstrukturen, das Bildungssystem, die Beziehungen zwischen Staat und Wirtschaft wie auch zwischen Arbeitnehmer und Arbeitgeber wurden zumindest anfangs unverändert übernommen (vgl. Klenner 1989, S. 66). Auch van Wolferen meint, daß 1945 keine Wasserscheide gewesen sei. Vielmehr hätten auch nach dem Krieg Kräfte gewirkt, die imperiale Ziel verfolgten (vgl. van Wolferen 1989a, S. 517f). Der japanischen Regierung standen nach dem Krieg

13 Nach dem Zweiten Weltkrieg empfahlen ausländische Wirtschaftsberater und auch die japanische Zentralbank die Spezialisierung auf arbeitsintensive Güter. In der Politik des MITI wurden diese Empfehlungen allerdings völlig ignoriert (vgl. Röpke 1989, S. 46).

14 Die Anpassung der Wirtschaftspolitik an veränderte Rahmenbedingungen nimmt allerdings wegen der wenig institutionalisierten Form der Entscheidungsfindung und infolge der Notwendigkeit, einen Konsens zu erzielen, unter Umständen eine gewisse Zeit in Anspruch.

schlagkräftige, aus der Zeit der staatlich gelenkten Wirtschaft stammende Institutionen zur Durchsetzung wirtschaftspolitischer Ziele zur Verfügung: das Finanzministerium, die Bank von Japan und nach 1949 zusätzlich das MITI. Diesen Behörden standen Instrumente zur direkten Allokation von Devisen, Kapital und anderen Ressourcen zur Verfügung, zudem gab es Mittel zur indirekten administrativen Führung[15] der Wirtschaft durch den Staat (vgl. Klenner 1989, S. 66; Boyd 1989, S. 34).
In der Phase zwischen 1946 und 1955 legte die japanische Wirtschaft ein hohes Wachstumstempo vor: Das BSP wuchs pro Jahr um durchschnittlich 8,9%. Die Wirtschaftspolitik legte Wert darauf, daß die Investitionen schon frühzeitig durch inländische Ersparnisse finanziert wurden, um nicht die Kontrolle über die eigenen Industrien zu verlieren. Bereits Anfang der 50er Jahre stieg die Sparquote auf 27%, zudem wurde die Kapitalbildung in den Unternehmen durch vorteilhafte Abschreibungsregeln erleichtert (vgl. Klenner 1989, S. 71). Die Japaner bestanden ferner darauf, daß in der Phase des Wiederaufbaus der Kapitaltransfer aus den USA in Form von Direktkrediten, nicht aber in Form von Direktinvestitionen vorgenommen wurde (vgl. Segal 1990, S. 297). Zumindest in den ersten beiden Dekaden nach dem Zweiten Weltkrieg wies Japan Parallelen zum sowjetischen Entwicklungsmodell auf: Wichtig war eine möglichst hohe Investitionsquote und die Allokation eines möglichst großen Teils der Investitionen in die Produktionsgüterindustrie. Sowohl in Japan wie auch in der UdSSR und der VR China nahm man in Kauf, daß dies eine Einschränkung des potentiell möglichen Konsums bedeutete (vgl. Klenner 1989, S. 82).[16] Eine weitere Parallele ist der hohe Grad an Planung, der Japans Entwicklung kennzeichnet: 1956-1960 galt der erste Fünfjahresplan, 1960 bis 1970 war die Dekade, die dem 'Plan zur Verdopplung der Einkommen' gewidmet war. Allerdings waren, anders als in der UdSSR, die Planziele für niemanden verbindlich (vgl. Klenner 1989, S. 73). Auch Pohl sieht starke Elemente der Planung in allen Entwicklungsphasen der japanischen Wirtschaft. Zwar sei es übertrieben, von einer Planwirtschaft zu sprechen, insbesondere in den 60er und 70er Jahren könne man aber durchaus von einer geplanten Wirtschaft sprechen (vgl. Pohl 1991, S. 34). Die Bedingungen für Japans

15 Der englische Begriff 'administrative guidance' erscheint geeigneter, um die Subtilität dieser Führung hervorzuheben. Röpke bezeichnet die Entwicklung weg von direkten Eingriffen als eine Senkung der Regulationsdichte. Er nennt diese Eingriffsform »weiche, selbstorganisierte Koordination jenseits des Marktes« (Röpke 1989, S. 52).

16 Noch heute ist die Lebensqualität in Japan in wichtigen Bereichen niedriger als in vergleichbaren OECD-Ländern. Zwar verfügen die Japaner über ein sehr hohes Pro-Kopf-Einkommen, aber sie leben in unterdurchschnittlichen kleinen Wohnungen und haben überdurchschnittlich hohe Jahresarbeitszeiten. Das Muster der Vernachlässigung von Konsumption zugunsten von Investitionen liegt diesen Entwicklungen zugrunde.

Nachkriegserfolge waren zudem vorteilhaft, wenngleich aus der damaligen Perspektive die Situation nicht unbedingt günstig aussah:

a) Japan konnte, nicht zuletzt aus strategischen Gründen, Technologie frei importieren. Es beschränkte sich für lange Zeit auf den Fremdbezug von Technologie, die imitiert und durch Assimilieren und Modifizieren den eigenen Bedürfnissen angepasst wurde (vgl. Röpke 1989, S. 40; Klenner 1989, S. 73).

b) Die USA unterstützten den wirtschaftlichen Wiederaufbau durch Kredite und Technologietransfer (vgl. Segal 1990, S. 297).

c) Ab 1949, unter dem System von Bretton-Woods, war der Wechselkurs auf 360 Yen pro US-Dollar festgelegt worden, was als Überwertung des Yen gesehen werden kann.[17] Folgt man dieser Annahme, dann hatte die japanische Regierung, da im Bretton-Woods-System lediglich Defizitländer zur Anpassungsleistung, d.h. zur Reduzierung von Leistungsbilanzdefiziten, gezwungen waren, nur zwei Optionen: Die Regierung hätte eine Abwertung des Yen vornehmen können, was aus Gründen des internationalen Renomées vermieden werden sollte. Japan wählte die zweite verbleibende Möglichkeit: Steigerung der Exporte trotz der Überbewertung und zugleich Kontrolle der Importe durch protektionistische Maßnahmen (vgl. Lincoln 1988, S. 49).

d) Nach der militärischen Niederlage im Zweiten Weltkrieg spielte militärisch-technologische Innovation in Japan kaum noch eine Rolle. Die Japaner hatten schnell gelernt, daß bei knappen Ressourcen Konzentration auf ausgewählte Sektoren der Ökonomie wichtig ist und daß nur dadurch die Schaffung dynamischer komparativer Wettbewerbsvorteile ermöglicht wird (vgl. Röpke 1989, S. 39).

e) Wesentliche Voraussetzung war zudem, daß das Welthandelssystem Japans neomerkantilistische Handelspolitik gestattete.

Im Exportsektor war unmittelbar nach dem Zweiten Weltkrieg ein sehr hohes Maß an staatlicher Intervention zu verzeichnen: Staatliche Agenturen kauften privaten Unternehmen Exportgüter ab und verkauften diese anschließend auf dem Weltmarkt, wenn nötig unter dem Einkaufspreis, da viele Firmen damals noch nicht konkurrenzfähig waren. Umgekehrt wurden von staatlichen Stellen Maschinen und andere Ausrüstungsgegenstände im Ausland gekauft, die an als förderungswürdig betrachtete Unternehmen nötigenfalls auch mit Verlust weitergegeben wurden (vgl. Klenner 1989, S. 69). Die Außenwirtschaftspolitik der japanischen Regierung operiert auch heute noch auf zwei Ebenen: Zum einen werden neue Technologien und

17 Die Bewertungen dieses Wechselkurses sind jedoch uneinheitlich. Klenner meint, der Kurs von 360 Yen sei für die japanische Exportwirtschaft recht vorteilhaft gewesen, d.h. aus seiner Sicht war der Yen unterbewertet (vgl. Klenner 1989, S. 80).

die damit verbundenen Exportprodukte gefördert, zum anderen wird aber der Strukturwandel auch durch die Zerstörung nicht mehr wettbewerbsfähiger Industrien unterstützt (vgl. Röpke 1989, S. 50; Klenner 1989, S. 76). Betrachtet man die Struktur der Industriepolitik, so fallen folgende charakteristische Elemente auf, die sich auch in anderen asiatischen Ländern, insbesondere in Korea, Taiwan, Singapur und Malaysia, tendenziell feststellen lassen:

a) Es findet eine strenge Selektion der zu fördernden Industrien statt. Diesem Verfahren liegt die Annahme zu Grunde, daß sich in einem bestimmten Zeitraum nur wenige Industrien gezielt fördern lassen. Bevorzugt gefördert wurden Industrien, die Güter mit hoher Einkommenselastizität (d.h., die überproportionales Wachstum bei steigenden Realeinkommen erwarten lassen) herstellen und die sich durch hohe Raten technischen Fortschritts auszeichnen (vgl. Röpke 1989, S. 50; Klenner 1989, S. 76). Wenn durch die Bürokratie festgelegt worden war, welche Branchen im Planungszeitraum besonders gefördert werden sollten, folgte die Bestimmung der Instrumente der Unterstützung, beispielsweise Steuervergünstigungen, verbilligte Kredite oder Zollschutz vor ausländischer Konkurrenz (vgl. Klenner 1989, S. 76). Die Konzentration auf wenige Exportbranchen hat zur Folge, daß Japan in Schlüsselindustrien einen großen Teil seiner Produktion ins Ausland absetzt: 1984 wurden 56,3% der in Japan produzierten PKW, 68,4% der Fernsehgeräte, 81,4% der Videorekorder, 82,0% der Kameras und 91,3% der Uhren exportiert (vgl. Nomura 1987, S. 21).[18] Die Erfolgsaussichten einer solchen Politik, von wirtschaftsliberalen, angelsächsischen Ökonomen als 'picking winners' Strategie verspottet, hängt u.a. von der Interventionsfähigkeit des Staatsapparates, von Informationsfluß, Interventionswissen und Kooperationsneigung der Beteiligten ab.

b) Vorprodukte von Exportgütern werden von Zöllen befreit. Zusammen mit der selektiven Förderung innovationsintensiver Branchen ergibt sich ein duales Anreizsystem (vgl. Röpke 1989, S. 53).

c) Ein wichtiges Element ist auch die klare zeitliche Begrenzung von Unterstützungsmaßnahmen bei gleichzeitiger Aufrechterhaltung der Binnenmarktkonkurrenz. Ziel ist der Erhalt von Wettbewerb (vgl. Röpke 1989, S. 53).

d) In Branchen, die gleichwertige Güter herstellen (z.B. Eisen & Stahl, Zucker, Papier, Zement) werden Absprachen geduldet oder sogar geför-

18 Die Exportoffensiven der einzelnen Branchen waren häufig wie Feldzüge organisiert. Nach einer gewissen Vorbereitungszeit wurden schlagartig die Exporte erhöht. Japan exportierte z.B. 1967 erst 370.000 PKW, 1971 waren es schon 2,4 Millionen. Von 1967 bis 1971 stieg auch der Export von Fernsehgeräten von 2,26 Mio. auf 6,25 Mio. und der Stahlexport von 8,8 Mio. Tonnen auf 23,6 Mio. Tonnen (vgl. Klenner 1989, S. 85).

dert, um einen ruinösen Wettbewerb zu verhindern (vgl. Klenner 1989, S. 76).

Der japanische Staat interveniert also bei der Konzipierung und Formulierung der Industriepolitik. Ausgeübt wird diese Funktion von der Bürokratie Japans, vor allem dem 'Ministry of International Trade and Industry' (MITI). Dieses Ministerium verfügt über 12.000 Beamte, die sich zu einem großen Teil noch heute als Teil der vom Kaiser geführten Großfamilie verstehen und deren Organisationsfunktion vom japanischen Management akzeptiert wird. Van Wolferen meint, in Japan lasse sich eine 'Triade der Macht', bestehend aus der Bürokratie, der Liberaldemokratischen Partei LDP und der Wirtschaft, feststellen (vgl. van Wolferen 1989a, S. 73). Es wäre allerdings falsch, zu glauben, die Zusammenarbeit zwischen den einzelnen Säulen der Macht verlaufe in leicht nachvollziehbaren, institutionalisierten Formen. Vielmehr ist gerade die informelle Form kennzeichnend für die Kooperation zwischen den Vertretern des Staates und den Repräsentanten der Wirtschaft. Eine weitgehende Öffnung der japanischen Geschäftswelt für ausländische Investitionen wird als Gefährdung des Systems eingeschätzt, weil dadurch die zur Aufrechterhaltung der japanischen Wettbewerbsfähigkeit als notwendig betrachteten Verbindungen zwischen Staat und Privatwirtschaft gestört werden könnten (vgl. Boyd 1989, S. 123).

Der verbreiteten Annahme, Japan sei eine Demokratie, muß widersprochen werden. Zu einer Demokratie gehört nicht nur der theoretisch mögliche, sondern auch der tatsächliche Machtwechsel. In Japan erscheint aber, trotz einiger Konflikte in den vergangenen Jahren, ein Machtwechsel fast ausgeschlossen. Die liberaldemokratische Partei (LDP) hat sich in den vergangenen 37 Jahren, d.h. seit 1955, das Monopol auf die Regierungsmacht gleichsam erkauft. Auch die Tatsache, daß die gewählten Vertreter des Volkes weniger Macht haben als die nicht-gewählte Ministerialbürokratie, wirft kein besonders positives Licht auf Japans politische Kultur. Überdies wird innerhalb der LDP dafür gesorgt, daß das Ausscheiden eines altgedienten Parlamentariers keine allzu große Lücke aufreißt. Japans Parlamentarier geben ihr Mandat häufig an ihre Nachkommen weiter, in einer Demokratie eine recht ungewöhnliche Form der Kandidatenauswahl (vgl. The Economist, 29.6.1991, S. 18).[19]

Zwei Elemente sind bei der Bewertung der staatlichen Interventionen in Japan von besonderem Interesse: Zum einen war die japanische Bürokratie

---

19 Sogar Lee Kuan Yew, dem langjährigen Premierminister Singapurs und selber demokratischem Gedankengut eher abgeneigt, geht dies zu weit: »What other parliament would have 150 out of 600 Dietmen as sons of Dietmen? ... It's an inheritance, like their golf-club memberships« (zitiert nach: *The Economist*, 29.6.1991, S. 17).

bei der Formulierung von Strukturanpassungsmaßnahmen jenseits des Marktes, wenn auch nicht auf Dauer gegen den Markt, außerordentlich erfolgreich (vgl. Boyd 1989, S. 109). Zum anderen wurde auf Interessengruppen, mit Ausnahme der (Reis-) Bauern, nur wenig Rücksicht genommen. Die hochqualifizierten Bürokraten Japans sahen und sehen sich weniger Partikularinteressen als vielmehr dem Wohl der gesamten Nation[20] verpflichtet und planen, analog zu den Planungshorizonten der japanischen transnationalen Konzerne, langfristig (vgl. Boyd 1989, S. 109). Dabei sollte nicht vergessen werden, daß die Bürokratie alleine nicht in der Lage wäre, eine erfolgreiche Umsetzung der Planung zu gewährleisten, sondern auf die Unterstützung durch die Manager der privaten Wirtschaft angewiesen ist. Erst diese enge Verzahnung zwischen Administration und den Eliten der freien Wirtschaft sorgte für den Erfolg dieses Modells.
Nicht die einzelnen Faktoren, sondern deren Summe machen die Problematik des japanischen Neomerkantilismus aus. Dieser ist gekennzeichnet durch geringe Einschränkungen beim Import von Rohstoffen,[21] hohe bis unüberwindliche Barrieren, teils informeller Natur, bei der Einfuhr von Agrarprodukten und Industriegütern sowie durch informelle Koordination der Auslandsaktivitäten japanischer Konzerne mittels staatlicher Eingriffe bei gleichzeitiger Konkurrenz auf dem Binnenmarkt. Menzel verweist darauf, daß das merkantilitische Bewußtsein der unmittelbaren Nachkriegsjahre ungebrochen ist. Zwar spielen Zölle keine besonders große Rolle bei der Abschottung des Landes. Dafür ist aber nahezu jedes andere Mittel recht, um ausländische Fertigwaren vom japanischen Binnenmarkt fernzuhalten (vgl. Menzel 1989, S. 107; Boyd 1989, S. 35f).
Van Wolferen verweist ebenfalls darauf, daß es, trotz der Abschaffung rechtlicher Zugangsbeschränkungen, gerechtferigt sei, von 'strukturellem Protektionismus' in Japan zu sprechen. Das japanische Handelssystem sei nicht kompliziert, sondern durch die Abhängigkeit der Groß- und Einzelhändler von Kapital und Know-how der Herstellerfirmen manipuliert (vgl. van Wolferen 1989a, S. 584f).[22] Allerdings stößt die Abschaffung der Importbarrieren auf politische Hindernisse. Zum einen würde eine Öffnung des japanischen Binnenmarktes den Nachkriegskonsens zumindest gefähr-

20 Auch hier ist der englische Begriff 'national welfare' präziser und unmißverständlicher.

21 Japan betreibt in extremer Weise komplementären Handel: Rohstoffe und neuerdings Halbfabrikate, deren Produktion infolge der damit verbundenen Umweltbelastungen in andere Länder ausgelagert wird, werden gegen hochwertige Industriegüter gehandelt (vgl. Menzel 1989, S. 107).

22 Anders sieht dies Drysdale. Japan habe, so Drysdale, das klarste (cleanest) Importsystem für Industriegüter von allen OECD-Staaten. Der geringe Anteil von Industriegütern bei den Importen wird von Drysdale mit der Ausstattung Japans mit Ressourcen begründet, lediglich bei Agrargütern gebe es protektionistische Maßnahmen (vgl. Drysdale 1989, 9f).

den, zum anderen stützt sich die LDP stark auf ländliche Gebiete, deren Bewohner ihre Stimmen nicht dieser Partei gewähren könnten, falls sie billige Agrarimporte in großem Stil zuließe. Die Präferenz japanischer Konsumenten für einheimische Produkte, eine Konsequenz des ausgeprägten Nationalbewußtseins, läßt sich zudem durch eine Öffnung der Märkte nicht ändern (vgl. Boyd 1989, S. 39).

Zunehmend setzt Japan seine Erträge aus den Exportüberschüssen dazu ein, in anderen Ländern in großem Stil Immobilien, Fabriken und Wertpapiere zu kaufen und dadurch seinen Einfluß auf die übrige Welt zu erhöhen. Dies hat natürlich auch Auswirkungen auf die Kooperation im asiatisch-pazifischen Wirtschaftsraum. In den 80er Jahren waren fast schon explosionsartige Entwicklungen bei den japanischen Leistungsbilanzüberschüssen zu verzeichnen. Allein in den drei Jahren 1986, 1987 und 1988 erwirtschaftete Japan Leistungsbilanzüberschüsse von zusammengerechnet über US $ 250 Milliarden. Die leichte Abschwächung der Überschüsse in den Jahren 1989 und 1990 hat sich nicht fortgesetzt: Im Finanzjahr 1992/93, das im März endet, werden neue Rekordüberschüsse in Japans Leistungsbilanz erwartet. Die hohen Überschüsse in den 80er Jahren führten zum Aufstieg Japans zur größten Finanzmacht der Welt. Seit 1986 ist Japan der Welt größter Investor.[23]

Eine monokausale Erklärung gibt es für diese Entwicklung natürlich nicht. Basis der hohen Leistungsbilanzüberschüsse waren die Überschüsse in der Handelsbilanz. Japan schaffte es in den 80er Jahren, seine Exporte zu erhöhen und seine Importe auf einem relativ stabilen Niveau zu halten. 1980 betrug der Handelsbilanzüberschuß lediglich US $ 2,1 Mrd., stieg dann aber rasch an und, was noch wichtiger ist, verharrte auf hohem Niveau: 1986 wurde ein Handelsbilanzüberschuß von US $ 83,2 Mrd. erzielt, 1987 US $ 80,3 Mrd., 1988 US $ 77,5 Mrd., 1989 US $ 64,2 Mrd., 1990 US $ 52,2 Mrd. und 1991 US $ 77,8 Mrd. (vgl. Menzel 1989, S. 103; IMF Directions of Trade 1992, S. 240).[24] Ein Ausgleich dieser Überschüsse durch die Erhöhung der Wechselkurse für den Yen, wie es die neoklassische Handelstheorie erwarten ließe, fand nur begrenzt statt.

Die Austeritäts-Politik des japanischen Staates ermöglichte den Transfer von Kapital ins Ausland. Die Folge der auf drastische Reduzierung der

---

23 Damit einher geht eine strukturelle Veränderung der Dienstleistungsbilanz: Die Überschüsse beim Zinsdienst, wozu Profite aus Direktinvestitionen, Dividenden und Zinsen aus Bankdarlehen zu rechnen sind, steigen an; bei den übrigen Dienstleistungen, z.B. im Tourismus, wachsen die Defizite (vgl. Lincoln 1988, S. 220f).

24 Menzel verweist darauf, daß trotz der hohen Überschüsse Japan keine besonders exportorientierte Ökonomie sei: Die Exportquote (d.h. Exporte im Verhältnis zum BSP) liegt bei nur etwa 10%. Japan hat seinen Warenexport aber auf einige wenige Branchen beschränkt (Kraftfahrzeuge, Elektronik, Optik), die es dominiert (vgl. Menzel 1989, S. 105).

staatlichen Haushaltsdefizite abzielenden Politik war, daß die hohe interne Ersparnis nicht mehr aufgenommen werden konnte. Die hohe verfügbare Liquidität im Inland sorgte zudem für niedrige Zinsen und veranlaßte viele japanische Firmen, im Inland Kredite aufzunehmen und im Ausland zu investieren (vgl. Lincoln 1988, S. 6; Healey 1990, S. 13).[25] Zwei weitere Punkte müssen bei der Bewertung der Leistungsbilanzüberschüsse berücksichtigt werden. Zum einen weist Arndt darauf hin, daß Japan durch die hohen Kapitalexporte für einen unterbewerteten Yen sorgte und damit die Wettbewerbsfähigkeit seiner Industrie sichern konnte: Konsequenz waren eine Zunahme der Exporte sowie eine Verteuerung der Importe, beides Ziele des japanischen Neomerkantilismus (vgl. Arndt 1990, S. 9). Zum anderen war die Bereitschaft des Auslandes, die japanischen Überschüsse aufzunehmen, Voraussetzung für Japans Kapitalexporte. Die japanische Regierung konnte so eine Austeritätspolitik betreiben, ohne das Land in eine Rezession zu stürzen (vgl. Lincoln 1988, S. 212).[26] Konsequenz dieser Politik ist, daß das Land der aufgehenden Sonne sich durch massiven Kapitalexport in der Region eine herausragende Gläubigerposition verschafft hat.

Die Außenwirtschaftspolitik Japans wird nun schon seit einigen Jahren kritisch kommentiert. Bisher gab es allerdings trotz aller Kritik keine signifikanten Veränderungen, von Absichtserklärungen japanischer Regierungsvertreter abgesehen. Die Rücksichtslosigkeit, mit der Japan in der Außenwirtschaftspolitik seine Interessen durchsetzt, führte allerdings zu Warnungen vor einer stärkeren Führungsrolle Japans sowohl regional als auch global (vgl. Boyd 1989, S. 106).[27]

---

25 Direktinvestitionen japanischer Unternehmen im Ausland werden häufig auch aus strategischen Gründen vorgenommen. Ziele sind bei Investitionen in Produktionsstätten meist die Überwindung von Handelsbarrieren oder die Auslagerung von arbeitsintensiven Industrien in asiatische Nachbarländer, die niedrigere Lohnkosten aufweisen. Direktinvestitionen in Bergbau oder andere Quellen natürlicher Ressourcen dienen vorwiegend der Sicherung der Versorgung, selten stehen dabei ausschließlich Profitinteressen im Vordergrund (vgl. Arndt 1990, S. 9).

26 Auch die USA profitierten in gewisser Weise von dieser Entwicklung: die expansive Fiskalpolitik unter Reagan hätte ohne japanisches Kapital unweigerlich zu höheren Zinsen geführt (vgl. Lincoln 1988, S. 12).

27 Panglaykim meint, Japan werde zu Recht als unzuverlässiger Verbündeter betrachtet, da schon das Konzept dort nicht verstanden werde: »Japan is correctly suspected to be an unreliable ally because alliance is a western concept, unknown in Asia. Confucian societies understand empires (technically, Japan still is one), hegemony, tributary kings, and client states. All these are derived from the idea of the harmonious hierarchy, the fundamental notion of Confucianism« (Panglaykim, J.: The Japanese Economic Strategiy: Sogo Shosha and Asean. The Indonesien Quarterly, No. 2 (1983). S. 80ff. Zitiert nach Machetzki 1988, S. 34).

Die Kritik an Japan wird von den Japanern nicht immer verstanden. Aus ihrer Sicht sind es die Amerikaner, die ein bestehendes, durch Gewohnheitsrecht legitimiertes System ändern wollen, während die Regierung der USA meint, Japan solle seinem Wohlstand entsprechend international eine größere Verantwortung übernehmen (vgl. van Wolferen 1989a, S. 24f).[28] In Japan wird die zunehmend härtere Gangart Washingtons auch mit den Frustrationen erklärt, die sich aus dem Verlust der US-Hegemonie entwikkelten (vgl. van Wolferen 1989a, S. 626).

Es bleibt abzuwarten, wie sich die Beziehungen zwischen den beiden wichtigsten Nationen der Region in den nächsten Jahren entwickeln werden. Der Wegfall des militärischen Konfliktes mit der UdSSR könnte, insbesondere unter der wirtschaftliche Aspekte stärker betonenden Clinton-Administration, zu einer dramatischen Verschärfung des Handelskonfliktes führen. Dies gilt insbesondere dann, wenn, wie es sich derzeit abzeichnet, eine Einigung zwischen der EG und den USA in der Uruguay-Runde erzielt werden könnte und die Japaner keine Bereitschaft zeigen sollten, ihre Agrarmärkte, d.h. insbesondere den Markt für Reis, zu öffnen. Ebenso sind andere Szenarien denkbar. Möglicherweise laufen Chinas gegenwärtig stark ausgeweitete Rüstungsanstrengungen darauf hinaus, daß es sich zum Nachfolger der UdSSR auf militärischem Gebiet entwickelt. Sollte es China gelingen, sich als regionale Militärsupermacht herauszubilden und dadurch eine neue militärische Bedrohung Japans entstehen, könnte die alte Arbeitsteilung zwischen Japan und den USA wieder aktuell werden. Japan könnte gezwungen sein, sich stärker an die USA anzulehnen.

Für die Frage, welche Rolle Japan im asiatisch-pazifischen Wirtschaftsraum spielt, ist jedoch nicht nur das Verhältnis zu den USA von Belang. Japan hat es in der Nachkriegszeit verstanden, sich als Wachstumspol der Region zu entwickeln. Es treibt mit den anderen Ländern, wie schon erwähnt, keinen auf Wettbewerb basierenden, sondern einen komplementären Handel. Die Arbeitsteilung in der Region (Japan liefert die Waren mit der höchsten Wertschöpfung und zunehmend die Güter, deren Herstellung die geringsten Umweltschäden verursacht) begünstigt eindeutig das Land der aufgehenden Sonne: Es steht in der Hierarchie der Region zweifellos an der Spitze.[29]

---

28 Dabei muß berücksichtigt werden, daß in der gesamten Nachkriegszeit eine sehr enge Beziehung zwischen Japan und den USA bestand. Japan befand sich in einer militärischen, aber auch in einer außenpolitischen und diplomatischen Abhängigkeit von den USA (vgl. van Wolferen 1989b, S. 12f).

29 Menzel unterstreicht die Erfolge der japanischen Außenwirtschaftspolitik und stellt fest, daß Japan mit nicht-militärischen Mitteln die imperialistischen Ziele der 30er und 40er Jahre erreicht hat: »Aus japanischer Sicht läßt sich somit konstatieren, daß die Ziele der dreißiger und vierziger Jahre, nämlich die Schaffung der sogenannten 'Gemeinsamen

4. Charakteristika der Entwicklungswege in den anderen asiatischen Ländern des Pazifischen Beckens

Die Betonung der nationalen Interessen, umfassende staatliche Intervention in die Abläufe des Wirtschaftslebens und die Vernachlässigung individueller Bedürfnisbefriedigung, wozu auch das Bedürfnis nach einer demokratischen Gestaltung von Politik und Gesellschaft zu rechnen ist, finden sich nicht nur in Japan, sondern auch in den anderen asiatischen Ländern der Region. Die in der Einleitung formulierte These, daß sich im Pazifischen Becken zwei nicht miteinander in Einklang zu bringende Gesellschaftsformen finden lassen, soll hier weiter spezifiziert werden.

Häufig werden die asiatischen NICs Korea, Taiwan, Singapur und Hongkong schon begrifflich unter dem Titel 'Vier kleine Tiger' zusammengefaßt. Diese bequeme Vereinfachung führt jedoch schnell zu einer falschen Wahrnehmung dieser Länder. Die Differenzen zwischen den NICs in Bezug auf Kultur, Ideologie und Wirtschaftsystem sind groß, größer jedenfalls als zwischen den Nationen in Westeuropa.[30] Trotz aller Unterschiede sollen an dieser Stelle die Gemeinsamkeiten des asiatischen Entwicklungsweges erörtert werden. Im Anschluß werden dann einige länderspezifische Gesichtspunkte diskutiert.

Eine erste Gemeinsamkeit ist, daß die asiatischen Länder offensichtlich trotz fehlender demokratischer Strukturen zu hohen Wachstumsraten fähig waren. Bei der Betrachtung der sechs Nationen in Asien mit dem höchsten Pro-Kopf-Wachstum seit 1965 fällt auf, daß

- ein Land, die VR China, eine autoritäre kommunistische Regierung besitzt,
- ein Land, Indonesien, zeitweise von einer Militärdiktatur regiert wurde und anschließend eine Einparteienregierung hatte,
- zwei Länder, Südkorea und Taiwan, autoritäre Regierungen hatten und erst am Beginn der Demokratisierung ihrer Gesellschaften stehen,
- Singapur zwar eine gewählte, aber autoritäre Regierung besaß,

Großasiatischen Wohlstandssphäre', ein Begriff des blanken Euphemismus, Mitte der achtziger Jahre weitgehend erreicht wurden. Südostasien, China, die Sowjetunion und Ozeanien, selbst Nordamerika sind zu Primärgüterlieferanten geworden, die europäischen und amerikanischen Konkurrenten auf dem Markt der Fertigwaren sind weitgehend aus der Region verdrängt worden. Was die damalige militärische Expansion nicht vermochte, ist auf elegante Weise der kommerziellen Expansion gelungen« (Menzel 1989, S. 131).

30 Zudem treiben die NICs, wie auch die ASEAN-Länder, kaum Handel untereinander, was aber zumindest teilweise auf unterschiedliche Entwicklungsstufen zurückgeführt werden kann (vgl. Segal 1990, S. 381f).

- Hongkong bürgerliche Freiheiten genoß, aber britische Kolonie war und ist.

Die sieben ökonomisch erfolgreichsten Länder der Region (einschließlich Japan) sind also keine Demokratien westlichen Formates. Dabei drängt sich natürlich die Frage auf, ob demokratische Strukturen bei der Erzielung hoher Wachstumsraten überhaupt notwendig sind. Man kann sicherlich feststellen, daß autoritäre Regime eher in der Lage sind, dem Druck von Interessengruppen zu widerstehen und daher weniger dazu neigen, Strukturanpassungsmaßnahmen zeitlich zu strecken, aufzuschieben oder ganz zu unterlassen.

Einige Autoren sind der Ansicht, daß die erfolgreicheren Länder der Region durch konfuzianische Ideen charakterisiert seien. Segal meint, der moderne Konfuzianismus sei ein System paternalistischer Autorität verbunden mit nationalistischen Strömungen, in dem nur wenig Raum sei für westliche Vorstellungen einer auf einer gesetzlichen Grundlage basierenden politischen Ordnung. Eine Parallele zum Kommunismus ist, daß das Wohl der Gemeinschaft und Gruppensolidarität wichtiger sind als die Freiheit des Individuums (vgl. Segal 1990, S. 117).[31] An dieser Stelle werden die Differenzen zwischen den asiatischen und den angelsächsischen Ländern der Region deutlich. In den USA, Kanada, Neuseeland und Australien wird dem Wohlergehen der gesamten Gesellschaft weniger Bedeutung beigemessen als der freien Entfaltung des Individuums.

Ein Merkmal, das das pazifische Asien von anderen Wirtschaftsregionen der Dritten Welt unterscheidet, ist ein aus dem wirtschaftlichen Aufschwung erwachsenes Selbstbewußtsein. Die ost- und südostasiatischen Länder haben auf die ökonomischen Herausforderungen des 20. Jahrhunderts innovativ reagiert. Aus diesem Erfolg erwuchs ein Anstieg des Vertrauens in die eigene Problemlösungskompetenz. Dabei muß man berücksichtigen, daß die erfolgreichen asiatischen Länder westliche Vorbilder nicht unkritisch imitierten, sondern der gelungene Versuch gemacht wurde, viele Elemente der traditionellen Wirtschaftskultur in die neue Wirtschaftsordnung zu übernehmen (vgl. Machetzski 1991, S. 10). Diese Wirtschaftsordnung ist vor allem durch eine strukturelle Gemeinsamkeit gekennzeichnet: In den asiatischen Staaten mit den höchsten Wachstumsraten gibt es einen umfassenden Einfluß des Staates zu verzeichnen. Es finden sich zwar durchaus Elemente einer marktwirtschaftlichen Ordnung, die allerdings, wie für Japan gezeigt, durch ein hohes Maß an staatlicher Inter-

31 Segal weist aber auch darauf hin, daß der Begriff 'Konfuzianismus' lediglich eine Klammer ist, um eine Reihe von erfolgreichen Entwicklungsländern zu bezeichnen, die in einer traditionell konfuzianistischen Region liegen und die weder sozialistisch noch demokratisch-pluralistisch sind (vgl. Segal 1990, S. 121).

vention relativiert werden.[32] Dabei wird jedoch eine marktwirtschaftliche Ordnung weniger als zu erreichendes Ziel, sondern vielmehr als Mittel zur Durchsetzung staatlicher Entwicklungszielsetzungen verstanden. Dies unterstreicht den pragmatischen Charakter der Wirtschaftspolitik in asiatischen Ländern (vgl. Röpke 1991, S. 102).

Folge der Unterschiedlichkeit der Wirtschaftssysteme asiatischer und angelsächsischer Länder sowie der hohen Bedeutung der staatlichen Bürokratie in den asiatischen Staaten ist allerdings ein funktionales Problem für die Intensivierung der Kooperation: Den in den meisten asiatischen Ländern der Region sehr wichtigen Ministerialbürokratien stehen in den angelsächsischen Ländern keine mit ähnlichen Kompetenzen ausgestatteten Staatsdiener gegenüber. Für eine asiatisch-pazifische Wirtschaftsgemeinschaft stellt diese funktionale Divergenz eine hohe, wenn auch nicht unüberwindbare Hürde dar.

Wichtig ist, daß staatliche Interventionen in asiatischen Ländern, im Gegensatz zu vielen westlichen Staaten, vor allem dem Ziel dienen, eine starke weltwirtschaftliche Position der eigenen Volkswirtschaft herzustellen bzw. zu sichern (vgl. Machetzski 1991, S. 11). Andere konkrete Ziele, z. B. hoher Beschäftigungsstand, Schutz einzelner Branchen vor den Auswirkungen eines strukturellen Wandels oder soziale Zielsetzungen wie Arbeitsschutzmaßnahmen, die in westlichen Ländern häufig im Zentrum staatlichen Handelns stehen, haben in den untersuchten asiatischen Ländern nur eine untergeordnete Bedeutung.

Einige Autoren meinen, daß die asiatischen NICs sich vor allem durch die Anwendung der Prinzipien einer freien Marktwirtschaft so rasch hätten entwickeln können. Man darf jedoch die Exportorientierung der NICs nicht mit freier Marktwirtschaft verwechseln (vgl. Sachs 1989b, S. 16; Edwards 1989, S. 180). Vielfach wurden, neben einem unterbewerteten Wechselkurs und Beschränkungen bei den Importen, die Exportsektoren durch Regierungssubventionen und Kreditzuweisungen sowie durch andere finanzielle Unterstützungsmaßnahmen gefördert (vgl. Sachs 1989b, S. 16). Die Ähnlichkeiten mit dem japanischen Entwicklungsweg unmittelbar nach dem Zweiten Weltkrieg sind unübersehbar.[33] Man sollte darüber hinaus nicht

---

32 Während im kontinentaleuropäischen Raum nur wenige Beobachter an dieser Einschätzung zweifeln und den Erfolg der staatlichen Interventionen anerkennen, wird im angelsächsischen Raum das Gedeihen einer derartigen Wirtschaftspolitik mit Geringschätzung betrachtet: »Many nations (especially Japan and the NICs) have gained by government actions to develop trade, and it only seems to be in the English-speaking countries of the West that such action is viewed with disdain« (Emy/Hugh 1991, S. 36).

33 Die kapitalistischen Länder Ost- und Südostasiens entwickelten sich nicht nur gemäß dem japanischen Modell, sondern auch unter starkem japanischen Einfluß. Insbesondere sind

aus dem Auge verlieren, daß die Regierungen insbesondere der ostasiatischen Länder, d.h. Japan, Taiwan und Korea, die einheimische Ersparnis und Kapitalbildung, Bildung und Wissenssammlung sowie eine effiziente Infrastruktur förderten (vgl. Kasper 1990, S. 16).
Bei den erfolgreichen Ländern der Region, d.h. insbesondere Japan, Korea, Taiwan, Singapur und Hongkong, waren keineswegs vor allem Maßnahmen zur Handelsliberalisierung für den wirtschaftlichen Aufstieg verantwortlich. Diesen Ländern, mit der Ausnahme von Hongkong, ist jedoch ein hohes Maß an Regierungsintervention zur Stimulierung der Exporte gemeinsam (vgl. Edwards 1989, S. 180).[34] Es darf dabei nicht vergessen werden, daß die erfolgreichen Exporteure der Region zudem von drei Rahmenbedingungen profitierten: Einmal erlaubt das seit dem Zweiten Weltkrieg gültige System des Welthandels auch über lange Zeiträume hinweg die Erzielung von Exportüberschüssen. Zweitens konnten vor allem die NICs ihre Erfolge im Direkthandel mit den Industrieländern erzielen und waren nicht auf z.T. komplexe multilaterale Koordinationsmechanismen angewiesen (vgl. Langhammer/Hiemenz 1990, S. 51) und drittens profitierten die NICs von ihrer Klassifizierung als Entwicklungsländer, insbesondere bei Fragen des Marktzugangs.
Einige länderspezifische Gesichtspunkte sind für die Analyse der Kooperationschancen in der Region von Bedeutung. Südkorea weist wohl die meisten Parallelen zum japanischen Entwicklungsweg auf. Innerhalb von einer Generation, von 1953 bis 1980, hat sich diese Nation von einem armen Agrarland (47% des BSP Landwirtschaft, 9% Industrie) zu einem prosperierenden Schwellenland gewandelt (16% Landwirtschaft, 30% Industrie). Japan hatte vor dem Zweiten Weltkrieg die koreanische Wirtschaft dominiert, aber auch die infrastrukturellen Vorraussetzungen für eine moderne Ökonomie geschaffen. Ein großer Teil der Infrastruktur wurde zwar im Koreakrieg zerstört, massive Kapitalhilfe aus den USA und später Japan sowie eine Landreform schufen jedoch rasch die Grundlagen für den rasanten Aufschwung (vgl. Segal 1990, S. 316). In Südkorea wurde das gemischte japanische Wirtschaftssystem übernommen: Marktwirtschaftlichen Elementen unter Betonung der Privatwirtschaft wurden staatliche Inter-

heute viele japanische Konzerne dazu übergegangen, Produktionsstätten in ASEAN-Ländern in den Konzernverbund miteinzubeziehen (vgl. Boyd 1989, S. 12).

34 Edwards weist auch darauf hin, daß eine Exportorientierung sicherlich Vorteile mit sich bringt. Aber es gibt weder ein theoretisches noch ein empirisches Modell, das sehr niedrige (oder nicht vorhandene) Zölle mit höherem Wachstum verbindet. Auch die These, daß eine von Regierungsintervention freie Wirtschaftspolitik ('hands off') die besten Ergebnisse zeitigt, läßt sich nicht belegen: »In fact, the success of the East Asian countries with export-led growth suggests that some selectively determined degree of intervention specially aimed at supporting exports played a key role« (Edwards 1989, S. 182).

ventionen gegenübergestellt. Vier Hauptelemente charakterisieren Koreas Wirtschaftsordnung: Indikative Rahmenplanung durch Fünfjahrespläne, umfassende Kapitalverkehrskontrollen, straffe Geld- und Finanzpolitik sowie direkter oder indirekter Staatsbesitz von Großunternehmen und Banken (vgl. Pohl 1991, S. 34).

Gemeinsamkeiten weisen die beiden Flächenstaaten unter den NICs, Korea und Taiwan, auf. In beiden Ländern findet sich der für den asiatischen Entwicklungsweg so charakteristische hohe Staatseinfluß, vor allem zur Förderung von industrieller Produktion für den Export. Ausländische Direktinvestitionen wurden zugelassen, aber man versuchte, ausländische Firmen in den zentral geplanten Industrialisierungsprozeß einzubeziehen (vgl. Boyd 1989, S. 49f). Zum System der Intervention gehört auch, daß die jeweiligen Staatsbanken private Investitionen finanzieren, die aber mit industriepolitischen Zielen in Einklang stehen müssen (vgl. Röpke 1991, S. 104).

Sowohl Südkorea wie auch Taiwan entwickelten sich unter Einflußnahme mächtiger und hochqualifizierter Bürokratien. Wie in den untersuchten asiatischen Ländern üblich, hatten Interessengruppen fast keinen Einfluß. Die staatlichen Verwaltungen planten systematisch Exportkampagnen, die vor allem auf die japanischen und nordamerikanischen Märkte zielten. Importe wurden zum Schutz der einheimischen Industrien beschränkt und die Kooperation zwischen den ortsansässigen Firmen gefördert. Mit den hohen Exporteinnahmen wurden weitere Investitionen zur Fortsetzung des schnellen Wachstums finanziert. Beide Länder haben zwar ihre Exportproduktpalette diversifiziert, gleichzeitig sind aber sowohl Südkorea als auch Taiwan noch sehr stark von Exporten nach Nordamerika abhängig und durch handelspolitische Maßnahmen der USA potentiell verwundbar (vgl. Boyd 1989, S. 50; Rodrik 1990, S. 941).[35]

Die Entwicklung in Taiwan ist wahrscheinlich die bemerkenswerteste aller NICs. Chiang Kai-shek hatte aus dem Scheitern seiner Politik Lehren gezogen und führte eine umfassende Landreform, die er auf dem Festland versäumt hatte, durch. Auch in Taiwan wurde die Vorstellung einer sich selbst regulierenden Ökonomie nicht akzeptiert (vgl. Segal 1990, S. 121). Wie bereits gezeigt, gehört Taiwan heute zu den wohlhabendsten Ländern Asiens. Deutlich wird dies bei der Außenverschuldung und den Währungsreserven: Für den Schuldendienst auf die Außenschuld von spärlichen US $ 1,15 Mrd. waren 1989 lediglich 0,7% der Exporteinnahmen notwendig. Noch eindrucksvoller ist, daß Taiwan die größten Währungsreserven der

35 Auch für Sachs besteht kein Zweifel daran, daß die Regierung Südkoreas eine Schlüsselrolle bei der Dynamisierung der ökonomischen Entwicklung spielte (vgl. Sachs 1989b, S. 16f).

Welt besitzt. Ende 1990 verfügte das Land über Reserven in Höhe von US $ 78,1 Mrd.; ein Betrag, der etwa der Summe der Außenverschuldung Argentiniens und Chiles zur gleichen Zeit entspricht (vgl. The Europa World Yearbook 1992, S. 768 und S. 771; Weltentwicklungsbericht 1992, S. 291).
Wie bei Korea und Taiwan lassen sich auch zwischen Singapur und Hongkong Gemeinsamkeiten finden. Dabei gilt es aber differenziert vorzugehen: die beiden Länder haben eine vergleichbare Größe, Bevölkerungszahl und sind, anders als Japan, Korea und Taiwan, sehr offene Ökonomien mit geringen Importbeschränkungen. Sowohl Singapur als auch Hongkong geniessen eine Position als Drehscheibe der Region und fungieren als Zentren für (Finanz-) Dienstleistungen. Jenseits dieser funktionalen Gemeinsamkeiten findet man aber nahezu diametral entgegengesetzte wirtschaftspolitische Konzeptionen (vgl. Röpke 1991, S. 89f). Singapur ist eine saubere bis fast schon sterile Stadt ohne Slums, mit einer hervorragenden Infrastruktur, umfassenden umweltpolitischen Maßnahmen und einer sehr guten sozialen Absicherung der Bevölkerung. Hongkong hingegen hat nichts davon: Schon der Anflug auf den berüchtigten Flughafen der Stadt stimmt auf die Atmosphäre der britischen Kronkolonie ein. Hongkong, die Stadt mit der höchsten Rolls-Royce Dichte der Welt, präsentiert vulgären Reichtum direkt neben bitterer Armut. Bei kaum einem anderen Ländervergleich wird so deutlich, daß es für die Bewertung der Wirtschaftspolitik eines Landes letztlich nicht ausreicht, das Pro-Kopf-Einkommen ohne Berücksichtigung der Einkommensverteilung zu betrachten.
In Singapur basierte der Erfolg auf einem mit harter Hand geführten Staat, der auf einer Vielzahl von Ebenen in das Leben der Individuen eingriff. Die Regierung wählte anfänglich arbeitsintensive Industrien aus, später folgten staatlich gelenkte Investitionen in Schwerindustrie, Maschinenbau und Ölraffinerie (vgl. Segal 1990, S. 310). Singapurs langjähriger Premierminister Lee Kuan Yew orientierte sich am Modell Japan, setzte also durchgängig auf Staatsintervention (vgl. Pohl 1987, S. 17; Rieger 1991, S. 30). Dabei schaffte es die Regierung, in den 80er Jahren den Sprung vom Billiglohnland zum Standort mit relativ hohen Löhnen, aber zugleich hoher Produktivität, mit verblüffend geringen Schwierigkeiten durchzusetzen.
Hongkong stellt, sieht man einmal von den Philippinen ab, die große Ausnahme in Ostasien und unter den asiatischen APEC-Ländern dar. Die britische Kronkolonie wählte einen völlig anderen Entwicklungsweg als Singapur oder die anderen asiatischen NICs: ordnungspolitisch betrachtet gibt es wenige Länder, bei denen der Staatseinfluß derart gering ist wie in Hongkong (vgl. Segal 1990, S. 121). Singapur und Hongkong könnte man als ungleiche Zwillinge bezeichnen: der präzisen Planung in Singapur steht Hongkongs Wirtschaftsliberalismus einschließlich eines weitgehend unre-

gulierten Finanzsektors gegenüber. Für einige Betrachter stellt dementsprechend die Kronkolonie das Beispiel für den Erfolg einer reinen Marktwirtschaft ohne sozialen Ausgleich dar.

Hongkongs Erfolge werden der Durchsetzung des klassischen Prinzips freier Konkurrenz und anderen Eckpfeilern einer liberalen Wirtschaftspolitik zugesprochen: Freihandel, unbeschränkte Mobilität des Faktors Kapital, freie nationale Konkurrenz mit unbeschränktem Markteintritt und -austritt, Privateigentum an Produktionsmitteln sowie die Durchsetzung rechtsstaatlicher Prinzipien prägen die Wirtschaftsordnung der britischen Kronkolonie (vgl. Röpke 1991, S. 93f). Doch Hongkongs Erfolgsbilanz ist längst nicht so strahlend wie man auf den ersten Blick meinen könnte. Wie auch in den anderen angelsächsisch geprägten Ländern, und dazu muß man die britische Kronkolonie in Fragen der Ordnungspolitik unbedingt zählen, zeigen sich die Grenzen dieses Modells. Betrachtet man die industriellen Beziehungen, fällt die Kurzfristigkeit der Arbeitsbeziehungen auf. Flexibilität ist wichtiger als Kontinuität und die Potentiale einer langfristigen Bindung von Arbeitnehmern an einen Betrieb werden damit nicht genutzt (vgl. Röpke 1991, S. 90).

Röpke weist auch auf einen weiteren Nachteil des Systems hin: Mitarbeiter von Firmen sind stets geneigt, sich selbstständig zu machen. Die andauernde Entstehung und Zerstörung von Firmen bringen zwar der gesamten Volkswirtschaft Flexibilität und Dynamik, auf der Mikroebene resultiert daraus aber häufig die Ablehnung von Teamarbeit und einer offenen, vertrauensvollen Zusammenarbeit von Geschäftsführung und Arbeitnehmern.[36] Konsequenz sind extrem zentralisierte Entscheidungsprozesse und autokratische Führungsmethoden in den Unternehmen Hongkongs (vgl. Röpke 1991, S. 90). Die größten Schwächen tauchen im industriellen Sektor des Landes auf, die im Vergleich mit dem ungleichen Zwilling Singapur um so stärker ins Auge fallen. Obwohl die industrielle Entwicklung in Singapur mehr als ein Jahrzehnt später als in Hongkong begann, verfügt der Inselstaat heute über eine modernere Industriestruktur als die Kronkolonie. Die Problemfelder wurden in einer Studie, die im Auftrag des 'Industry Department' erstellt wurde, im Jahr 1989 benannt. Unter anderem wurde folgendes kritisert: zu niedrige Investitionen, geringe Entlohnung der Arbeitskräfte, niedrige Arbeitsproduktivität, schlechte Arbeitsplatzorganisation und schlechtes Betriebsklima, Qualitätsmängel in der Fertigung, veraltete Produktionstechnologien, mangelhafte Neuentwicklung von Produkten, Mangel an qualifiziertem Personal mit einer fundierten technischen

36 Unternehmen müssen infolge der niedrigen Austrittskosten stets die Abwanderung von Mitarbeitern befürchten. Diese Tendenz verstärkt sich, wenn die Leitung einer Firma sich bietende Chancen nicht nutzt.

Ausbildung (vgl. Röpke 1991, S. 100). Insbesondere im Vergleich mit anderen asiatischen NICs bleibt Hongkongs Industrie zurück: Während sich die übrigen Länder durch industriepolitische Maßnahmen komparative Vorteile verschafften, blieb Hongkong infolge seiner 'laissez-faire' Orientierung zurück (vgl. Röpke 1991, S. 107).

Die Parallelen zwischen Hongkong und den angelsächsischen Ländern werden besonders bei der Betrachtung des Zustandes der Industrie deutlich. Eine Bestandsaufnahme der Industrie in den USA, Kanada, Australien und Neuseeland, natürlich auch in Großbritannien selbst, würde zu fast den gleichen Ergebnissen kommen. Offensichtlich sind die angelsächsischen Länder nicht in der Lage, ihre Industrien kontinuierlich zu moderniseren und mit den asiatischen wie auch mit den kontinentaleuropäischen Konkurrenten in Wettbewerb zu treten. Es wäre jedoch falsch, allein staatliche Intervention für die Exporterfolge der asiatischen Länder verantwortlich zu machen. Ganz zentral für die Erklärung der asiatischen Triumphe und die permante Schwäche der angelsächsischen Länder ist die unterschiedliche Art der Finanzierung von Investitionen: Kapitalmarktorientierung auf der einen versus Kreditmarktorientierung auf der anderen Seite.

Mit Kapitalmarktorientierung ist ein an der Börse ausgerichteter Kapitalmarkt gemeint, d.h. Investitionen werden vorwiegend durch Aktienemissionen finanziert. Vor allem in den angelsächsischen Ländern überwiegt Aktienkapital als wichtigste langfristige Finanzierungsquelle. In Kontinentaleuropa wurde mit der Schaffung des Universalbankensystems ein weitergehendes System entwickelt. Dabei können Firmen sich unabhängig von der Börse mit Krediten bei ihrer (Haus-) Bank versorgen. Damit wurden zentrale Schwächen des angelsächsischen Systems überwunden. Zum einen haben es dort kleinere Firmen schwerer, sich mit Krediten zu versorgen, zum anderen bedingt die Abhängigkeit von der Börse eine hohe Verwundbarkeit durch sogenannte feindliche Übernahmen. In Japan ging die Entwicklung noch einen Schritt weiter. Industriekonzerne verfügen dort über eigene Hausbanken. Zudem hat die Zentralbank große Macht über die Steuerung der Kreditmärkte und kann auch zu industriepolitischen Zwekken intervenieren. In Taiwan und Südkorea sind es sogar Staatsbanken, die private Investitionen finanzieren. Die Staatsbanken prüfen allerdings, ob die privaten Investitionen mit den industriepolitischen Zielen der Regierung im Einklang stehen, d.h. de facto interveniert der Staat auf mehreren Ebenen (vgl. Röpke 1991, S. 103f).

Die Kapitalmarktorientierung im angelsächsischen System hat aber eine weitere Schattenseite, das Risiko einer 'feindlichen Übernahme'. Ein Unternehmen ist im angelsächsischen System fatalerweise nicht nur dann ein Übernahmekandidat, wenn die Firma finanzielle Schwächen zeigt, sondern paradoxerweise auch dann, wenn die Firma glänzende Geschäfte macht. Hat ein Unternehmen nämlich aufgrund dieser guten Geschäftslage eine hohe verfügbare Liquidität, stellt dies einen besonderen Anreiz dar. Der 'raider' kann mit diesen Mitteln die aufgenommenen Kredite und andere Kosten der Übernahme bezahlen. Anders gesagt: Das Opfer bezahlt auch noch die eigene Hinrichtung. Die Konsequenz dieser fatalen Logik ist der Zwang für Unternehmen, über eine möglichst niedrige Liquidität zu verfügen, um nicht zum Übernahmeobjekt zu werden. Dadurch wiederum wird verhindert, daß Investitionen aus eigenen Rücklagen finanziert werden, was die Abhängigkeit von der Börse sowie vom Zinsniveau verstärkt: ein Teufelskreis, in dem eine langfristige Planung unmöglich ist. Man muß sich dabei vor Augen halten, wie wenig in den asiatischen Ländern kurzfristige Überlegungen eine Rolle spielen. Im Wettbewerb entsteht aus der langfristigen Form der Finanzierung in asiatischen Ländern ein nicht zu überschätzender Vorteil gegenüber den angelsächsischen Konkurrenten.

Die Untersuchung des asiatisch-pazifischen Wirtschaftsraums zeigte, daß die Kooperationsmöglichkeiten in der Region als begrenzt zu betrachten sind. In den betrachteten asiatischen Ländern ist eine Orientierung auf Exporte in Verbindung mit einem hohen, von Land zu Land allerdings unterschiedlichen Maß an Staatsintervention charakteristisch. Staatliche Planung ist kein Tabu, sondern alltägliche Praxis in der Wirtschaftspolitik. Die große Ausnahme stellt Hongkong dar, das von der Struktur der Wirtschaftspolitik den angelsächsisch geprägten Ländern der Region ähnelt. Die Betrachtung der Unterschiede der wirtschaftlichen Entwicklung und des Handels zwischen den einzelnen Ländern des asiatisch-pazifischen Wirtschaftsraumes bestätigte die in der Einleitung vorgestellten Thesen. Die Region zeigt wenig Gemeinsamkeiten, weder beim Entwicklungsstand noch bei den wirtschaftspolitischen Konzeptionen. Insbesondere fallen die Unterschiede zwischen asiatischen und angelsächsisch geprägten Ländern ins Auge. Wirtschaftliche Integration müßte die Bedingungen für eine Konvergenz dieser gegensätzlichen Wirtschaftsstile schaffen, was zumindest problematisch sein wird. Im Rahmen dieser Untersuchung konnten die Chancen einer verstärkten Kooperation, insbesondere im Rahmen der APEC, nicht umfassend analysiert werden. Wenn man allerdings die Erfahrungen anderer Versuche zur Intensivierung der wirtschaftlichen Zusammenarbeit berücksichtigt, wird deutlich, daß die gezeigten extremen Unterschiede der Entwicklungsstände eine intensive Kooperation unmöglich erscheinen lassen. Unterhalb der Ebene einer engen Zusammenarbeit gibt es aber zweifellos Möglichkeiten des verbesserten Informationsaustausches und von Konsultationen.

Literatur

Arndt, Heinz W. (1990): Japan as a Creditor: Macroeconomic Issues. Australia-Japan Research Centre, *Pacific Economic Papers*, No. 190 (December 1990).

Boyd, Gavin (1989): *Pacific Trade, Investment and Politics*. New York.

Conroy, Hilary; Kim, Roy (Hrsg.) (1987): *New Tides in the Pacific. Pacific Basin Cooperation and the Big Four (Japan, PRC, USA, USSR)*. New York, Westport

Dieter, Heribert (1992a): Australiens Außenverschuldung: Droht eine Schuldenkrise lateinamerikanischen Typs? *Asien*, Nr. 44 (Juli 1992), S. 18-39.

Dieter, Heribert (1992b): Faults in the blind-faith approach. *The Australian Financial Review*, 29.10.1992, S. 16.

Dieter, Heribert (1991): Aspects of Australia's foreign liabilities: a mortgage for future generations? *The Australian Quarterly*, Volume 63, No. 2 (Winter 1991), S. 108-126.

Dieter, Heribert (1990): Außenwirtschaftsbeziehungen, Verschuldung und strukturelle Anpassung in Australien. Hamburg: Institut für Asienkunde (= Band 184 der *Mitteilungen des Instituts für Asienkunde*).

Draguhn, Werner (Hrsg.) (1991): Asiens Schwellenländer: Dritte Weltwirtschaftsregion? Wirtschaftsentwicklung und Politik der »Vier kleinen Tiger« sowie Thailands, Malaysias und Indonesiens.Hamburg: Institut für Asienkunde (= Band 195 der *Mitteilungen des Instituts für Asienkunde*).

Draguhn, Werner (Hrsg.) (1987): *Die wirtschaftliche Position der Bundesrepublik Deutschland in ausgewählten asiatisch-pazifischen Ländern. Gegenwärtiger Stand, Konkurrenz und Perspektiven*. Hamburg: Institut für Asienkunde.

Edwards, Sebastian (1989): Structural Adjustment Policies in Highly Indebted Countries. In: Sachs, Jeffrey D. (Hrsg.) (1989a), S. 159-207.

Emy, Hugh Vincent; Hughes, Owen E. (1991): *Australian Politics: Realities in Conflict*. 2. Auflage. Sydney und Melbourne.

Engels, Benno (1987): Außenwirtschaftliche Instrumente und Verhaltensweisen der USA gegenüber dem asiatisch-pazifischen Raum. In: Draguhn, Werner (Hrsg.) 1987, S. 27-76.

Fishlow, Albert; Haggard, Stephan (1992): *The United States and the Regionalisation of the World Economy*. Paris: OECD.

Healey, David T. (1990): The Use of Japanese Balance of Payments Surpluses for Asian/Pacific Economic Development. *Australia-Japan Research Centre, Pacific Economic Papers*, No. 181 (March 1990).

Higgott, Richard A.; Cooper, Andrew Fenton; Bonnor, Jenelle (1990): Asia-Pacific Economic Cooperation: an evolving case-study in leadership and co-operation building. *International Journal* XLV (Autumn 1990), S. 823-866.

Jünemann, Bernhard (1985): Die Pazifische Herausforderung. In: Kaiser, Karl; Schwarz, Hans-Peter (Hrsg.): *Weltpolitik. Strukturen - Akteure - Perspektiven*. Bonn, S. 608-619.

Kasper, Wolfgang (1990): Competition and Economic Growth: The Lessons of East Asia. Manuskript. Canberra.

Klenner, Wolfgang (1989): Grundzüge der wirtschaftlichen Entwicklung und der Wirtschaftspolitik seit dem Zweiten Weltkrieg. In: Menzel, Ulrich (Hrsg.) 1989.

Langhammer, Rolf J.; Hiemenz, Ulrich (1990): *Regional integration among developing countries: opportunities, obstacles and options*. Tübingen.

Lincoln, Edward J. (1988): *Japan. Facing Economic Maturity*. Washington, D.C..

Machetzki, Rüdiger (1991): Grundthesen zur Entwicklung in Ost- und Südostasien. In: Draguhn, Werner (Hrsg.) 1991, S. 9-13.

Machetzki, Rüdiger (1988): *Die pazifische Herausforderung. Zukunftsperspektiven für Industrie- und Entwicklungsländer.* Berlin und Hamburg.

Machlup, Fritz (1977): *A History of Thought on Economic Integration.* London & Basingstoke.

Machlup, Fritz (Hrsg.) (1976): *Economic Integration: Worldwide, Regional, Sectoral.* London & Basingstoke.

Menzel, Ulrich (1989): Von der industriellen zur finanziellen Supermacht. In: ders. (Hrsg.): *Im Schatten des Siegers: Japan.* Band 3: Ökonomie und Politik. Frankfurt/Main, S. 97-133.

Menzel, Ulrich (1987a): Go east oder Die Zukunft des Kapitalismus: Eine Machtverlagerung vom atlantischen Zentrum zum pazifischen Becken? In: Altvater, Elmar u.a. (Hrsg.): *Die Armut der Nationen.* Handbuch der Schuldenkrise von Argentinien bis Zaire. Berlin, S. 79-91.

Menzel, Ulrich (1987b): Japanische Außenpolitik und amerkanische Hegemoniekrise. PROKLA, 17. Jg., Nr. 66 (März 1987), S. 106-124.

Nomura, Masami (1987): Der japanische 'Produktionismus' am Ende? Die Auswirkungen des Handelskonflikts auf die japanische Arbeitsgesellschaft. PROKLA, 17. Jg., Heft 66 (März 1987), S. 8-30.

Pohl, Manfred (1991): Entwicklungsstrategien, wirtschaftliche-technologischer Fortschritt und politische Implikationen: das Beispiel Südkorea. In: Draguhn, Werner (Hrsg.) 1991, S. 33-60.

Pohl, Manfred (1987): Japanische Wirtschaftsstrategien in der asiatisch-pazifischen Region. In: Draguhn, Werner (Hrsg.): *Die wirtschaftliche Position der Bundesrepublik Deutschland in ausgewählten asiatisch-pazifischen Ländern.* Hamburg: Institut für Asienkunde, S. 7-26.

Rieger, Hans Christoph (1991): Die wirtschaftliche Entwicklungsstrategie Singapurs. Erfolge und politische Implikationen. In: Draguhn, Werner (Hrsg.) 1991, S. 15-32.

Rodrik, Dani (1990): How should Structural Adjustment Programs be Designed? *World Development*, Vol. 18, No. 7. S. 933-947.

Röpke, Jochen (1991): Hongkong. In: Draguhn, Werner (Hrsg.) 1991, S. 82-115.

Röpke, Jochen (1989): Vom Nachzügler zum Pionier. Industriepolitische Anmerkungen zum Erwerb innovativer Fähigkeiten im Prozeß der nachholenden Industrialisierung. In: Menzel, Ulrich (Hrsg.) 1989.

Sachs, Jeffrey D. (Hrsg.) (1989a): *Developing Country Debt and Economic Performance. The International Financial System.* Chicago.

Sachs, Jeffrey D. (1989b): Introduction. In: ders. (Hrsg.) (1989a)

Sames, Carl Wolfgang; Wagner, Wolfgang (1988): *Pazifik - Weltwirtschaftszentrum von morgen.* Düsseldorf.

Segal, Gerald (1990): *Rethinking the Pacific.* Oxford.

van Wolferen, Karel (1989a): *Vom Mythos der Unbesiegbaren. Anmerkungen zur Weltmacht Japan,* München.

van Wolferen, Karel (1989b): Das Japan-Problem. In: Menzel, Ulrich (Hrsg.): 1989

Enrique Dussel Peters

Bye bye Weltmarkt? Freihandel oder Regionalisierung des Weltmarktes: Das Freihandelsabkommen zwischen Kanada, Mexiko und den USA

Einleitung

Bis Anfang der 90er Jahre haben sich neoliberale Theorie und Praxis in der Peripherie, insbesondere in den lateinamerikanischen Ländern nach dem »verlorenen Jahrzehnt« der 80er Jahre, fast vollständig durchgesetzt. Nach den neoliberalen Lehren von Bhagwati, Balassa und Kruger ist die exportorientierte Industrialisierung und Integration in den kapitalistischen Weltmarkt die einzige Entwicklungsmöglichkeit der Peripherie: Freihandel und die totale Öffnung der Binnenmärkte, ein »minimalistischer Staat«, Währungsabwertungen zusammen mit restriktiven monetären und Haushaltsmaßnahmen - das sind die wesentlichen Ziele der heutigen neoliberalen Projekte. Der private Sektor der jeweiligen Nationen soll der Motor der zukünftigen Entwicklung und Industrialisierung werden. Ein Gespenst geht um auf dem Weltmarkt, jetzt nicht das Gespenst des Kommunismus, sondern das des Freihandels.
Parallel zu dieser Markteuphorie und zur scheinbar notwendigen Integration der Peripherie in den kapitalistischen Weltmarkt bringt die zunehmende »Bilateralisierung« bzw. Regionalisierung des Weltmarktes neue Widersprüche und Grenzen des neoliberalen Projektes hervor. Im Zusammenhang mit der Krise der US-Hegemonie, der »Enterprise for the Americas Initiative« und der sozioökonomischen Umstrukturierung der lateinamerikanischen Nationen ist das Freihandelsabkommen zwischen Kanada, Mexiko und den USA (derzeit im Ratifizierungsverfahren) aus mehreren Gründen bedeutend. Einerseits ist seit den 80er Jahren endgültig deutlich geworden, daß die USA die nach dem 2. Weltkrieg gesetzten militärischen und sozioökonomischen Funktionen und Ziele auf dem Weltmarkt neu bestimmen müssen, da die Kosten und internen internationalen Widersprüche zumindest ökonomisch nicht mehr tragbar sind. Schon vor dem Zusammenbruch der ehemaligen Sowjetunion beginnt daher eine selektive Orien-

tierung zur Peripherie. Andererseits hat sich Mexiko im Rahmen dieses Selektionprozesses zur bevorzugten Nation seitens multilateraler Organisationen und der USA herauskristallisiert. Mexiko weist die idealen Voraussetzungen für die neoliberale Entwicklungsstrategie auf. Die schon seit Mitte der 80er Jahre begonnene Handelsliberalisierung und die möglichen Konsequenzen des Freihandelsabkommens mit Kanada und den USA verstärken diesen Prozeß.
Dieser Artikel wird sich hauptsächlich mit dem zweiten Teil dieser Fragestellung befassen, da die Krise und mögliche Umstrukturierung der US-Hegemonie mehrfach behandelt worden ist (Glyn et al. 1989; Altvater et al. 1987). Zunächst wird kurz Mexikos ökonomische Entwicklung vor der 1982 erscheinenden Krise analysiert. Der zweite Teil behandelt die bedeutendsten Maßnahmen der neoliberalen Strategie seit Mitte der 80er Jahre und ihre sozioökonomischen Folgen. Der dritte Teil nimmt die konkreten Vorschläge und möglichen Konsequenzen des potentiellen Freihandelsabkommens mit Kanada und den USA auf. Inwieweit diese Integrationsform zumindest eine nach kapitalistischen Kriterien 'erfolgreiche' Akkumulation für Mexiko hervorbringen kann, wird dann im letzten Teil des Artikels behandelt.

1. Importsubstituierende Industrialisierung in Mexiko (1940-82)

1.1. Das »Mexikanische Wunder« (1940-70)?

Die Regierung von Lázaro Cárdenas (1934-40) hat das Fundament der mexikanischen korporativistischen Gesellschaft gelegt. Die importsubstituierende Industrialisierung (ISI), beruhend auf einem Mehrwerttransfer vom landwirtschaftlichen zum industriellen Sektor, war entwicklungsbestimmend in dieser Periode. Die ISI hat insbesondere die nationale Konsumgüterindustrie durch unterschiedliche Importrestriktionen und Wechselkursmaßnahmen gefördert, die zu beeindruckenden Resultaten führte: das pro Kopf-BIP wuchs 1940-70 um jährlich 2.9%, und der Anteil des sekundären Sektors stieg von 28% 1938 des BIP auf 35% 1974. Ein stabiles autoritäres Regime mit einem für Lateinamerika einmaligen selektiven Repressionsapparat trug wesentlich zu dieser Entwicklung bei (Meyer/Reyna 1989).
Der scheinbare Erfolg dieses Akkumulationsmodells war entscheidend von externen Finanzierungsquellen und von der von transnationalen Unternehmen eingeführten technologischen Diversifizierung abhängig (Huerta 1985; Villareal 1988). Ausländische Direktinvestitionen zusammen mit Handelsbilanzüberschüssen der Nicht-Industrie-Sektoren (insbesondere

Landwirtschaft und Tourismus) haben die ISI finanziert; transnationale Unternehmen hatten bis 1982 Investitionen von ca. $27 Mrd. oder 20% von Mexikos BIP betätigt (Peres Núñez 1990a). Eine scheinbar »friedliche Koexistenz« zwischen privaten und staatlichen Unternehmen (paraestatales) fand statt; sie, die hauptsächlich Konsumgüter produzierten, stellten die Infrastruktur zur Verfügung, während transnationale Unternehmen mit höheren Produktivitäts- und Profitraten und Importkoeffizienten sich auf die höher entwickelten Manufakturbranchen konzentrierten (Blomström/Wolff 1989; Casar 1990).

Trotz hoher Subventionen und protektionistischer Maßnahmen waren weder die nationalen noch die transnationalen Unternehmen in der Lage, die Voraussetzungen für eine kapitalistische Industrialisierung zu schaffen oder gar eine tsechnologische und finanzielle Basis herzustellen. Transnationale Unternehmen haben einen großen Teil ihrer Profite in das Ausland transferiert und der nationale und ausländische Privatsektor war hauptverantwortlich für die steigenden Leistungsbilanzdefizite. 1950-70 betrug das gesamte Leistungsbilanzdefizit $7.7 Mrd. Das des privaten Sektors war fünfmal höher als das der staatlichen Unternehmen.

Dieser massive Werttransfer in die privaten Industriesektoren und die Vernachlässigung des Landwirtschaftssektors verursachten den Kollaps des letzteren, so daß die mexikanische Regierung seit Ende der 60er Jahre neue Finanzierungsquellen ausfindig machen mußte. Die Unfähigkeit der mexikanischen Wirtschaft, ihre industrielle Struktur und den Außenhandel - 1940-70 machte der Handel mit den USA 70% der Exporte und 79.3% der Importe aus - zu diversifizieren, stellten einige der Widersprüche der Regierungspolitik dar. Gleichzeitig hatte die Entwicklungsstrategie die Einkommensverteilung verschlechtert: 1950-70 sank der Einkommensanteil der ärmsten 40% der Bevölkerung von 13.1% auf 11.8% (Barkin 1991). Die ersten Erscheinungen der Krise dieser Entwicklungsstrategie wurden Ende der 60er Jahre deutlich, da der Landwirtschaftssektor, die Finanzierungsquelle der ISI, fallende Produktion und steigende Importe aufwies. Seitdem lösten ihn Öleinnahmen und Auslandsverschuldung als Finanzierungsquelle des Entwicklungsmodells der mexikanischen Industrialisierung ab.

Anfang der 70er Jahre mußte die Regierung eine zweifache Krise überstehen: die Akkumulationskrise in Mexiko und die Krise des kapitalistischen Weltmarktes nach dem »Ölpreisschock«. Die Ausschöpfung der Finanzierungsquelle und die steigende soziale Unzufriedenheit Ende der 60er Jahre waren einige der Erscheinungsformen der Akkumulationskrise: Die mexikanische Regierung hatte die Möglichkeit, entweder die kapitalistische Entwicklungsstrategie der letzten Jahrzehnte aufzugeben, die politische

Verantwortung für die sozioökonomische Krise zu tragen und neue sozioökonomische Optionen zu suchen oder die strukturelle Krise der Industrialisierungsstrategie zu verlängern. Die letzte Option machte massiven Kapitalimport durch Auslandsverschuldung und/oder eine radikale Exportorientierung notwendig.

1.2. Strukturelle Krise und Reformen (1970-82)

Die externen Bedingungen haben die mexikanische Wirtschaft in dieser Periode stark benachteiligt. Der Ölschock von 1973 steigerte zunächst und paradoxerweise Mexikos Leistungsbilanzdefizite und löste die Suche nach Ölvorkommen aus. Der Kollaps des Bretton Woods Systems und hohe Inflationsraten in den USA hatten einen direkten Einfluß auf Mexikos relativ stabilen Wechselkurs seit den 40er Jahren. Die Finanzierungsschwierigkeiten der mexikanischen Regierung führten zur massiven Auslandsverschuldung Mexikos (Schubert 1985), die 1970-82 von $5.97 auf ca. $85 Mrd. stieg (Rojas 1987).

Die Regierung von Lopez Portillo (1977-82) versuchte, die Binnennachfrage durch expansionistische Maßnahmen zu stimulieren. Hohe Staatsausgaben, Subventionen für Energie- und Konsumgüter und private Investitionsanreize sollten ein erneutes industrielles Wachstum bewirken (Kim 1986). Gleichzeitig begann Lopez Portillo mit graduellen Reformen und der Umstrukturierung der ISI, um die externen Widersprüche aufzuheben und Mexiko in eine »mittlere industrielle Nation« zu verwandeln. Die Leitlinien dieses Prozesses beinhalteten die folgenden Elemente:

1. Die Entwicklung des Manufaktursektors sollte weiterhin durch protektionistische Maßnahmen (staatliche Investitionen, direkte oder indirekte Subventionen, Steuerbegünstigungen und Kredite für die Klein-, Mittel- und exportorientierten Unternehmen) geschützt werden (Kim 1986; Trejo 1989).
2. Selektivere Importprotektionen sollten, insbesondere den Automobilsektor und die »maquiladoras«[1] schützen, die gleichzeitig die notwendigen Exporte zum Ausgleich der defizitären Handelsbilanz schaffen sollten.
3. Öleinnahmen, die Ausbeutung der billigen mexikanischen Arbeitskraft und Energie, und die massive Auslandsverschuldung sollten die Finanzierungsquellen der zukünftigen Entwicklung bereitstellen.

1 Die maquiladoras oder »in-bond Industrie« sind vor allem in der Automobil- und Kleidungsindustrie tätig, importieren seit 1965 zollfreie Waren, die in Mexiko verarbeitet und je nach Produkt meist wieder zollfrei exportiert werden (Fatemi 1990; Grundwald/Flamm 1985).

In den 70er Jahren realisierten die transnationalen Unternehmen weiterhin die höchsten Profit- und Produktivitätsraten[2] und wiesen 1971-82 ein Handelsbilanz- und Leistungsbilanzdefizit von $28.4 Mrd. bzw. $16.4 Mrd. auf. Der intraindustrielle Handel erreichte 51.4% bzw. 30.6% der totalen Exporte und Importe und machte die zunehmende Spezialisierung der transnationalen Unternehmen in Sektoren sichtbar, in denen Mexiko nach der neoliberalen Theorie keine komparativen Kostenvorteile vorzeigen konnte. Diese Firmen waren durch »economies of scale«, durch kapitalintensive Produktion und einen bevorzugten Zugang zum US-Markt gekennzeichnet (Peres Núñez 1990a; Ros 1987a, 1991b).
Die wachsenden Handelsbilanzdefizite und der fixe Wechselkurs seit 1970 verursachten historisch einmalig hohe Inflationsraten und die Überbewertung des Peso. So wurden massive Spekulation und Kapitalflucht stimuliert. Der private Sektor zeigte 1970-81 besondere Schwierigkeiten und trug mit $34 Mrd. zum Handelsbilanzdefizit bei. Das explosive Wachstum der maquiladoras in den 70er Jahren, deren Arbeiteranzahl von 20.327 auf 130.973 und deren nationale Wertschöpfung von $ 0.1 Mrd. auf 1 Mrd. anstieg, kann größtenteils auf die oben genannten Leitlinien zurückgeführt werden. Die Anbindung an den Rest der mexikanischen Wirtschaft war jedoch minimal, da ca. 97% der eingesetzten Produktionsmittel importiert wurden. Erst nachdem die Regierung de la Madrid seit 1985 eine Konsolidierung der exportorientierten Industrialisierung anstrebte, begann die maquiladora-Industrie eine wichtigere Rolle zu spielen (Barajas Escamilla 1987; Carrillo 1986; González-Aréchiga/Barajas Escamilla 1989). Die Konzentration der großen industriellen Unternehmen nahm in dieser Periode weiter zu: Der Umsatzanteil der größten 100 Unternehmen nahm 1973-81 von 35.4% des BIP auf 48% zu, während sich der Anteil der transnationalen Unternehmen von 35.4% auf 25.2% verringerte (Cypher 1990); der Anteil der paraestatales blieb bei ca. 16% relativ konstant. Gleichzeitig konzentrierten sich die öffentlichen Investitionen auf den Ölsektor mit über 50% der Gesamtinvestitionen, deren Exportanteil sich bis 1981 auf 72.5% steigerte und 1977-81 ca. $32 Mrd. Exporteinnahmen erbrachte. Die Strategie seit Ende der 70er Jahre, unverarbeitetes Erdöl zu exportieren, hatte jedoch schwerwiegende Folgen: Einerseits steigerte sie

2 Trotz unterschiedlicher Methodologien und quantitativer Unterschiede zeigen mehrere Autoren, daß die Produktivitätsunterschiede der nationalen und (hauptsächlich aus den USA stammenden) transnationalen Unternehmen in Mexiko während der 70er Jahre abnahmen, während sie sich in den 80er Jahren wieder vergrößerten (Maddison 1989; Blomström/Wolff 1989; Ros 1991a). Von den Autoren wird aber kaum berücksichtigt, daß die Steigerung der US-Produktivität wesentlich niedriger als die der gesamten OECD-Länder war. Dies erklärt z.T. Mexikos Anlehnung an die US-Wirtschaft (Hernández Laos/Velasco 1990).

die Abhängigkeit der mexikanischen Wirtschaft von der Entwicklung der internationalen Ölpreise, andererseits verhinderte sie die Ausbildung eines industriellen Verflechtungspotentials mit dem Rest der Wirtschaft (Ros 1987b).

Unter Lopez Portillo verschlechterte sich die Einkommensverteilung weiter, und die Inflationsraten betrugen 1976-81 durchschnittlich 37.3%, während die realen Löhne um 10% abnahmen. Der Privatsektor investierte hauptsächlich im Dienstleistungsbereich. Die Exporte der gewerblichen Wirtschaft verzeichneten 1977-81 einen Rückgang ihres Anteils an den Gesamtexporten von 44.8% auf 16.7% (Casar 1989). Die moderate Handelsliberalisierung seit 1976 und die Ersetzung von Importlizenzen durch Zolltarife verursachten 1977 eine Importsteigerung von $5.7 Mrd. und 1981 von $23.9 Mrd. Der Handelsanteil der USA nahm in dieser Periode von 70.9% auf 53.9% ab, hauptsächlich wegen der Diversifizierung der Ölexporte. Die neuen Preis- und Tarifstrukturen sollten die Entwicklung der nationalen Industrie begünstigen, während die Protektionsraten für die Konsumgüterindustrie negativ waren (Ros 1991a; Ten Kate/Wallace 1980). Diese Maßnahmen erreichten jedoch u.a., daß Leistungsbilanzdefizite und Auslandsverschuldung 1981 explodierten und $16.5 Mrd. (Defizit) bzw. $78.22 Mrd. (Stand der Außenschulden) erreichten (World Bank 1990). Trotz der akuten sozialen und politischen Probleme und der verschlechterten Einkommensverteilung war die Regierung unfähig, die Zahlungsbilanzschwierigkeiten zu bewältigen. Die Verdopplung der internationalen Ölpreise 1979-80 stellte jedoch neues Vertrauen in die Zahlungsmöglichkeit Mexikos her. Trotz der Steigerung der internationalen Zinsraten sollten Anfang der 80er Jahre nach Auffassung der Regierung hohe Ölpreise und massive Aussenverschuldung die sichere Basis des einmal gewählten Entwicklungsmodells sein.

Die Erschöpfung der nationalen Finanzierungsquellen, steigende Haushalts- und Leistungsbilanzdefizite und unsichere Öleinnahmen, die nur z.T. die Importausgaben und den Schuldendienst ausglichen, machten jedoch Anfang der 80er Jahre deutlich, daß vier Jahrzehnte ISI endgültig gescheitert waren.

2. Neoliberalismus und globale Integration (1982-93)

2.1. Voraussetzungen und Gesamtüberblick

Das Jahr 1982 ist nicht nur entscheidend, weil Mexiko den Schuldendienst nicht mehr leisten konnte und somit die nationale und z.T. auch die internationale Schuldenkrise auslöste, sondern weil sie die Krise des in den vier letzten Jahrzehnten verfolgten Entwicklungsmodells offensichtlich werden ließ. Der Landwirtschaftssektor, die Öleinnahmen - die jetzt den internationalen Schuldendienst ausgleichen mußten - und internationale Kredite waren als Finanzierungsquellen erschöpft. Die hohen Defizite und die Auslandsverschuldung des öffentlichen und privaten Sektors (mit Ausnahme der Ölindustrie) und die zunehmende Privatisierung folgten einer Logik der Privatisierung der Profite und Sozialisierung der Verluste[3]. Die Unfähigkeit der nationalen und transnationalen Unternehmen, eine nach marktwirtschaftlichen Kriterien effiziente und wettbewerbsfähige industrielle Struktur zu schaffen, verschärfte die Krisenerscheinungen. Infolge der damit einhergehenden sozioökonomischen Unsicherheit wurde 1981-82 eine Kapitalflucht von ca. $20 Mrd. ausgelöst, die die Probleme Mexikos verschärfte und damit unterstrich.

Die mexikanische Regierung hat seitdem ihre Wirtschaftspolitik drastisch geändert. Salinas de Gortari, Mexikos jetziger Präsident und Architekt der neoliberalen Maßnahmen als Wirtschaftsminister unter De la Madrid (1982-88), gilt als einer der wichtigsten Verfechter des Neoliberalismus in Lateinamerika. Der durch die Auslandsverschuldung notwendige Kapitaltransfer seit 1982 - 1983-87 transferierte Mexiko im Durchschnitt 6.3% des BIP, um den Schuldendienst zu leisten - wurde hauptsächlich durch drastische Sparmaßnahmen im Haushaltsbudget, durch die Einschränkung von öffentlichen Investitionen, durch eine Reduzierung der Binnennachfrage und der Importe möglich gemacht. So konnten 1983-85 hohe Handelsbilanzüberschüsse erzielt werden (ECLAC 1990). Seit 1982, aber besonders seit 1985, besteht der Kern des neoliberalen Wirtschaftsmodells in folgenden Elementen: Erstens sind drastische Senkungen der Importzolltarife und eine weitere Beseitigung der Importlizenzen vorgenommen worden, zweitens sind Teile des Landwirtschafts-, Automobil-, Mikrokomputer- und Pharmasektors, in denen transnationale Unternehmen die größten Produzenten und Exporteure sind, von der allgemeinen Investitions- und Handelsliberalisierung ausgenommen und durch Entwicklungs- und Investitionsprogramme gefördert worden, drittens hat die mexikanische Regierung seit 1984 100%iges ausländisches Eigentum in allen Sektoren ermöglicht. Viertens sind die Konditionen des Technologietransfers und des Gebrauchs von Patenten, Warenzeichen, und Urheberrechten 1987-91 so geändert worden, daß Technologieimporte uneingeschränkt möglich,

---

3 Die Nationalisierung der privaten Banken und ihrer Auslandsverschuldung war eines der wichtigsten Elemente dieses Prozesses. Die Regierung »nationalisierte« die privaten Banken und ca. $10 Mrd. ihrer Auslandsverschuldung und verkaufte sie wieder 1984 und 1991 ohne ihre Auslandsschulden (Tello 1984). Die blieben nach der Privatisierung sozialisiert.

aber lizenzpflichtig sind. Ganz besonders wichtig ist das fünfte Element der neoliberalen Strategie, nämlich die (Selbst)verpflichtung der Regierung Mexikos »historische komparative Kostenvorteile« zu garantieren, also billige Arbeitskraft und Energieträger zu günstigen Konditionen.
So betrachtet kann das Freihandelsabkommen mit Kanada und den USA als eine notwendige Bedingung des neoliberalen Projektes verstanden werden. Parallel zu diesen ökonomischen Maßnahmen und den verschärften politischen Widersprüchen der mexikanischen politischen autoritären Struktur ist eines der Hauptziele des neuen Wirtschaftsmodells, die traditionellen korporativistischen Strukturen zu durchbrechen, insbesondere die Macht der Gewerkschaften zu zerstören, da sie als eine der wenigen organisierten Strukturen für das neoliberale Projekt eine Gefahr darstellen können. Unabhängige Gewerkschaften sind daher in verschärfter Form der staatlichen Repression ausgesetzt.

2.2. Krisenmanagement (1982-85)

»Das wichtigste »Gut« der Nation ist die Bevölkerung von 75 Millionen Einwohnern, von denen mehr als 70% jünger als 30 Jahre alt sind; in ihnen steckt die außerordentliche Kraft und Energie der Entwicklung.« Miguel de la Madrid, Plan Nacional de Desarrollo 1983-1988

Die in den 80er Jahren zutagetretende Akkumulationskrise war sicherlich keine durch fallende Ölpreise und steigende internationale Zinsen oder durch das Erdbeben von 1985 verursachte Solvenz- oder Liquiditätskrise. Sie zeigte vielmehr die strukturelle Fragilität der mexikanischen Wirtschaft. Der Plan Nacional de Desarrollo (1983-1988) von Präsident De la Madrid konzentrierte sich auf eine Reihe von Maßnahmen, die wesentlich eine moderate Öffnung der mexikanischen Wirtschaft und der ISI vorsahen. Verringerung des Haushaltsdefizits, Stabilisierung des Wechselkurses und der Inflationsraten, Besserung der Leistungsbilanz und die Zahlung des internationalen Schuldendienstes stellten die Priorität seines Programms dar. Gleichzeitig sollten der Protektionismus im Außenhandel graduell abgebaut und so die exportorientierten Sektoren gefördert werden, indem sie dem frischen Wind des Weltmarkts ausgesetzt wurden. So dachte man auch, dem Fall der Industrieproduktion entgegentreten zu können. Diese Maßnahmen sollten zusätzlich durch die Privatisierung der »paraestatales« und eine selektive Aufhebung der ausländischen Investitions- und Außenhandelshemmnisse gestützt werden.
Der Plan Nacional de Desarrollo und andere Industrieprogramme (Ros 1991b) verdeutlichten die immer stärkere Verflechtung der Industrie- und Handelspolitik: Die Konsumgüterindustrie sollte weiterhin gefördert und der »gemischte« Charakter der Wirtschaft beibehalten werden. Mehrere

Abwertungen des Peso sollten den exportorientierten Sektor und die maquiladoras fördern und die Gesamtimporte drastisch reduzieren. Die Kürzung der Ausgaben für Soziales und der öffentlichen Investitionen ermöglichten die Verringerung des Haushaltsdefizits von 16.9% des BIP 1983 auf 8.5% 1985. Diese Maßnahmen machten die für den internationalen Schuldendienst notwendigen Leistungsbilanzüberschüsse möglich (Ros 1991a; Villareal 1988); sie beliefen sich 1983-85 auf $35.2 Mrd. Die ökonomischen und sozialen Kosten waren gleichermaßen drastisch: Mexikos BIP, die staatlichen Investitionen und die industrielle Produktion fielen 1983 um 4.2%, 30% bzw. 8.1%. Die realen Löhne nahmen 1983-85 um 20% ab, und das Lebensniveau der Arbeiterklasse wurde zusätzlich durch jährliche durchschnittliche Inflationsraten von 75.7% beeinträchtigt[4].

Nach einem bescheidenen wirtschaftlichen Aufschwung im Jahre 1984 zwangen die ungünstigen internationalen Bedingungen die Regierung, die neoliberale Entwicklungsstrategie radikaler durchzuführen. Dafür waren vor allem das Fiasko der Baker-Initiative, die internationalen Schulden zu reduzieren, sowie der Fall der internationalen Ölpreise im Jahre 1986 verantwortlich. Hinzu kamen aber die weiterhin hohen Leistungsbilanzdefizite des privaten Sektors und die Unfähigkeit von Staat und privater Wirtschaft, die Produktions- und Exportstruktur zu diversifizieren. Die Ziele des Plan de Desarrollo Nacional konnten also nicht erreicht werden. Hohe Inflationserwartungen und der spekulative Charakter des privaten Sektors führten weiterhin zu hoher Kapitalflucht und fallenden Auslandsinvestitionen. Unter diesen ungünstigen Bedingungen begann die Regierung 1985, radikale Investitions- und Handelsmaßnahmen zu ergreifen. Gestützt durch die dritte Umschuldung der (öffentlichen) externen Schulden in Höhe von $6.7 Mrd. (1986) und $13.7 Mrd. (1987) konnte bei der Realisierung der neoliberalen Strategie eine schärfere Gangart eingeschlagen werden.

2.3. Der Selektionsprozeß der Peripherie und die »Enterprise for the Americas Initiative«

Die USA waren für Mexiko und die mexikanische Wirtschaft immer von besonderer Wichtigkeit. Schon seit den 40er Jahren entfielen ca. 2/3 des mexikanischen Außenhandels auf die USA, und die US-Regierung und die US-Banken waren die wichtigsten Gläubiger Mexikos. Die Krise der US-Hegemonie seit Ende der 60er Jahre, die sich in fallenden Produktivitäts- und Profitraten, auch im Vergleich zu den OECD-Ländern ausdrückte,

4 Lustig/Ros (1990) weisen darauf hin, daß der Zuwachs des informellen Sektors teilweise den Fall der realen Löhne ausglich.

zeigte u.a., daß die USA in den 80er Jahren nicht mehr in der Lage waren, die Stabilität des Finanzsystems auf dem kapitalistischen Weltmarkt zu gewährleisten. Nachdem die USA seit 1982 Nettokapitalimporteure wurden, mußten die Schuldnerländer neue Finanzierungsquellen aufsuchen. Einige Nationen jedoch, u.a. Mexiko, Chile, Costa Rica und möglicherweise die Philippinen, konnten aufgrund ihrer geostrategischen und ökonomischen Bedeutung für die USA weiterhin mit Begünstigungen seitens der USA und der multilateralen Institutionen rechnen.

Dieser Selektionsprozeß zeigt sich besonders im Falle Mexikos bei den mehrfachen Umschuldungen während der 80er Jahre. Mexiko war eine der begünstigsten Nationen der Baker-Initiative und die erste Nation, in der 1987 die »exit-bonds« eingeführt wurden. Zusätzlich haben 1989 in der 5. mexikanischen Umschuldung unter der Brady-Initiative die multilateralen Institutionen 20% ihrer für 39 Nationen vorgesehenen Kredite an Mexiko vergeben. Sie haben die mexikanische Regierung vor dem finanziellen Bankrott gerettet, obwohl trotz dieser günstigen Bedingungen der reale Schuldenerlaß bescheiden war und nur eine Minderung von 15% des jährlichen Schuldendienstes erreicht wurde (Dussel Peters 1993).

Die von Präsident Bush 1990 initiierte »Enterprise for the Americas Initiative« verschärfte diesen Selektionsprozeß in der Peripherie. Die mexikanische Regierung, die während der 80er Jahre die neoliberale Strategie treu verfolgt hatte, wurde »belohnt«, während andere Nationen, die sich u.a. der Konditionalität der multilateralen Institutionen und Investitions- und Handelsliberalisierung verweigert hatten, ausgeschlossen wurden[5]. Die Initiative nimmt als selbstverständlich an, daß die ISI und Handelshemmnisse den »Fortschritt ersticken, und daß der freie Markt Wohlstand hervorbringt« und konzentriert ihre Ziele auf ein regionales (amerikanisches) Freihandelshandels- und Investitionsabkommen. Zusätzlich bietet sie einen Investitionsfonds von $100 Mio. und weiter nicht angegebene Schuldenerlasse an. Obwohl die Initiative kurzfristig ökonomisch relativ unbedeutend ist, bietet sie den lateinamerikanischen Regierungen eine scheinbar neue politische und ökonomische langfristige Perspektive an (Bouzas 1991).

Bushs Initiative kann weitreichende Folgen für Lateinamerika haben: 1988 gingen 36.1% der Exporte in die und kamen 37.6% der Importe der Region aus den USA. Besonders starke Handelsverflechtungen mit den USA haben Mexico, Venezuela, Brasilien und Chile. Die Initiative wird auch den

5 »Ich kündige heute an, daß die USA bereit sind, Freihandelsabkommen mit anderen Märkten in Lateinamerika und der Karibik zu schließen, insbesondere mit der Gruppe der Länder, die sich aufgrund von Handelsliberalisierungen zusammengeschlossen haben. Der erste Schritt dieses Prozesses ist das jetzt angekündigte Freihandelsabkommen mit Mexiko« (Bush 1990).

Wettbewerb unter den lateinamerikanischen Regierungen um US-Investitionen weiter verschärfen. Der Erfolg ist davon abhängig, wie sehr die Regierungen eine neoliberale Strategie verfolgen (Orme 1991). Für den ökonomischen Umstrukturierungsprozeß in den USA wird der lateinamerikanische Markt gleichermaßen höchste Priorität haben[6].

2.4. Industrie- und Handelspolitik (1985-90)

Die seit 1985 radikalere Form der neoliberalen Strategie kann als eine verzweifelte Maßnahme der Regierung verstanden werden, den ökonomischen Bankrott der Nation zu verhindern, ohne die politische Verantwortung tragen zu wollen. Das Scheitern der moderaten Reformen seit 1982 hatte die ökonomische Unsicherheit verschärft und ließ der Regierung scheinbar keine andere Alternative als sich den US-Interessen zu unterwerfen. Die starke Konditionalisierung der multilateralen Institutionen, die neuen Krediten bzw. Umschuldungen ihr Plazet nur dann gaben, wenn die jeweilige Regierung Handelsliberalisierung förderte, stellte ein zusätzliches Druckmittel dar. Demnach verschärfte die Regierung die seit 1982 eingeführten Maßnahmen: Haushaltskürzungen, Privatisierung von »paraestatales«, restriktive Kredit- und Geldpolitik, weitere Abwertungen des Peso, um langfristig einen stabilen Wechselkurs zu erreichen, und die Umorientierung der Subventionsstruktur, um den privaten exportorientierten Sektor zu unterstützen, der der ausschließliche Motor der zukünftigen Entwicklung sein sollte. Die erfolgreiche Durchführung der neoliberalen Strategie und deren Konsequenzen für die Handelsbilanz sollten dann die wesentlichen Elemente für steigende Effizienz und Produktivität zur Modernisierung der mexikanischen Wirtschaft sein. Die Rolle des Binnenmarktes war ambivalent: Einerseits stellte er die Voraussetzung der Exportorientierung dar, andererseits war er unfähig, eine nach kapitalistischen Kriterien wettbewerbsfähige ökonomische Grundlage zu entwickeln.

Hinter diesen Maßnahmen, die 1986 und 1989-90 verschärft wurden, stand die Einsicht der mexikanischen Regierung, daß die neoliberale Strategie wesentlich von einem Element abhängig war: der Ausbeutung ihrer billigen Arbeitskraft, da alle anderen Finanzierungs- und Wachstumsquellen erschöpft waren. Die vollständige Liberalisierung der mexikanischen Wirtschaft benötigte massive nationale und ausländische Investitionen, um die

6 Nach Huerta (1991) haben US-Exporte 1986 mit 40% zum BIP-Wachstum beigetragen, deren Anteil sich 1990 auf 88% erhöhte. Siehe auch OECD 1992, Piore/Sabel 1984.

Zahlungsbilanz auszugleichen und Zugang zum Weltmarkt zu erlangen; im mexikanischen Fall hauptsächlich zum US-Markt.

Die seit 1985 begonnene einseitige Handelsliberalisierung[7] forderte einerseits gegenseitige Konzessionen anderer Nationen, und andererseits geringe Auflagen zur Mitgliedschaft in den GATT (1986). Nach 1986 wurde die Handelsliberalisierung selektiver vorangetrieben, wobei folgende Elemente entscheidend waren:

1. Die Importtarife sind 1987 vereinfacht und reduziert worden (von 0% bis maximal 20% des Importwertes).
2. 1989 wurden die durchschnittlich gewichteten Importtarife auf 10% erhöht, hauptsächlich um den wachsenden Konsumgüterimporten entgegenzutreten.
3. Teile der Landwirtschafts-, Pharma-, Automobil- und Mikrocomputersektoren sind durch mehrere Entwicklungs- und Subventionsprogramme bis zu 100% ihrer Importe von der Handelsliberalisierung befreit. Transnationale Unternehmen waren die größten Produzenten in diesen Sektoren[8].
4. Das 1973 eingeführte Gesetz zur Förderung der Mexikanischen Investitionen und zur Regulierung Ausländischer Investitionen wurde zwar nicht ergänzt, aber »neu interpretiert« und durch mehrere Erlasse ergänzt, so daß seit 1984 eine 100%ige Beteiligung im Falle ausländischer Investitionen mit Erlaubnis der Regierung möglich ist.
5. Im Einklang mit der veränderten Strategie der transnationalen Unternehmen sind der Gebrauch von Patenten, Warenzeichen und Urheberrechten durch mehrere Erlasse seit 1987 geändert worden, so daß Technologieimporte uneingeschränkt lizenzpflichtig sind (Ten Kate 1992; Zabludovsky 1990).

Zusätzlich hat die mexikanische Regierung seit 1985 mehrere Abkommen mit den USA geschlossen, die zu einer weiterführenden Kooperation bei der Behandlung von Subventionen, im Außenhandel und bei gegenseitigen Investitionen führen sollte. Besonders wichtig war das »Framework of Understanding« (1987) und das »Trade and Investment Facilitation Talks« (1989), in denen die USA sektorale Abkommen über den Marktzugang für mexikanischen Stahl, für Getränke, Textil- und Bekleidungsprodukte und eine weitere Liberalisierung ausländischer Investitionen in Mexiko aushandelten.

---

7 Der Anteil der genehmigungspflichtigen Importe verringerte sich von 83% 1983 auf 31% 1986 (Zabludovsky 1990).

8 Sie müssen als Gegenleistung bestimmte Auflagen hinsichtlich nationaler Wertschöpfung, Export/Import-Koeffizienten, und Investitionen von realisierten Profiten erfüllen (Peres Núñez 1990b; INFORUM 1991).

Die Konsequenzen der neoliberalen Strategie sind bisher drastisch. Obwohl ausländische Investitionen seit 1986 bedeutsam gestiegen sind und 1990 ca. $4.6 Mrd. erreichten, können sie nur teilweise das Leistungsbilanzdefizit ausgleichen. Die von der Regierung mit 14% Abschlägen eingeführten »debt-for-equity swaps« und andere öffentliche Schuldanleihen machten 1990 ca. 50% aller ausländischen Investitionen aus. Ähnlich wie 1970-81 floß 1985-90 der größte Teil der Direktinvestitionen in die Industrie. Der Anteil der USA an den gesamten Direktinvestitionen betrug bis 1990 63%. Trotz hoher Erwartungen in den 80er Jahren betrug hingegen der Anteil der japanischen Direktinvestionen 1989-90 weniger als 1%; hinzu kam, daß sie sich insbesondere im Transport- und Minensektor konzentrieren (Nacional Financiera 1991; Székely 1991). Die Exporte der transnationalen Unternehmen erreichten 1985-90 im Automobilsektor und in der maquiladora-Industrie die höchsten Wachstumsraten und machen über 50% der Nicht-Öl Exporte aus. Sie haben zusätzlich in ihre Auslandsschulden um $9.7 Mrd. durch zurückbehaltene Profite und Swap-Transaktionen verringert.
Peres Núñez (1990a) unterstreicht jedoch, daß die existierende Infrastruktur der transnationalen Unternehmen keineswegs modernisiert wurde, obwohl sie eine führende Rolle in Exporten und Technologietransfer spielen. Da Handel Unternehmen durch intraindustriellen Handel mit den USA charakterisiert ist, hat ihre Produktionsstruktur kaum Verflechtungen mit der Binnenwirtschaft entwickelt. Gleichzeitig ist die internationale Abhängigkeit dieser Sektoren gestiegen. Die Entwicklung der nationalen Industrie war bisher nicht überzeugend. Obwohl sich der Abstand der Niveaus der Arbeitsproduktivität zwischen Mexiko und den USA in den 70er Jahren verringerte (im Vergleich mit den anderen OECD-Ländern hat er sich freilich vergrößert), kommen Hernández Lao Velasco (1990) in ihrer Untersuchung zu dem Ergebnis, daß die Produktivitätsratenunterschiede zwischen Mexiko und den USA in den 80er Jahren wieder zugenommen haben. Das scheinbare Aufholen des Produktivitätsrückstands in Mexiko fand wesentlich wegen der Unterbewertung des Peso (bis Anfang 1988) und der Ausbeutung der billigen Arbeitskraft statt (Casar 1991). Die Kehrseite davon ist die steigende Armut; der Anteil derjenigen an der Gesamtbevölkerung, die weniger als zwei Mindestlöhne erhalten, ist von 1981 bis 1987 von 46,9% auf 58,6% angestiegen (Kim 1990).
Ende 1987 wurde die Kontrolle des Haushaltsdefizits und der Inflationsrate, die 159% erreichte, zur Priorität der Regierung. Die neoliberalen Stabilisierungsmaßnahmen beinhalteten Kürzungen von Subventionen und Sozialausgaben, eine Abwertung der Währung um 22%, Preissteigerungen der Waren, Dienstleistungen des öffentlichen Sektors, eine Erhö-

hung der Zinsen und die weitere Privatisierung von »paraestatales«. Diese Maßnahmen sollten durch mehrere ökonomische Solidarpakte (PSE) seit Ende 1987 abgefedert werden; die Kosten der Strategie sollten unter der lohnabängigen Bevölkerung verteilt werden. Nach den ersten Preissteigerungen der Grundnahrungsmittel, insbesondere von Öl (85%), Elektrizität (89%) und anderen Konsumgütern, wurden alle Löhne eingefroren, was die realen Löhne beträchtlich absenkte; 1990 betrugen sie nur noch 44,3% derjenigen von 1980 (ECLAC 1991). Der Wechselkurs wurde seitdem von der Regierung durch tägliche Abwertungen kontrolliert ('crawling peg'), die jedoch seit 1988 wegen der hohen internen Inflationsraten die tendenzielle Überbewertung des Peso nicht verhindern konnten.

Die Privatisierung der »paraestatales« nach 1982 hat die wirtschaftliche Rolle des Staates stark beschränkt und auf die Produktion von Konsum- und Kapitalgütern reduziert. 1990 waren bereits 845 von 1155 »paraestatales« verkauft und in den nächsten Jahren werden voraussichtlich alle verkauft werden, mit der möglichen Ausnahme von PEMEX (staatliche Ölindustrie) und CFE (staatliches Elekträtzitätswerk). Dieser Prozeß hat die industrielle Konzentration weiter verstärkt und laut Gasca (1990) haben die schon bestehenden nationalen und transnationalen Monopole den größten Teil der »paraestatales« gekauft. Die Privatisierungseinnahmen in der Größenordnung von ca. $4 Mrd. 1990 (Schätzungen von 1991 belaufen sich auf $16 Mrd.) und ausländische Investitionen haben die Überbewertung des Peso und daher das Handelsbilanzdefizit mit getragen.

Die Entwicklung der maquiladora-Industrie an der nördlichen Grenze zu den USA ist entscheidend auf die neoliberale Wirtschaftspolitik zurückzuführen. Sie entwickelte sich zum dynamischten Sektor in den 80er Jahren und zur zweitwichtigsten Devisenquelle Mexikos. Die maquiladoras exportierten 1986-90 $48.6 Mrd. und trugen mit einer Wertschöpfung von $11.6 Mrd. zum BIP bei. Die Beschäftigung stieg in diesem Zeitraum jährlich um 10-20% auf fast eine halbe Mio. Arbeiter. Es gibt aber nur geringe Kopplungen (»linkages«) der maquiladoras mit der mexikanischen Industrie und sie konzentrieren ihre Aktivitäten auf drei Sektoren (Transportmittel, Maschinen und elektrische Produkte), die 70% ihrer Wertschöpfung, 80% ihrer Exporte und 70% ihrer Importe ausmachten. Ihr Enklavencharakter wird mit großer Wahrscheinlichkeit während der 90er Jahre weiter zunehmen und mit ca. 68% der US-Investionen stark vom nördlichen Nachbarn abhängig sein (Carrasco/Hernández 1991). Einseitige Durchführung von Handelssanktionen, u.a. durch die Trade Remedy Legislation, hat die mexikanische Regierungsstrategie weiter verunsichert und die Abhängigkeit von den USA verstärkt (Gambrill 1990; INFORUM 1991); dazu gehören auch die "rules of origin", die den westeuropäischen und japanischen »maquiladoras« möglicherweise den Zugang zum US-amerikanischen Markt erschweren.

Die maquiladora-Industrie weist jedoch strukturelle Grenzen auf. Erstens reproduziert sie größtenteils die quasi-Monopolstruktur der vorherrschenden transnationalen Unternehmen im Automobil- und Elektroniksektor. Staatliche Förderungen, u.a. tarifäre und nicht-tarifäre Schranken und Exportförderungsmaßnahmen, werden daher kaum produktivere und effizientere Produktionsstrukturen in diesen Sektoren schaffen (González-Aréchiga/Ramírez 1989). Zweitens hat die durch die maquiladora-Industrie verursachte Bevölkerungskonzentration an der nördlichen Grenze Mexikos die infrastrukturellen und ökologischen Grenzen der Region gezeigt. Städte wie Tijuana, Nogales, und Ciudad Juárez, aber auch der südliche Teil Kaliforniens, haben gezeigt, daß das Wirtschaftswachstum in der bisherigen Form, ökologisch und sozial nicht weiter tragbar ist (Gaventa 1989; Pastor 1992). Drittens werden neue Investitionen in diesem kapitalintensiven Sektor schätzungsweise weniger als 12% der erforderlichen Beschäftigung für die 90er Jahre schaffen. Neue Unternehmensstrategien haben die Produktivitätsraten stark gesteigert; die maquiladoras können jedoch nur einen geringen Teil der für die Handelsliberalisierung notwendigen Devisen und Beschäftigung schaffen (González-Aréchiga 1989).

Also hat der seit 1985 stattfindende Liberalisierungsprozeß nicht die erwartete Handelsdiversifizierung hervorgerufen, jedoch den Einfluß der USA in Mexiko wesentlich verstärkt. Gleichzeitig wurden die Rolle und monopolistische Struktur einiger transnationaler Unternehmen und »grupos industriales« um ein vielfaches gestärkt, während die Zukunft der Klein- und Mittelbetriebe ungewiß bleibt. Der Produktivitätsvorsprung hat zwar gegenüber den USA abgenommen, aber gegenüber den OECD-Ländern gleichzeitig zugenommen und die ursprüngliche (globale) Exportorientierung erschwert. Die Unfähigkeit der nationalen und transnationalen Unternehmen, der Handelsliberalisierung standzuhalten, zeigt sich am deutlichsten an den steigenden Handels- und Leistungsbilanzdefiziten, die nur z.T. durch den Verkauf von »paraestatales« und Auslandsinvestitionen ausgeglichen werden können.

Zum Schluß ist es noch wichtig zu bemerken, daß die zumindest kurz- und mittelfristigen Konsequenzen der neoliberalen Strategie die Einkommensverteilung, die realen Löhne und das allgemeine Lebensniveau der großen Mehrheit der Bevölkerung verschlechtert haben. Dieser Prozeß geht seit 1987 Hand in Hand mit höheren Profitraten des Industriesektors, da die Regierung billige Arbeitskraft und politische Stabilität für Auslandsinvestitionen und Handelsliberalisierung gewährleisten muß. In dieser Hinsicht werden auch die traditionellen korrupten und korporativistischen Gewerkschaften, seit den 40er Jahren eine wesentliche Stütze der Regierung, aufgelöst, während unabhängige Gewerkschaften seit 1982 repressiv be- und verhindert werden. Die gewalttätige und repressive Antwort von Seiten der Regierung und der Unternehmen, z.B. der Ford Motor Co. und von Volkswagen ist zukunftsweisend (Bensurán 1991; Mendiola 1991). In der neoliberalen Strategie spielt die traditionelle Kooperation zwischen Gewerkschaften und der Regierung keine Rolle mehr. Sie gefährdet eher die neoliberale Strategie, da die Gewerkschaften einer der wenigen organisierten Teile der zivilen Gesellschaft sind und sich in Zukunft gegen die Regierung wenden könnten (Middlebrook 1991).

3. Von der Liberalisierung zur Regionalisierung des Handels: das Freihandelsabkommen

Die endgültige Fassung des Freihandelsabkommens zwischen Kanada, Mexiko und den USA ist bis Anfang 1993 noch nicht ratifiziert worden, obwohl sich die jeweiligen Regierungen im November 1992 auf einen Entwurf einigten. Die Ratifizierung hängt jedoch wesentlich von der neuen Clinton-Administration ab. Clinton hatte schon vor den US-Wahlen angedeutet, daß das Abkommen ökologische und arbeitsrechtliche Regulierungen beinhalten müßte, während sich die mexikanische Regierung, aus klaren internen soziopolitischen Gründen, dagegen wehrt und eher mehreren Parallelverträgen über diese Themen zustimmen würde. Auch aus diesen Gründen sind die zu erwartenden Konsequenzen des Abkommens schwer einzuschätzen und eher spekulativ. Trotzdem lassen sich mehrere Tendenzen der mexikanischen Wirtschaft im Rahmen von NAFTA schon jetzt abzeichnen.

Nach der einseitigen mexikanischen Liberalisierung, der ausbleibenden Investitions- und Handelsdiversifizierung (die in der Reise von Salinas im März 1990 nach Europa deutlich wurde), angesichts der ständigen Gefahr sich US-Handelssanktionen auszusetzen, und konfrontiert schließlich mit der abnehmenden Liquidität auf den internationalen Finanzmärkten blieb der mexikanischen Regierung Ende der 80er Jahre kaum eine Option, als sich auf den US-Markt zu konzentrieren. Die Ungewißheit der noch andauernden GATT-Verhandlungen hat diesen Prozeß weiter verstärkt. In diesem Sinne sind der Marktzugang und die hauptsächlich aus den USA stammenden ausländischen Investitionen die wesentlichen Voraussetzungen für den Erfolg und die Legitimierung der neoliberalen Strategie.

Für die USA ist das Handelsabkommen entscheidend, um die neoliberale Strategie in Mexiko (und in Lateinamerika insgesamt) in Einklang mit der »Enterprise for the Americas Initiative« propagieren zu können. Darüber

hinaus sichern sich die USA wichtige Absatzmärkte in der Hoffnung, daß billige lateinamerikanische Arbeitskräfte und Naturressourcen ihren Unternehmen bei der Steigerung der Wettbewerbsfähigkeit behilflich sind.
Ohne vorherige öffentliche Konsultationen und Diskussionen haben Bush und Salinas im Dezember 1990 ihr Vorhaben eingeleitet, ein Freihandelsabkommen zwischen den beiden Nationen herbeizuführen. In den USA hat im Mai 1991 der Kongreß dem »fast-track« Verhandlungsverfahren zugestimmt, während Präsident Salinas der mexikanischen Verfassung gemäß die Entscheidung hierüber allein traf. Kanada, das bereits ein Freihandelsabkommen mit den USA hatte, schloß sich dem Verfahren an. Beide Regierungen vereinbarten, mindestens über sechs Themenbereiche zu verhandeln, die folgendermaßen zusammengefaßt werden können: Erstens die graduelle, dann aber vollständige Harmonisierung und Aufhebung der tarifären und nicht-tarifären Handelshemmnisse zwischen Kanada, Mexiko und den USA, um den jeweiligen Marktzugang zu ermöglichen. Mexiko wird Konzessionen in den hochverzollten Exportbereichen anstreben, während die USA die weitere Liberalisierung von Auslandsinvestitionen, insbesondere im Landwirtschafts- und Ölsektor, fordern wird. Die Verhandlungen im Dienstleistungssektor, der Urheberrechte und der jeweiligen Subventionen im Automobilsektor werden besonders schwierig sein, da die drei Nationen unterschiedliche Kontrollen und Gesetze aufweisen. Zweitens geht es um die Ursprungsregelung ("rules of origin"). Mexiko wird niedrige Ursprungsregelungen anstreben, die eine zukünftige Diversifizierung der ausländischen Investitionen der maquiladoras und des Automobilsektors ermöglichen. Das Kanada-USA-Freihandelsabkommen sah jedoch den Freihandelsstatus nur für Waren vor, die mindestens 50% ihrer Wertschöpfung in den Mitgliedsländern realisierten. Beide Nationen fürchten jetzt, daß Mexiko zu einem Sprungbrett für südostasiatische und europäische Exporte in die USA werden könnte. Drittens werden Handelsschlichtungen geregelt. Mexiko wird auf Mechanismen bestehen, die zukünftige Handelsschwierigkeiten lösen, obwohl Kanada und die USA sich dieser möglichen Kommission unter der mexikanischen Gesetzgebung widersetzen.
Der wichtigste Themenbereich in den Mexiko-US Beziehungen, die Migration der mexikanischen Arbeitskräfte gen Norden nämlich, ist explizit aus dem möglichen Vertrag ausgenommen worden[9]. Ökokologie, Lohndis-

9 Salinas schließt jedoch nicht aus, daß dem Abschluß des Abkommens neue Themenbereiche aufgenommen werden, und daß »wir uns früher oder später hinsetzen und auf die Arbeitsmobilität achten werden. Je eher desto besser. Ich bin für die freie Arbeitsmobilität« (Salinas de Gortari, *Los Angeles Times*, 25. November 1990). Pastor (1992) unterstreicht, daß in einer Freihandelszone jede Begünstigung der nationalen Ex-

paritäten und allgemeine Produktionsbedingungen sollen zunächst auch nicht einbezogen werden. Der Druck von starken Oppositionsgruppen hat zu Parallelverhandlungen ("Action Plan") geführt, die jedoch nicht direkt in das Freihandelsabkommen einbezogen werden sollten. Die mexikanische Regierung hat z.B. einen »Plan Integral Ambiental Fronterizo« vorgelegt, der $460 Mio. für ökologische Projekte an der Nordgrenze Mexikos in der Region der «maquiladoras« vorsieht. Letztendlich wird die mexikanische Regierung unter starkem Verhandlungsdruck stehen, da ihre Verhandlungsbasis schwach ist. Sie kann nur mit tarifären und nicht-tarifären Restriktionen im Außenhandel und bei der Liberalisierung von ausländischen Investitionen operieren. Die Privatisierung einiger Sektoren, insbesondere des Ölsektors, ist eine Barriere, da Veränderungen der mexikanischen Verfassung verlangt sind (Aguilar Zinser 1991).

Die Verhandlungen, die eigentlich schon Ende 1991 abgeschlossen werden sollten, werden, je nach den Prioritäten der Clinton-Administration, wahrscheinlich erst Mitte 1993 zu Ende kommen; die »Rezession« in den USA und die von Clinton neu eingeführten Themenbereiche haben einen Abschluß wesentlich erschwert. Denn offensichtlich kann das neue Freihandelsabkommen nicht eine bloße Erweiterung des Kanada-US Abkommens sein. Der Zeitplan zur Reduzierung der Tarife und zur Liberalisierung der Investitionen insbesondere im Energiesektor, die Ursprungsregelung[10] und die Vereinbarung über Handelsquoten, alles was im Kanada-US Freihandelsabkommen enthalten ist, mußte für Mexiko neu ausgehandelt werden.

Mehrere Fragen werden jedoch auch in den nächsten Jahre ungelöst bleiben: Soll das Freihandelsabkommen eine offene Institution für andere lateinamerikanische Nationen sein und der EG eine ökonomische und politische Macht entgegenstellen? Wird die mexikanische Regierung dem Beitritt neuer lateinamerikanischer Länder zum Freihandelsabkommen zustimmen, was gleichzeitig die eigenen »komparativen Kostenvorteile« aufheben könnte? Und werden die jeweiligen Regierungen eine öffentliche Diskussion und Mitbestimmung der zivilen Gesellschaft über ein Abkommen zulassen, das die Produktions- und Gesellschaftsformen in Zukunft grundlegend verändern wird?

---

porte bzw. Diskriminierung anderer Importe legitim als ein Handelsthema aufgefaßt werden kann. Falls die jeweilige Gesetzgebung bestimmte ökologische, arbeitsrechtliche und Sicherheitsvorkehrungen erfordert, werden unendlich viele »nicht-Handelsbereiche« zu Handelsthemen.

10 Nicholas Scheele, Generaldirektor der Ford Motor Co. in Mexiko, forderte eine regionale Wertschöpfung von mindestens 75%, wesentlich höher als der 50%ige Anteil nationaler Wertschöpfung im Kanada-US Freihandelsabkommen (*Business Latin America*, 16. September 1991).

Eine Freihandelszone des amerikanischen Kontinents wird ein kaum nennenswertes Handelswachstum in der Region verursachen. Erzan/Yeats (1992) schätzen, daß ein exklusives Freihandelsabkommen der wichtigsten 11 lateinamerikanischen Nationen mit Kanada und den USA eine jährliche Exportsteigerung von ca. $2.93 Mrd. erbringen würde; der mexikanische Anteil würde den aller anderen Nationen mit 56% übertreffen. Die Entwicklung der zukünftigen Auslandsinvestitionen in Mexiko ist jedoch die entscheidende strategische Variable in den bisher entwickelten Modellen. Für die mexikanische Regierung ist dies der wichtigste entwicklungspolitische Aspekt für die innere Stringenz der neoliberalen Strategie (Dornbusch 1992; Ros 1992).
Unter der Voraussetzung hoher mexikanischer Wachstumsraten und eines entsprechenden mexikanischen Importsogs schätzen die Hochrechnungen von USITC (1991), daß das BIP der USA bis 1995 um jährlich 0.26% infolge der Bildung der Freihandelszone steigen dürfte. Der größte Teil dieser Handelsvorteile wird jedoch auch ohne das Freihandelsabkommen erwartet. Obwohl die Entwicklung der ausländischen Investitionen völlig ungewiß ist, werden drastische Handelsbilanzdefizite in Mexiko hochgerechnet. Nach INFORUM (1991) werden bis 1995 Exportwachstumsraten in die USA von ca. 3%-4% und Importwachstumsraten aus den USA von ca. 10%-20% erwartet, insbesondere von agrarischen, Automobil- und Computerprodukten. Nach diesen Schätzungen sollen geringe Beschäftigungszuwächse in den USA und moderate Reallohnerhöhungen in Mexiko stattfinden, die die jetzige 9:1 Lohndisparität zwischen den beiden Nationen langfristig vermindern sollen. Demnach wird das Freihandelsabkommen den in den USA schon stattfindenden Prozeß der Substitution ungelernter Arbeit durch qualifizierte Arbeit beschleunigen. In Mexiko werden Kleidungs-, Leder- und Schuh-, Gemüse-, Zement- und Glasproduktion moderat zunehmen, während die Maschinen- und Landwirtschaftsindustrie bis 1995 ca. 200.000 Arbeiter verlieren werden. Mexikos Beschäftigungsstruktur wird grundlegend verändert. Das Ausmaß der weiteren Liberalisierung des Landwirtschaftssektors, wo ca. 20 Mio. Tagesarbeiter und Arbeiter in Kooperativen beschäftigt sind, kann kaum geschätzt werden.
Im Gegensatz zu diesen Modellen unterstreichen u.a. Prestowitz et al. (1991) und Rawlings (1992) die Rolle neuer Investitionen in Mexiko. Prestowitz et al. (1991) nehmen an, daß Auslandsinvestitionen in Mexiko von 1992-99 um $25-$46 Mrd. zunehmen werden, daß ca. 70% dieser Investitionen für Exporte in die USA getätigt werden, und daß sie einen direkten positiven Einfluß auf die Produktivität der mexikanischen Industrie haben werden. Kurzfristig wird sich die Handelsbilanz ähnlich wie die der ande-

ren Modelle entwickeln, die Auslandsinvestitionen in Mexiko sollen jedoch hohe Exportwachstumsraten verursachen, so daß sich schon 1996-97 die Handelsbilanz ausgleicht und Mexiko 1999 einen Handelsbilanzüberschuß mit den USA von $13.5-$30 Mrd. aufweisen wird. Der Kapitalabfluß aus den USA soll gleichzeitig mehr als 900.000 Arbeitsplätze in den USA vernichten, insbesondere in den Automobil-, Radio-, Fernseh- und Telekommunikationsbereichen. Obwohl die neuen Handelsverknüpfungen mit Kanada und den USA zu einem höherem Wirtschaftswachstum in Mexiko führen sollten, zeigen Hochrechnungen von INFORUM (1991), daß geringfügige negative Tendenzen des BIP, der Investitionen und Beschäftigung durchaus möglich sind. Andererseits wird das Freihandelsabkommen kaum die strukturellen Akkumulationsprobleme der mexikanischen Wirtschaft lösen. Die Einkommensverteilung wird sich weiterhin verschlechtern, und der erwartete Exportzuwachs wird sich, falls überhaupt, auf die transnationalen Unternehmen und »grupos industriales« beschränken.

Diese Studien zeigen u.a., daß die mexikanische Regierung in Zukunft steigenden Handels- und Leistungsbilanzdefiziten gegenüberstehen wird. Die Weiterführung der neoliberalen Strategie durch die Gewährleistung der Ausbeutung von billiger Arbeitskraft, seitens massiver Auslandsinvestitionen abgesichert durch einen überbewerteten Peso wird jedoch zunehmend schwerer zu finanzieren sein. In diesem Zusammenhang zeigen die oben genannten Studien, unabhängig von den unsicheren Auslandsinvestitionen, daß das Freihandelsabkommen für Mexiko drastische Importsteigerungen hervorrufen und die Kapitalbilanz zur entscheidenden Variable der Zahlungsbilanz wird (Ros 1992).

Das erwartete Wachstum des Außenhandels zwischen Mexiko und den USA wird auch Kanada beeinträchtigen, da ein zunehmender Teil der mexikanischen Exporte, insbesondere im Automobil- und Energiesektor, dem Kanadas entspricht. Handelsumlenkung ("trade diversion") wird auch lateinamerikanische Nicht-Mitglieder des Abkommens treffen, obwohl sie als geringfügig hochgerechnet werden, da ein großer Teil dieser Nationen jetzt schon präferenziellen Handel mit den USA treibt (USITC 1991).

Seit 1992 steht die neoliberale Strategie vor einem unlösbaren Dilemma: Die seit 1987 fallende Inflationsrate, die restriktive Geldpolitik und die 25%-30% Überbewertung des Peso haben die exportorientierten Sektoren, den Motor ihrer eigenen Strategie, benachteiligt. Eine Abwertung würde jedoch eine Importpreis- und Inflationsratensteigerung sowie möglicherweise eine neue Welle von Kapitalflucht hervorrufen. Die Regierung hat es bisher vorgezogen, den Wechselkurs durch die von Privatisierungen und Auslandsinvestitionen angesammelten Devisenreserven (Ende 1992 auf ca.

$18.3 Mrd. geschätzt) zu stützen. Schon 1993-94, nachdem der größte Teil der »paraestatales« privatisiert worden ist, wird dieser Prozeß kaum noch zu finanzieren sein. In dieser Hinsicht befindet sich Salinas in der kritischsten Situation seit Regierungsantritt. Der private Sektor fährt weiterhin steigende Handelsbilanzdefizite ein, und seine Rolle als führender Sektor der mexikanischen Wirtschaft ist bisher gescheitert, obwohl er seiner eigenen Rationalität folgend durchaus erfolgreich war. Zusätzlich ist der von der Regierung und neuerdings von multilateralen Institutionen vertretene »automatische Mechanismus« von Leistungsbilanzdefiziten und notwendigen Kapitalimporten weder theoretisch noch praktisch erklärbar. Letztendlich müssen sich die neu getätigten Investitionen als Produktivitäts-, Beschäftigungs- und Exportförderer in den 90er Jahren erweisen. Die Exporte und Importe sind 1992 um 3.2% bzw. 19.4% gestiegen und verursachten ein Handelsbilanzdefizit von $26.8 Mrd. Andererseits haben die »grupos industriales« Rekordprofite realisiert und den Konzentrationsprozeß um ein Vielfaches gesteigert: Die Aktiva der 21 größten finanziellen Gruppen und ihrer Tochtergesellschaften machten 69% des BIP aus. Nur die stabilen Ölexporte haben das Handelsbilanzdefizit auf ca. $21 Mrd. reduziert, die der Kapitalbilanz von ca. $20 Mrd. für 1992 entsprachen. Den größten Teil der Auslandsinvestitionen machen jedoch Portfolioinvestitionen aus, deren Anteil an den Kapitalimporten von 40% 1990 auf ca. 70% 1992 gestiegen ist. Es ist unvermeidbar, daß so die spekulative Wirtschaftsentwicklung gefördert wird. Im Januar 1993 beispielsweise fielen die Börsenkurse, deren Index von nur 14 »grupos industriales« beherrscht wird, um 7.9% und $8.4 Mrd. haben die Börse (und z.T. Mexiko) verlassen.

Es ist nicht abzusehen, wie die Regierung den privaten Sektor weiter fördern kann; denn seit der Verhandlung über das Freihandelsabkommen ist bereits der »totale Markt« bzw. die vollständige Anpassung an und Unterwerfung unter die USA erfolgt. Trotz öffentlicher Beteuerungen hat die Regierung seit dem Beginn der Abkommensverhandlungen das mexikanische Grundgesetz grundlegend geändert und u.a. die Privatisierung des öffentlichen Erziehungssystems, der landwirtschaftlichen Kooperativen (ejidos) und der ausländischen Investitionen in fast allen Sektoren ermöglicht.[11]

Die Verhandlungen des Freihandelsabkommens sind Anfang 1993 offensichtlich noch nicht beendet. Trotz der mit der Bush-Administration abge-

---

11 Oder wie der *Economist* hervorhebt: »Es ist Schlußverkaufszeit (auction time) in Lateinamerika. In einem Aufwasch sind staatliche Telefonunternehmen und Stahlwerke, Zementfabriken, Eisenbahnen, Hotels, eine Rennbahn und eine Bananenplantage preisgünstig zu haben« (*Economist*, 23. März 1991).

schlossenen Verhandlungen scheint die Clinton-Administration ökologische und arbeitsrechtliche Bedenken zu artikulieren, die nach Auffassung der mexikanischen Regierung schnell ausgeräumt werden müßten, wenn nicht das schon abgeschlossene Abkommen so überladen werden könnte, daß der Vertrag mehr Verluste als Vorteile erbrächte. Die im November 1992 bekanntgegebenen vorläufigen Verhandlungsergebnisse beinhalten u.a. die vollständige Abschaffung der tarifären und nicht-tarifären Handelshemmnisse. Je nach Ware und Sektor ist eine Laufzeit von bis 15 Jahren bis zur Abschaffung der Handelshemmnisse festgelegt worden. Gemäß Abkommen sollen Handelsquoten für die Mitgliedsländer völlig abgeschafft werden. Zollfreier Handel mit einer regionalen Wertschöpfung von mehr als 50%, 56% und 62.5% im 4., 8. bzw. 9. Jahr nach dem Abkommen ist vorgesehen und diese Werte sind weitaus höher als im Kanada-US Abkommen (SECOFI 1992).

Trotz dieser scheinbaren Erfolge der mexikanischen Regierung, die an einem schnellen Abschluß des Abkommens interessiert ist, weisen Anfang 1993 mehrere Ereignisse darauf hin, daß das Freihandelsabkommen für Mexiko der Anfang langwieriger Verhandlungen sein wird. Unter ökologischen Gesichtspunkten sind 1991 mexikanische Fischexporte in die USA verboten worden. Mexikanische Zement- und Stahlexporte waren Anfang der 90er Jahre »freiwilligen Exportbeschränkungen« unterworfen. Weitaus schwerwiegender sind die Anfang 1993 eingeführten US-Handelssanktionen gegen mexikanische Stahlexporte, die Tarife von 46%-79% ihrer Importwerte erheben, da sie die US-Dumping Gesetze verletzen sollen.[12] Für die mexikanische Regierung stellt sich die grundsätzliche Frage, ob das Freihandelsabkommen, jetzt unter der Clinton-Administration, Handelsvorteile für Mexiko bringen oder nach langen Verhandlungen, von den Sanktionen für nicht-Mitgliedsnationen abhängig sein wird.

Die Entwicklung 1991-93 zeigt, daß die Regierung die seit Anfang 1988 eingetretene Überbewertung des Peso, hohe Zinsraten und einen allgemeinen Rückgang der produktiven Investitionen in Kauf nimmt, um die mexikanische Inflationsrate derjenigen der USA anzugleichen. Der dramatische Fall der öffentlichen Investions- und Infrastrukturausgaben und die massive Privatisierung von »paraestatales« werden jedoch die zukünftigen staatlichen Regulierungsmöglichkeiten beträchtlich einschränken. Die Überbewertung des Peso wird die Reallöhne unter Druck setzen, die staatlichen Investitionen senken und die Einkommensverteilung noch unglei-

12 Der Höhepunkt dieses Prozesses wurde Anfang Februar 1993 erreicht, als die Clinton-Administration nicht ausschließen konnte, daß Zölle auf mexikanische Ölexporte erhoben werden könnten, da dieser Sektor, im Gegensatz zum Kanda-US Abkommen, nicht in das Freihandelsabkommen einbezogen wurde.

cher gestalten. Denn die Gewährleistung der Ausbeutung der billigen Arbeitskraft, niedrige Inflationsraten und die Überbewertung des Peso sind die Basis der neoliberalen Strategie[13]. Doch ein neuer Teufelskreis gefährdet offensichtlich den Grundsatz der neoliberalen Strategie: die Handelsliberalisierung und die Stabilisierung des Wechselkurses sind nur möglich, wenn massive Auslandsinvestitionen stattfinden, also auch eine neue externe Verschuldung[14] in Kauf genommen wird und öffentliche Unternehmen und Einrichtungen privatisiert werden.

4. Schlußfolgerungen

Mexikos »stille Integration« in den Nordamerikanischen Markt wurde Anfang 1990 bekannt und in der internationalen Öffentlichkeit zur Kenntnis genommen. Sie war nach der einseitigen Handelsliberalisierung die notwendige Bedingung der Fortführung der neoliberalen Strategie. Sie ist aber keineswegs eine hinreichende Bedingung für die Integration in den Weltmarkt und zur Förderung des nationalen Akkumulationsprozesses. Die Frage bleibt weiterhin offen: Kann die mexikanische neoliberale Regierungsstrategie nur von der Ausbeutung ihrer billigen Arbeitskraft und reichlichen Naturressourcen abhängig sein?

Die Verschlechterung der Infrastruktur, der Importboom und die Erhöhung der Arbeitslosigkeit werden zumindest das kurz- und mittelfristige Szenario Mexikos prägen. Zusätzlich scheint die Regierung in den letzten Jahren eine selektive Repressionspolitik zu verfolgen, hauptsächlich gegen unabhängige Gewerkschaften und Oppositionsparteien, um die politische Stabilität und Auslandsinvestitionen zu garantieren. Es ist jedoch zweifelhaft, ob unter diesen Umständen, abgesehen von der Verschlechterung der Einkommensverteilung und der Lebensbedingungen der Mehrheit der mexikanischen Bevölkerung[15], die neoliberale Strategie weiterführen kann. Die Unfähigkeit des privaten Sektors und die Benachteiligung des Landwirtschaftssektors durch das Freihandelsabkommen werden zusätzlich die

---

13 Whalen (1992): »Das Schicksal von Herrn Salinas ist an den Peso gebunden, und er wird fast alles sagen und tun, um die Erniedrigung zu umgehen, den Peso abwerten zu müssen«.

14 Im Jahre 1991 haben sich private Unternehmen um ca. $10 Mrd. international neu verschuldet, und 1992 schätzungsweise um $7 Mrd. Zum ersten Mal nach der Verschuldungskrise verschulden sich private mexikanische Unternehmen direkt auf den internationalen Finanzmärkten, so daß ihre finanzielle Anfälligkeit in den 90er Jahren zu einer ähnlichen Situation wie 1982 führen könnte.

15 Nach dem Centro de Análisis e Investigación Económica (1991) werden 9 von 10 Kindern in Armut leben; 1981-87 stieg der Anteil der armen Bevölkerung von 32.1% auf 41.2% an, und 17 Mio. Mexikaner leben unter extremer Armutsbedingungen, besonders in ländlichen Gegenden.

Arbeitslosigkeit erhöhen und scheinen keine Perspektive für ein zukünftiges Akkumulationsmodell zu eröffnen. Letztendlich kann die fehlende Mitbestimmung der mexikanischen Bevölkerung, des Kongresses, der Oppositionsparteien, und im allgemeinen der zivilen Gesellschaft die zukünftige politische Legitimierung des Abkommens gefährden.

Das potentielle Handelsabkommen zwischen den drei Nationen wird auch, zumindest in der jetzigen Form, geringe Kooperationsmöglichkeiten aufweisen. Eine entscheidende Voraussetzung, um die strukturellen Zahlungsbilanzschwierigkeiten Mexikos zumindestens kurz- und mittelfristig zu lösen, wäre die Einführung eines gemeinsamen Fonds zur Überbrückung von bilateralen Zahlungsbilanzungleichgewichten. Ein »Nur-Investitions- und Handelsabkommen« wird kaum kurz- und mittelfristige Entwicklungsmöglichkeiten aufweisen; dies hat schon der Fall des Zentralamerikanischen Gemeinsamen Marktes gezeigt. Auch die kanadische Erfahrung mit viel engeren kulturellen, historischen, ökonomischen und politischen Beziehungen zu den USA bietet zu widersprüchlichen Interpretationen Anlaß. Steigende Leistungsbilanzdefizite, Arbeitslosigkeit und hohe ökonomische wie politische Unsicherheit können die kurz- und mittelfristigen Begleiterscheinungen solch eines Handelsabkommens sein.

Die durch die Privatisierung und neue Auslandsinvestitionen geschaffenen hohen Devisenreserven verhelfen der Regierung Mexikos zu den Ressourcen, mit denen die kurzfristigen sozioökonomischen Widersprüche überbrückt werden können. Die Regierung muß jedoch deutliche industrielle Richtlinien erarbeiten - die durch die Devisenreserven unterstützt werden könnten -, anstatt Importeure mit dem überbewerteten Peso zu subventionieren. Die Tagesordnung des NAFTA-Abkommens darf nicht nur Regelungen für Investitionen und den Außenhandel enthalten, sondern muß auch ökologische und arbeitsrechtliche Maßnahmen enthalten. Um die langfristige Entwicklung dieses Integrationsversuches zu gewährleisten, müßte über weitere Themenbereiche wie Arbeitsmigration, die Ausbeutung von Naturresourcen und Kapitalbewegungen und über die durch das Abkommen verursachten sozialen Kosten verhandelt werden. Falls diese Probleme und Widersprüche im Handelsabkommen mit den USA und Kanada nicht aufgenommen werden, vertuscht man diese nur und versucht, wie es in Mexiko ausgedrückt wird, »tapar el sol con un dedo« (die Sonne mit einem Finger zudecken zu wollen).

Literatur

Aguilar Zinser, Adolfo. 1991. TLC: escacez de información. *El Financiero*, June 17.

Altvater, Elmar (et. al). 1987. Die Armut der Nationen. Rotbuch Verlag, Berlin.

Barajas Escamilla, Rocío. 1987. Patrones de crecimiento de la industria maquiladora de exportación en México y su distribución regional. Vorbereitetes Man. für »Seminario de las Maquiladoras: Ajuste Estructural y Desarrollo Regional«. El Colegio de la Frontera Norte, Tijuana, Mexiko.

Barkin, David. 1991. Un desarrollo distorsionado: la integración de México a la economía mundial. Siglo XXI, Mexiko.

Bensurán, Graciela. 1991. La reforma laboral y el TLC. *La Jornada*, 27. Juni.

Blomström, Magnus und Edward N. Wolff. 1989. Multinational Corporations and Productivity Convergence in Mexico. Working Paper No. 3141. NBER, Cambridge.

Bouzas, Roberto. 1991. Elementos para la formulación de políticas de América Latina y el Caribe ante la Iniciativa Bush. *Capítulos SELA* 28.

Bush, George. 1990. Remarks Announcing the Enterprise for the Americas Initiative. June 27, 1990. Compilation of Presidential Statements. Vol. 26, No. 14, Washington D.C.

Carrasco Licea, Rosalba und Francisco Hernández y Puente. 1991. Maquiladoras: opción ante el TLC. *La Jornada*, 15. April.

Carrillo V., Jorge (comp.). 1986. Restructuración industrial. Colegio de la Frontera Norte, Mexiko.

Casar, José I. 1989. Transformación en el patrón de especialización y comercio exterior del sector manufacturero mexicano 1978-1987. Nacional Financiera/ILET, Mexiko.

Casar, José I. (et al). 1990. La organización industrial en México. Siglo XXI, Mexiko.

Casar, José. 1991. La Competitividad de la Industria Manufacturera Mexicana. 1980-1990. Vorbereitetes Man. für División Conjunta CEPAL-ONUDI de Industria y Tecnología.

Castro Martínez, Pedro F. 1989. El Acuerdo de Libre Comercio entre Estados Unidos y Canada. *Comercio Exterior* 39(4).

Centro de Análisis e Investigación Económica. 1991. *La Jornada*, 29. Dezember.

Cypher, James M. 1990. State and Capital in Mexico. Development Policy since 1940. Westreview Press, Boulder, Colorado.

Dornbusch, Rudiger. 1992. The Case for Trade Liberalization in Developing Countries. *Journal of Economic Perspectives* 6(1).

Dussel Peters, Enrique. 1988. Deuda externa e innovaciones financieras. *Cuadernos Políticos* 53.

Dussel Peters, Enrique. 1993. Quo Vadis, Señor Brady? The Brady Initiative: A Way out of the Debt Crisis? *Review of Radical Political Economy* 25(1).

ECLAC (Economic Commission for Latin America and the Caribbean). 1990. América Latina y el Caribe: opciones para reducir el peso de la deuda. United Nations, Santiago de Chile.

ECLAC. 1991. Statistical Yearbook for Latin America and the Caribbean. Edition 1990. United Nations, Chile.

Erzan, Refik und Alexander Yeats. 1992. Free Trade Agreements with the United States. 1992. Policy Research Working Papers 827. The World Bank, Washington, D.C.

Fatemi, Khosrow (ed.). 1990. The Maquiladora Industry. Praeger, New York.

Gambrill, Mónica. 1990. El decreto de la industria maquiladora y sus implicaciones. Vorbereitetes Manuskript für »VI Reunión de Universidades de México y Estado Unidos de América sobre Estudios Fronterizos«, Mazatlán, Mexiko.

Gasca Zamora, José. 1989. Fuentes para el estudio de las empresas paraestatales de México y su privatización, 1983-1988. *Comercio Exterior* 39(2).

Gaventa, John. 1989. La influencia de los factores ambientales en la movilidad del capital. Estudios de caso de la región de los Montes Apalaches. In Bernardo González-Aréchiga und Rocío Barajas Escamilla (comp.). *Las maquiladoras*. El Colegio de la Frontera Norte, Mexiko.

Glyn, A. (et al.). 1989. The Rise and Fall of the Golden Age. In S. A. Marglin und J. Schor (ed.). *The Golden Age of Capitalism*. Clarendon Press, Oxford.

González-Aréchiga, Bernardo. 1989. Productividad sin distribución: cambio tecnológico en la maquiladora mexicana (1980-1986). *Frontera Norte* 1(1).

González-Aréchiga, Bernardo und Rocío Barajas Escamilla (comp.). 1989. Las maquiladoras: ajuste estructural y desarrollo regional. El Colegio de la Frontera Norte, Mexiko.

González-Aréchiga, Bernardo, Rocío Barajas Escamilla und Noé Arón Fuentes Flores. 1987. Proteccionismo en Estados Unidos y maquiladoras en México. *Comercio Exterior* 37(11).

González-Aréchiga, Bernardo und José Carlos Ramírez. 1989. Perspectivas estructurales de la industria maquiladora. Vorbereitetes Manuskript für das Seminar »La Industria Maquiladora en México«. El Colegio de la Frontera Norte, Tijuana, Mexiko.

Grundwald, Joseph und Kenneth Flamm. 1985. Appendix: Explanation of Items 806.30 and 807.00. In *The Global Factory: Foreign Assembly in International Trade*. Brookings Inst., Washington D.C.

Hernández Laos, Enrique und Edur Velasco Arregui. 1990. Productividad y competitividad de las manufacturas mexicanas, 1960-1985. *Comercio Exterior* 40(7).

Huerta González, Arturo. 1985. La economía mexicana. Ediciones Cultura Popular, Mexiko.

Huerta González, Arturo. 1991. TLC: Razones y Consecuencias. Mexiko. Manuskript.

INEGI (Instituto Nacional de Estadística y Geografía e Informática. Mehrere Jahre. Cuaderno de información oportuna. INEGI, Mexiko.

INFORUM. 1991. Industrial Effects of a Free Trade Agreement Between Mexico and the USA. An INFORUM Report for the United States Department of Labor, Washington, D.C.

Kerber, Víctor und Antonio Ocaranza Fernández. 1990. Las maquiladoras japonesas en la relación entre México, Japón y Estados Unidos. *Comercio Exterior* 39(10).

Kim, Kwan S. 1986. Industrialization in Mexico: Issues and Strategies. In B.W. Pulson (ed.). *International Economic Integration: Lessons from the 1980s and Prospects for the 1990s*. University of Colorado, Boulder.

Kim, Kwan. 1990. Industrialization Process, Employment, and Income Distribution in Mexico: Issues and Strategies. *Working Paper* 131. The Helen Kellogg Institute for International Studies, University of Notre Dame, Indiana.

Maddison, Angus. 1989. The World Economy in the 20th Century. OECD, Paris.

Mendiola, Gerardo. 1991. Desde que el Ford llegó a México. *La Jornada*, July 31.

Meyer, Lorenzo und José Luis Reyna (coord.). 1989. México, el sistema y sus partidos: entre el autoritarismo y la democracia. In L. Meyer und J.L.Reyna. *Los sistemas políticos en América Latina*. Siglo XXI, Mexiko.

Middlebrook, Kevin J. 1991. State Structures and the Politics of Union Registration in Postrevolutionary Mexico. *Comparative Politics* 23(4).

Millán, René. 1988. Los empresarios ante el estado y la sociedad. Siglo XXI, Mexiko.

Nacional Financiera. Mehrere Jahre. La economía mexicana en cifras. Nacional Financiera, Mexiko.

OECD 1992. Globalisation of Industrial Activities. OECD, Paris.

Orme, William A. 1991. The Sunbelt Moves South. *Report on the Americas*. Vol 24(6).

Pastor, Robert. 1992. The North American Free Trade Agreement as the Center of an Integration Process: The Non-Trade Issues. Vorbereitetes Manuskript für die Konferenz »NAFTA: An Assessment of the Research«. Brookings Institution, Washington, D.C.

Peres Núñez, Wilson. 1990/a. Foreign Direct Investment and Industrial Development in Mexico. OECD Development Centre, Paris.

Peres Núñez, Wilson. 1990/b. From Globalization to Regionalization: The Mexican Case. OECD Development Centre. *Technical Papers* No. 24.

Piore, M. J. und C.F. Sabel. 1984. The Second Industrial Divide. Basic Books, New York.

Prestowitz, Clyde V. (et al.). 1991. The New North American Order, Washington, D.C.

Przeworski, Adam (et. al) 1992. Sustainable Democracy. Manuskript.

Rawlings, Laura. 1992. The North American Free Trade Agreement. Policy Focus No. 2. Overseas Development Council, Washington, D.C.

Rojas, Raúl. 1987. Fünf Jahre Verschuldungskrise. In Altvater et al. Die Armut der Nationen, Berlin.

Ros, Jaime. 1987a. Organización industrial y comercio exterior. Instituto Latinoamericano de Estudios Transnacionales, Mexico.

Ros, Jaime. 1987b. La economía y la política macroeconómica durante el auge petrolero: 1978-1982. In J. Ros und C. Monsiváis (et al.). El auge petrolero: de la euforia al desencanto. UNAM, Mexiko.

Ros, Jaime. 1991a. Mexico's Trade and Industrialization Experience Since 1960: a Reconsideration of Past Policies and Assessment of Current Reforms. Vorbereitetes Man. für »UNO/WIDER Conference on Trade and Industrialization Reconsidered«. OECD Development Centre, Paris.

Ros, Jaime. 1991b. The Effects of Government Policies on the Incentives to Invest, Enterprise Behavior and Employment. A study of Mexico's Economic Reforms in the Eighties. Vorbereitetes Manuskript für das ILO-Project »The Effects of Government Policies on the Incentives to Invest, Enterprise Behavior and Employment«.

Ros, Jaime. 1992. Zona de libre comercio o mercado común de capitales? Manuskript.

Ruiz Durán, Clemente (coord.). 1991. Changes in the Industrial Structure and the Role of Small and Medium Industries in Developing Countries. The Case of Mexico. Manuskript.

Schatan, Claudia. 1991. Trade Bargaining: The Mexican Case. Vorbereitetes Manuskript für eine IDRC-Konferenz. SELA, Caracas.

Schoepfle, Gregory K. 1991. Labor Issues Related to a U.S. - Mexico FTA: A View from the North. Vorbereitetes Manuskript für das Seminar »Mercados de Trabajo: una Perspectiva Comparativa, Tendencias Generales y Cambios Recientes«. El Colegio de México, Mexiko.

Schubert, A. 1985. Die internationale Verschuldung. Suhrkamp Verlag, Frankfurt a.M.

SECOFI (Secretaría de Comercio y Fomento Nacional). 1992. Tratado de Libre Comercio de América del Norte. Vol. I und II, SECOFI, Mexiko.

Székely, Gabriel (ed.). 1991. Manufacturing Across Borders and Oceans. Center for U.S.-Mexican Studies, University of California, San Diego.

Tello, Carlos. 1984. La nacionalización de la banca en México. Siglo XXI, Mexiko.

Ten Kate, Adriaan und Robert Bruce Wallace. 1980. Protection and Economic Development in Mexico. St. Martin's Press, New York.

Ten Kate, Adriaan. 1992. Trade Liberalization and Economic Stabilization in Mexico: Lessons of Experience. *World Development* 20(5).

Trejo, Saúl. 1989. La entrada de México al GATT y la necesidad de modificar sus instrumentos de política económica. In Blanca Torres und Pamela S. Falk (coord.). *La Adhesión de México al GATT.* El Colegio de México, Mexiko.

USITC (United States International Trade Commission). 1991. The Likely Impact on the United States of a Free Trade Agreement With Mexico. USITC Publication 2353, Washington, D.C.

USITC. 1992. Economy-Wide Modeling of the Economic Implications of a FTA with Mexico and a NAFTA with Canada and Mexico. USITC Publication 2508, Washington, D.C.

Villareal, René. 1988. Industrialización, deuda y desequilibrio externo en México. Un enfoque neoestructuralista (1929-1988). Fondo de Cultura Económica, Mexiko.

Weintraub, Sidney. 1992. NAFTA and Industry. Vorbereitetes Manuskript für die Konferenz »NAFTA: An Assessment of the Research«. Brookings Institution, Washington, D.C.

World Bank. 1990. World Tables. The World Bank, Washington, D.C.

Zabludovsky, J. 1990. Trade Liberalization and Macroeconomic Adjustment. In D. S. Brothers/A.E.Wick (ed.). *Mexico's Search for a new Developmentt Strategy*. Westreview, Boulder.

Zepeda, Eduardo. 1991. Análisis comparado del gasto público en la frontera norte. Manuskript.

Hansjörg Herr

Ressourcen und Entwicklung

Eine Replik auf Kurt Hübners »Wege nach Nirgendwo« (Prokla 89)

Kurt Hübner hat bei seiner Übersicht über verschiedene ökonomische Theorieansätze zur Überwindung der Transformationskrise unter anderem dem Ressourcenknappheitsmythos der orthodoxen Theorien einen Ressourcenirrelevanzmythos der monetärkeynesianischen Theorie gegenübergestellt (vgl. Hübner 1993). Auf diese Kontroverse möchte ich im folgenden kurz eingehen werden.

Zunächst muß verdeutlicht werden, daß auf einer abstrakten Ebene Entwicklung ab einer minimalen Ressourcenausstattung potentiell möglich ist. Insbesondere gilt für die Länder Mittel- und Osteuropas, daß ihr Ressourcenbestand eine ausreichende Basis für Entwicklung bietet. Länder mit weitaus schlechterem Ressourcenbestand konnten - wie einige asiatische Länder zeigten - auch in der jüngeren Vergangenheit erfolgreiche Entwicklungswege beschreiten. Eine andere Frage ist selbstverständlich, ob die Bevölkerungen in den Transformationsländern politisch einen Lebensstandard akzeptieren werden, der der Ressourcenausstattungen und den Produktivitätsniveaus der Länder entspricht. Entscheidend für die politische Stabilität und damit ökonomische Entwicklung sind die Mechanismen der Senkung des Lebensstandards in den Transformationsländern. Solche Erwägungen ändern jedoch nichts an dem Umstand, daß Entwicklung in erster Linie ein »Organisationsproblem« ist. Gelingt es einer Gesellschaft nicht, den Allokations- und insbesondere Akkumulationsprozeß innerhalb der Ökonomie zu »organisieren«, so ist selbst bei einer reichlichen Ressourcenausstattung keine Entwicklung möglich.

Die »Organisation« des Allokations- und Akkumulationsprozesses wurde in der Planwirtschaft über die Mengenplanung gesteuert, die die Kohärenz der Ökonomie herstellte. In den mittel- und osteuropäischen Ländern wurde diese Funktion des Planes beseitigt. Was trat an dessen Stelle? Hier liegt genau das Entwicklungsproblem der Transformationsökonomien. Allokations- und Akkumulationsentscheidungen werden auf Basis individueller Kalküle getroffen. Damit existiert die Grundstruktur von Geldwirtschaften. Analytisch haben die mittel- und osteuropäischen Länder den Übergang zu Geldwirtschaften weitgehend vollzogen. Allerdings haben sie sich nicht in stabile Geldwirtschaften mit einer hohen Entwicklungspotenz, sondern in deformierte Geldwirtschaften mit einer geringen Entwicklungschance transformiert.

Deformierte Geldwirtschaften sind durch eine geringe Reputation der nationalen Währung gekennzeichnet. Dies bedeutet, daß deformierte Geldwirtschaften durch Investitionsverweigerung im Inland, Kapitalflucht, Parallelwährungssysteme, allenfalls kurzfristige Geldanlagen im Inland selbst bei hohen Zinssätzen, eine generell restriktive Geldpolitik zur Stabilisierung des Außenwertes der nationalen Währung und Reduzierung destabilisierender Kapitalexporte gekennzeichnet sind etc. Selbst Erfolge bei der Bekämpfung inländischer Inflationsraten lassen in deformierten Geldwirtschaften nicht automatisch eine ausreichende Verbesserung des Vertrauens in die nationale Währung entstehen, da Wirtschaftssubjekte generell bei Stabilisierungsprogrammen eine Wartehaltung einnehmen (vgl. zur näheren Analyse Herr 1993).

Trotz unterschiedlicher spezifischer Probleme sind die meisten Transformationsländer innerhalb des Weltmarktes auf gleicher Stufe wie tradionelle Entwicklungsländer, da auch die meisten Länder der Dritten Welt als deformierte Geldwirtschaften gekennzeichnet werden müssen. Ein erfolgreicher Transformationsprozeß für die Länder Mittel- und Osteuropas bedeutet die Entwicklung aus einer deformierten Geldwirtschaft in eine stabile entwicklungsfördernde Geldwirtschaft - ein Prozeß, der scheitern kann und dessen Erfolg oder Mißerfolg nur in geringem Ausmaße vom Anfangsbestand an Ressorcen abhängt.

Bei Hübner (1993) wird meines Erachtens die Rolle von Ressourcenimporten im monetärkeynesianisischen Paradigma - das allerdings durchaus unterschiedliche Ausformungen umfaßt - vereinfacht. Ressourcenimporte können die Entwikklung eines Landes entscheidend beschleunigen. Drei Szenarien sollen kurz angesprochen werden. In der Tat kann die Marktkonstellation der Bundesrepublik nach dem Zweiten Weltkrieg als ideales Entwicklungsszenario dienen. Handels- und Leistungsbilanzüberschüsse wurden mit hohen Direktinvestitionen vor allem aus den USA verbunden. Die Leistungsbilanzüberschüsse sorgten für eine Stimulierung der Ökonomie über eine hohe Nachfrage, die wiederum die Investitionen anregte; die Direktinvestitionen bewirkten einen Technologieimport und eine Erhöhung des Produktivitätsniveaus. Japan erlebte nach dem Zweiten Weltkrieg bis Mitte der sechziger Jahre eine enorme Akkumulationsdynamik bei ausgeglichener Leistungsbilanz. Die inländische Investitionsnachfrage war aufgrund inländischer Faktoren so hoch, daß ein Leistungsbilanzüberschuß zur Stimulierung der Produktion nicht notwendig war. Technologieimport fand in Japan unter anderem in der Form der Förderung des Imports von Investitionsgütern und der Niedrighaltung von Konsumgüterimporten mittels eines umfassenden protektionistischen Systems statt. Entwicklung kann potentiell auch bei Leistungsbilanzdefiziten stattfinden. Ist die inländische Investitionsdynamik hoch und kann das Vertrauen in die nationale Währung aufrechterhalten werden, so können Leistungsbilanzdefizite der inländischen Entwicklung weitere Impulse geben. Südkorea kann in bestimmten Entwicklungphasen als Beispiel für das letzte Szenario dienen.

Warum also die Empfehlung einer exportorientierten Entwicklung für die Transformationsökonomien?

Die drei oben genannten Erfolgsszenarien unterstellen jeweils eine hohe inländische Investitionsdynamik. Die Transformationsländer sind jedoch gerade durch eine geringe Investitionsdynamik gekennzeichnet. Das Argument für Leistungsbilanzüberschüsse als Entwicklungsstrategie besteht nun darin, daß Leistungsbilanzüberschüsse zu einem zentralen - vermutlich dem wichtigsten - Element zur Überwindung der stagnierenden Investitionen werden können (vgl. Herr 1992). Zwei Argumentationslinien spielen eine Rolle.

Saldenmechanisch ist ein ansteigendes Leistungsbilanzdefizit identisch mit einem inländischen Angebotsüberschuß an Gütern - eine Konstellation, die bei geringer Investitionsdynamik die Investitionstätigkeit in aller Regel weiter reduziert. Umgekehrt ist saldenmechanisch ein ansteigender Leistungsbilanzüberschuß mit einer Überschußnachfrage nach Gütern im Inland verbunden, der die Profite der Unternehmen erhöht und eine Akkumulationsdynamik anstoßen kann. Potentiell kann auch eine expansive Fiskalpolitik eine Überschußnachfrage im Inland schaffen. Jedoch muß eine Nachfragestimulierung über Budgetdefizite im Vergleich zu einer Nachfragestimulierung über Exporte als eindeutig schlechter bezeichnet werden. Expansive Fiskalpolitik muß in der Konstellation der Transformationsländer zu negativen Vertrauenseffekten und letztlich zu Zinserhöhungen führen, die die Investitionen drosseln.

An der Reputation einer Währung bzw. an Erwartungen über die zukünftige außenwirtschaftliche Stabilität der nationalen Währung setzt die zweite Argumentationslinie an. Die geringe Investitionsdynamik in deformierten Geldwirtschaften liegt letztlich, wie oben ausgeführt, in dem geringen Vertrauen in die inländische Währung, in Kapitalflucht und in durch die Währungskonkurrenz aufgezwungenen hohen inländischen Zinssätzen begründet. Leistungsbilanzüberschüsse, die mit einem stabilen inländischen Preisniveau und damit ohne permanente nominelle Abwertungen realisiert werden, sind das beste - vielleicht das einzige - Mittel zur Erhöhung des Vertrauens in das inländische Geld. Kann Vertrauen in das inländische Geld aufgebaut werden, dann beginnt im Inland ein Akkumulationsprozeß, da die Investitionsneigung ansteigt und die Geldpolitik aufgrund versiegender Kapitalflucht gelockert werden kann. Gleichzeitig werden entwicklungsfördernde Direktinvestitionen induziert etc.

Wer gegen eine exportorientierte Strategie ist, der muß zumindest sehr genau ausführen, wie er die Investitionsdynamik in den Transformationsländern längerfristig anregen will. Netto-Ressourcenimporte mit dem Effekt weiterer Verschuldung in ausländischer Währung erscheinen mir keine Entwicklungsstrategie der Transformationsländer darzustellen. Selbst staatlicher Kapitalexport in die Transformationsländer seitens westlicher Staaten haben immer den Beigeschmack der inländischen Exportförderung, was eigentlich den neutralen Betrachter schon stutzig machen müßte.

Literatur

Herr, H. (1992): *Geld, Währungswettbewerb und Währungssysteme. Theoretische und historische Analyse der internationalen Geldwirtschaft*, Frankfurt, New York

Herr, H. (1993): Stabilisierung und Akkumulation in Transformationsökonomien, in: H. Herr, A. Westphal (Hg.), *Makroökonomische Probleme der Transformation*, Frankfurt, New York

Hübner, K. (1993): Wege nach Nirgendwo: Ökonomische Theorie und osteuropäische Transformation, in *PROKLA. Zeitschrift für kritische Sozialwissenschaft*, Heft 89, Jg. 22, Nr. 4, 552-579.

SUMMARIES PROKLA 90, Vol. 23 (1993), No. 1.

John Holloway: Global Capital and the National State. To talk about the crisis for 'the welfare state' or the reform of 'the state' in an international setting immediatly raises the question of 'which state? where?'. To someone who has lived most of his life in Europe, there is an additional problem: of what relevance are ideas developed in Europe about 'the state' to people whose main point of reference is the Paraguayan, Bolivian or Argentinian state? The answer can only lie through some concept of the fragmentation of a united world. This article is an attempt to develop that point.

Sol Picciotto: The Crisis of the Internationals State. The capitalist state, although territorially defined, was born and developed as a loose network of interrelated and overlapping jurisdictions. The regulatory framework for corporate capitalism which emerged from the last part of the l9th century was based on the national state, but involved emulation and transplantation of forms, as well as international coordination; and it facilitated international ownership of capital through the transnational corporation, which became the dominant form in the 20th century. TNCs have favoured minimal international coordination while strongly supporting the national state, since they can take advantage of regulatory differences and loopholes. Processes of international coordination of state functions, relying on national legitimation, have taken the form of bureaucratic-administrative corporatist bargaining through a motley network of informal structures as well as the more visible and grand organisations. The growing globalisation of social relations has put increasing pressure both on national and international state structures.

Uli Jähner: Migration - Asyl - Ausländerfeindlichkeit. Die Sprachlosigkeit angesichts der Gewalt gegen Ausländer verrät die zivilen Grundlagen der Demokratie. Aber verbirgt sich hinter ihr nicht mehr und anderes als nur das Einverständnis mit der Gewalt. Ob und wie und mit welchen Folgen für die eigene Zivilität die Migration den westlichen Universalismus in Begründungsnotstände versetzt, wird zur Dikussion gestellt.

Rolf Knieper: Thesen zu Staat und Nationalstaat. Die Thesen unterscheiden zwischen Staatlichkeit und Nationalstaat. Sie suchen zu begründen, daß mit der Globalisierung der Produktionsverhältnisse das Konzept der nationalen Souveränität und Territorialstaatlichkeit obsolet geworden ist und daß die an die Produktionsverhältnisse gebundenen Funktionen des Staates sich globalisieren müssen. Daran hindern (nationale) kollektive Identitäten nicht, da diese ohnehin nicht im Staat aufgehen.

William C. Smith: Neoliberal Restructuring and New Democracies in Latin America: The regions exeedingly modest economic recovery, plus recent events such as the failed military coup in Venezuela and the imposition of a civil-military dictatorship in Peru, thus raise struggling questions condering the social and political consequences of neoliberal restructuring. Meriting particular attention in comparative analyses of the post-transition period are the sharp erosion of the state's capacity to manage major macroeconomic variables and the problematic tensions between marketplace logic, reinforced by the exegencies of the world-economy, and pressures to institutionalze and expand popular participation and citizenship rights beyond the political-institutional arena of electoral politics.

Heribert Dieter: Problems of Cooperation in the Asian-Pacific Region. Economic Co-operation in the Pacific faces two major obstacles. Firstly, there is no Pacific community in an economic, political, cultural or linguistic sense. The region is fragmented. Even the countries participating in APEC show extremely different stages of development and therefore are of greatly differing relevance for the region as well as for the world economy. Secondly, the countries of the Pacific show two types of economic regimes: On the one hand there are the economies of the successful Asian countries, characterised by a high degree of government intervention and successful export orientation. On the other hand the Anglo-Saxon countries of the Pacific, namely the US, Australia and New Zealand, show sluggish growth, declining competitiveness and decreasing relevance for the region as well as for the world economy. These two problems will make Pacific economic co-operation extremely difficult and will have to be considered in any scheme for Pacific economic integration.

Enrique Dussel Peters: Bye bye Weltmarkt? Freihandel oder Regionalisierung des Weltmarktes: Das Freihandelsabkommen zwischen Kanada, Mexiko und den USA. Das Abkommen über eine nordamerikanische Freihandelszone (NAFTA) wird vor allem aus mexikanischer Sicht untersucht. Es wird gezeigt, daß NAFTA die schon seit Anfang der 80er Jahre eingeleitete neoliberale Politik fortsetzt, nachdem sich die Strategie der importsubstituierenden Industrialisierung (ISI) als nicht mehr tragfähig herausgestellt hat. NAFTA bringt für Mexiko schwerwiegende Probleme: Ökonomische, da die Handelsbilanz defizitär ist; ökologische insbesondere in der Grenzregion zu den USA und soziale wegen der Ausklammerung der legalen und illegalen Arbeitsmigration aus dem Abkommen.

Zu den Autoren

Heribert Dieter ist Doktorand am Otto-Suhr-Institut der Freien Universität Berlin.

Enrique Dussel Peters arbeitet an der Universidad Nacional de Mexico.

Hansjörg Herr ist Privatdozent am Fachbereich Wirtschaftswissenschaften der FU Berlin und Wissenschaftlicher Mitarbeiter am WZB.

John Holloway lehrt Politikwissenschaft an der University of Edinburgh.

Uli Jähner ist Lehrbeauftrager am Institut für Soziologie der Freien Universität Berlin und an der Fachhochschule für Wirtschaft.

Rolf Knieper lehrt am Fachbereich Rechtswissenschaft der Universität Bremen.

Sol Picciotto lehrt am Departement of Law der Lancaster University

William C. Smith lehrt Politische Wissenschaft an der University of Miami.

Themen früherer Hefte

PROKLA 89 * Osteuropäische Metamorphosen (Dezember 1992) *Burawoy/Krotow* Übergang vom Sozialismus zum Kapitalismus in der früheren Sowjetunion * *Hübner* Ökonomische Theorie und osteuropäische Transformation * *Wittkowky* Alternativen zu Schocktherapie und Verschuldung * *Tittenbrun* Der polnische Weg zum Kapitalismus * *Ganßmann* Der nationale Sozialstaat und die deutsch-deutsche Solidarität * *Bergmann* Modernes Menschenopfer * *Hermann* Der Fötus von Erlangen.

PROKLA 88 * Chaos und Selbstorganisation (September 1992) *Müller*: »Katastrophen«, »Chaos« und »Selbstorganisation« * *Rojas* Chaos als naturwissenschaftliches Paradigma * *Mirowski* Die Bedeutung eines Dollars * *Gill* Metaphern der Gentechnologie * *Becker/Jahn/Wehling* Konzepttransfer und Wissenschaftsdynamik * *Lohauß* Toulmins »Kosmopolis« * *O'Connor* Die Ökonomie der 90er Jahre * *Keil* Replik auf O'Connor * *Ibrahim* Islamistischer Fundamentalismus.

PROKLA 87 * Nationalismus am Ende des 20. Jahrhunderts (Juni 1992): *Kadritzke* Wiederkehr des Nationalismus * *Lodovico* Konstruktion des Nationalen * *Janigro* Scheitern des »Jugoslawismus« * *Stölting* Angst, Agression und nationale Denkform * *Gellner* Nationalismus in Osteuropa * *Magas* Erwiderung auf Gellner * *Haferkamp* Giddens Theorie des Nationalstaats * *Mouffe/Walzer* »Communitarians« * *Narr* Communitarians: Zahnlose Kritik * *Ottow* »Freundschaft« in der bürgerlichen Gesellschaft * *Mayer* Aufstand in Los Angeles.

PROKLA 86 * Ökologie und Entwicklung (März 1992): *Müller, Peter* Demokratischer Ökosozialismus * *Hennicke, Seifried* Stabilisierung des Klimas * *Mármora* »Sustainable Development« * *Becker* Ökologische Modernisierung der Entwicklungspolitik? * *Beckenbach* Ökologisch-ökonomische Verteilungskonflikte * *Przeworski* Wird der »Osten« zum »Süden«? * *Ettrich* Neotraditionalistischer Staatssozialismus * *Buchstein* Kritische Demokratietheorie * *Hoffman* Neuer Produktivitätstyp - alte Vertretungstrukturen?

PROKLA 85 * Kriminalisierung und Zivilisationsverlust (Dezember 1991): *Hohmann* Japan-Blues * *Janigro* Jugoslawien - Krieg der Banden * *Uesseler* Mafia und Politik in Italien * *Busch* Drogen und Politik in Kolumbien * *Olowu* Korruption in Nigeria * *van Krieken* Elias und Foucault * *Hitzler* Machiavellismus * *Lüthje* Post-Fordistische Telekommunikation in den USA

PROKLA 84 * Neuaufteilung der Welt (September 1991): Zum Tode von Theo Pinkus * *Altvater* Universalismus, Unipolarität, Polarisierung * *O'Connor* Mord im Orientexpress * *Rigaux* Reflexionen über eine neue Weltordnung * *Menzel* Jenseits des Ost-West-Konflikts * *Karl* Das Ende der internationalen Nachkriegsordnung in Europa * *Demirovic* Ökologische Krise und die Zukunft der Demokratie * *Hoffmann* Freiheit und Demokratie gegen Ökologie? * *Becker, Jahn, Wehling* »Civil Society« und die Krise der gesellschaftlichen Naturverhältnisse * *Heinrich* Der Streit um die MEGA * *Hecker, Jungnickel, Kopf* Das »Kapital« in der MEGA

PROKLA 83 * Migrationsgesellschaft (Juni 1991): *Zollberg* Die Zukunft der internationalen Migrationsbewegungen * *Sassen* Die Mobilität von Kapital und Arbeit: USA und Japan * *Stölting* Festung Europa. Grenzziehungen in der Ost-West-Migration * *Morokvasic* Migranten als Flexibilisierungsquelle in der Pariser Bekleidungsproduktion * *Sakson* Die neueren Wanderungsbewegungen polnischer Arbeitskräfte * *Bommes, Scherr* Der Gebrauchswert von Selbst- und Fremdethnisierung in Strukturen sozialer Ungleichheit * *Holloway* Geschichte, Klassen und 'offener Marxismus' * *Gerstenberger* Eine Erwiderung auf J. Holloway

PROKLA 82 * Markt und Demokratie (März 1991): *DeVroey* Der Markt - von wegen einfach * *Semmler* Markt- und nichtmarktförmige Regulierung * *Schwengel* Die drei politischen Welten der Marktwirtschaft * *Bugaj, Kowalik* Auf dem Weg zur gemischten Ökonomie * *Kammerer* Die alte DDR - Mezzogiorno des neuen Deutschland? * *Müller-Plantenberg* Markt und Demokratie in Lateinamerika * *Mármora, Messner* Kritik eindimensionaler Entwicklungskonzepte * *Krätke* Steuergewalt, Versicherungszwang und ökonomisches Gesetz * *Altvater* Ressourcenkrieg am Golf?

PROKLA 81 * Macht und Ökonomie (Dezember 1990): *Bowles/Gintis* Umkämpfter Tausch. * *Hübner* Hegemonie-Dominanz-Macht-Kooperation in der globalen Ökonomie * *Murray* Fordismus und sozialistische Entwicklung * *Tschepurenko* Das Marxbild der Perestrojka * *Tangermann* Avantgarde und Massen in Mittelamerika. Guerrillatheorie seit Ché Guevara

PROKLA 80 * Politische Generationen (September 1990): *Paris* Die neuen Gesichter der Jugend * *Kühnel* Retrospektive auf die Generationsbeziehungen in den 80er Jahren in der DDR * *Niethammer* Volkspartei neuen Typs? Sozialbiografische Voraussetzungen der SED * *Erbe* Die Schriftsteller und der politische Umbruch in der DDR * *Hübner-Funk* Die »Hitlerjugend Generation« * *Wolf* Krieg der Generationen? * *Göschel* Wandlungen kultureller Orientierungen in der Abfolge von Generationen * *Marz* Implosion und Stagnovation * *Wellhöner* »Fordismus« in Spanien.

PROKLA 79 * Macht des Wissens (Juni 1990): *Pfütze* Zur soziologischen Produktion des Nichtwissens. Von der Gesellschaftstheorie zum Katastrophenbewußtsein * *Schramm* Verwissenschaftlichung der Oppositionsbewegungen * *Becker* Wissenschaft und Universität in der ökologischen Krise * *Axmacher* Bildung, Herrschaft und Widerstand. * *Rojas* Computerisierung der Sozialwissenschaften * *Heinrich* Sozialwissenschaftliche und naturwissenschaftliche Formen des Wissens * *Czarnowski* Genetik und staatliches Gesundheitswesen im Nationalsozialismus * *Lenhardt* Ethnische Identität und gesellschaftliche Rationalisierung

PROKLA 78 * Auf der Suche nach dem verlorenen Sozialismus (März 1990): *Marz* Zu einer modernen Ökonomie der DDR. *Burawoy* Klassenbewußtsein ungarischer Stahlarbeiter * *Elson* Markt-Sozialismus oder Sozialisierung des Markts? * *Riese* Geld im Sozialismus * *Wallerstein* Marx, der Marxismus-Leninismus und sozialistische Erfahrungen im modernen Weltsystem * *Przeworski* Irrationalität des Kapitalismus - Unmöglichkeit des Sozialismus

PROKLA 77 * Arbeitslosigkeit (Dezember 1989): *Hinrichs* Irreguläre Beschäftigungsverhältnisse und soziale Sicherheit *Zilian/Moser* * Der rationale Schmarotzer * *Ganßmann* Sog-Effekte durch Arbeitslosigkeit * *Bögenhold* Deproletarisierung: Die Arbeitslosen als Reservearmee des Unternehmertums? * *Ferge* Arbeitslosigkeit in Ungarn * *Gordon* Die Weltwirtschaft: Neues Bauwerk auf bröckelnden Fundamenten * *PROKLA-Redaktion* Zu den Reaktionen auf das USA-Editorial in PROKLA 74 * *Lüken-Klaßen/Betz* Grenzen der Regulierung. Antwort auf Herr/Westphal (PROKLA 75)

PROKLA 76 * Flexible Individuen (September 1989): *Steinkühler* Individualisierung und Sicherheit neu gestalten * *Mückenberger* Entwicklungsperspektiven des Normalarbeitsverhältnisses * *Mahnkopf* Dezentrale Unternehmensorganisation - (k)ein Terrain für neue »Produktionsbündnisse«? * *Neckel* Individualisierung und Theorie der Klassen * *Vobruba* Individualisierung und Solidarität * *Foster* Fordismus als Fetisch * *von Freyberg* Flexibilität - Geschichte eines Schlagworts * *Rohwer* »Kritik der ökonomischen Vernunft«. Zum Buch von André Gorz * *Bardelle* Kritik der eurozentrischen Kultur- und Kolonialgeschichtsschreibung * Reaktionen auf das USA-Editorial in PROKLA 74: *Markovits* Wie der kleine Moritz sich Amerika vorstellt * *Meyer/Capelleveen* Plädoyer für ein kritisches »Amerika«verständnis

PROKLA 75 * Euro-Fieber (Juni 1989): *Behrens* Kontinuitäten deutscher Europapolitik? * *Tömmel* Europäischer Binnenmarkt und mediterrane Peripherie * *Statz* Deutsch-französische Militärkooperation * *Herr/Westphal* Realwirtschaftliche und monetäre Integration Westeuropas * *Amin* Ansätze zu einer nicht-eurozentrischen Kulturtheorie * *Rehrmann* Spanien, Europa und Lateinamerika: Zur Geschichte legendärer Kulturbeziehungen * *Gerstenberger* Über die Bewegungsform der Französischen Revolution * *Grözinger* Das Transformationsproblem (Zu Heinrich in PROKLA 72) * *Heinrich* Antwort auf Grözinger

PROKLA 74 * Bye-bye USA (März 1989): *Markovits* Präsidentschaftswahl 1988 * *Guttman* Strukturwandel des amerikanischen Finanzkapitals * *Capelleveen* »Dritte Welt«-Migration in die USA * *Heitmann* Reagans Politik gegenüber Nicaragua * *Scherrer* Die US-Auto- und Stahlindustrie auf der Suche nach der Wettbewerbsfähigkeit * *Vaitsos* Radikale technologische Veränderungen und die neue Ordnung der Weltwirtschaft

Name__________________________________

Vorname________________________________

Straße__________________________________

PLZ/Ort________________________________

neue PLZ ab 1.7.1993 (abrufbar unter 0130/55 5 55)

:__________________________________

Bitte
ausreichend
frankieren

Antwort
Verlag Westfälisches Dampfboot
Dorotheenstr. 26a
D-4400 Münster

Name__________________________________

Vorname________________________________

Straße__________________________________

PLZ/Ort________________________________

neue PLZ ab 1.7.1993 (abrufbar unter 0130/55 5 55)

:__________________________________

Bitte
ausreichend
frankieren

Antwort
Verlag Westfälisches Dampfboot
Dorotheenstr. 26a
D-4400 Münster